西南政法大学

Southwest University
of Political Science
and Law

李昌麒 主编

社会救助
法律制度研究

A Research on Social Assistance

曹明睿 / 著

·丛书总序·

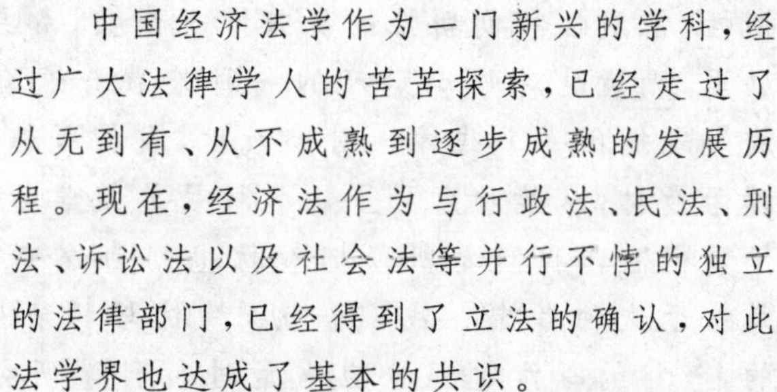

中国经济法学作为一门新兴的学科，经过广大法律学人的苦苦探索，已经走过了从无到有、从不成熟到逐步成熟的发展历程。现在，经济法作为与行政法、民法、刑法、诉讼法以及社会法等并行不悖的独立的法律部门，已经得到了立法的确认，对此法学界也达成了基本的共识。

二十余年来，广大法律学人坚持改革开放路线，紧扣时代脉搏，围绕着经济建设这个中心环节，把经济法理论和实践扎根于我国现实的经济土壤之中，并借鉴其他市场经济国家在法制实践中所形成的共同的法律文化，辛勤耕耘，求实创新，不断开拓进取，使经济法学在我国法学百花丛中蓓蕾初绽，繁花似锦，硕果累累。这极大地促进了我国经济法理论和实践的发展，推动了整个中国法学的繁荣，并为世界法学界所瞩目。但是，经济法作为一门发展中的学科，仍然存在着许多不成熟的地方，还需要广大的法律学人更多地培育，才能使它更好地成长。正是怀着这样一种愿望，西南政法大学经济法学科作为教育部确立的国家级高等学校重点学科点，一方面想为广大经济法理论和实务工作者展示其学术研究成果和进行学术交流提供一个平台，另一方面也想为西南政法大学经济法学科建设开辟一个新的学术阵地，为此，我们与

厦门大学出版社共同策划了出版《西南政法大学经济法学系列》。

对于怎样编辑这套丛书，我们除了遵循学术性、实践性和开放性的宗旨之外，还有一个重要的思考，就是要使这套丛书能够适应经济法理论界、实务界和教学界等多方面的需要，力求使本丛书以其广泛的适应性以飨读者。因此，本丛书拟由三个部分构成，既包括学术专著，又包括教材和案例。对于学术专著，其主要来源于经济法博士论文。考虑到我国现在有七个经济法博士授权点，每年都要产出一批具有一定开拓性、前沿性和创新性的优秀博士论文，如果这些成果尘封在作者的抽屉里，无疑是对知识财产的一种浪费。这套丛书可以为这些博士论文的发表提供一个载体。对于教材，我们是这样思考的：学生知识首先来源于教材，从某种意义上讲教材是构筑学生知识大厦的基石，没有理由不重视它。我们之所以把教材也列为这套丛书的重要组成部分，也正是基于这种考虑。我们认为，教材与科研应该是彼此依赖、相辅相成的，教材的写作过程也应当是进行科学研究的过程。经济法作为一门新兴的法学学科，其教材的编写不能仅仅停留在简单地重复已有的教材内容的基础上，要力图避免编写那些没有任何新意和创建的"拼凑式"的教材。因此，本丛书将按照这个原则选择或者组织出版那些适合本科生和研究生研习的优秀教材。对于案例，我们考虑到：从总体上讲，问世的经济法案例与其他法学学科问世的案例相比，仍然嫌少，以致在教学和实践中，很难找到足够的经济法案例。为此，我们将有意识地采取教师与实际部门人员相结合的办法，将现实生活中存在的大量的、鲜活的、具有典型意义的经济法案例精选成册，其形式既可以是案例评析，也可以是案例教程，以此弥补过去运用案例进行经济法教学之不足。

需要说明的是，本《经济法学系列》含涉外经济法系列，它将以专集的形式出版；本丛书中各种类型的著述的出版并不完全按照经济法学体系结构的顺序出版，而是成熟一部，出版一部。我们热忱地欢迎全国的经济法学同仁们惠赐佳作，为经济法学的进一步发展和繁荣，携手共进！

李昌麒

2005年元月于重庆

序 言

社会救助问题应该说不是一个新问题。但近十多年以来,“社会救助”一词在我国的社会经济生活中出现的频率非常高,引起了公众的持续关注,对弱势群体的社会救助已经成为我国转型时期最大的社会问题之一。如何对社会救助问题结合当前我国社会经济生活发展的实际进行法律制度的创新研究,是存在着一定的挑战。

本书作者是我的学生。该书是在他博士学位论文的基础上修改而成的。作者积极主动回应现实社会对完善社会救助法律制度的要求,作成了该篇博士学位论文,是有着重要的理论和现实意义的。文章采取了历史分析、比较分析、经济分析和法学分析的方法,从理念、制度、立法等多个层面,对社会救助法律制度的一些最基本问题进行了全面系统深入的阐述。文章引证资料殷实,结构严谨,文字通达,论证充分,观点正确,写作规范,为作者独立完成,表明作者具有较为深厚的法学基础和经济法专业知识,特别是对本研究领域的问题有较为深刻的把握。

本书在不少方面表现出了作者的创新思维,比较突出地表现在以下三个方面:

一是从经济法视角,运用国家适度干预国民收入再分配的经济法理念,推进对社会救助法律制度的理论分析,这是以往少有的研究思路。作者指出,对于由市场缺陷引致的贫困和市场本身不能克服的贫困,必须由国家适度干预经济分配关系来予以缓解和克服;作为社会分配法重要组成部分的社会救助法律制度就是对贫困现象最直接的制度性反映和安排,从而架构起了经济法与社会救助法律制度的内生关系。

二是从多学科和多维度出发,把生存权、发展权、正义理论、边际效用理论、社会控制理论以及市民社会理论作为构建社会救助法律制度的理论基础,很有新意。作者立论将生存权理念和发展权理念共同作为社会救助法律制度的基本理念,从法哲学、经济学、社会学等相关学科视角透析了社会救助法律制度的理论支持,从而提升了社会救助法律制度的理论支撑力度和水平。

三是提出了《社会救助法》的框架设想，可以为立法参考。作者提出待制定的《社会救助法》要抛弃城乡分制模式，立法体系选择应建立在对贫困人口区分的基础上，同时又面向全体国民的前提下来设计，具体包括生活救助、急难救助和灾害救助三部分内容，并对相关的具体制度进行了较为深入的论述，从而对我国的社会救助立法有所裨益。

当然，尽管作者在具体的写作过程中是付出了相当的努力，但本书在一些论证方面仍存在一定的不足，如提出制定社会救助法要抛弃城乡分制模式是对的，但未指出在救助水平上城乡之间应有的差异；对传统的救助理念缺乏应有的批判；在外文资料的搜集与运用方面存在不足；部分内容论述的理论深度稍显欠缺等。但本书的整体论述过程中所反映出来的作者的综合分析能力和认真的探索精神一定会给读者留下一个较为深刻的印象。我殷切地希望作者能在已有研究成果的基础上，进一步结合我国实际，为我国社会救助立法的完善和具体的社会救助实践提供更加深刻和更具操作性的缜密论证。

是为序。

李昌麒

2004 年 12 月 20 日于重庆

目录 CONTENT

从书总序

序　言

引　言/1

一、选题的意义 …………………………………………………………… (2)
二、国内外研究现状与存在问题……………………………………………… (13)
三、全书结构、研究方法与创新设想 ………………………………………… (18)

第一章　社会救助法律制度的历史考察/ 23

第一节　社会救助词源考 ………………………………………………… (23)
第二节　外国(地区)社会救助法律制度述评 ……………………………… (30)
一、英国………………………………………………………………………… (30)
二、美国………………………………………………………………………… (34)
三、日本………………………………………………………………………… (37)
四、瑞典………………………………………………………………………… (39)
五、澳大利亚…………………………………………………………………… (40)
六、智利………………………………………………………………………… (42)
七、台湾地区…………………………………………………………………… (46)
八、外国(地区)社会救助法律制度的一般特征……………………………… (51)
第三节　中国社会救助法律制度变迁 ……………………………………… (56)
一、古代………………………………………………………………………… (56)
二、近现代……………………………………………………………………… (59)

三、当代……………………………………………………………………(62)
四、中国社会救助法律制度历史变迁的总结……………………………(69)
第四节　中外社会救助法律制度历史变迁视角之比较 ………………(74)
一、相近之处……………………………………………………………(74)
二、差异之处……………………………………………………………(77)
三、原因分析……………………………………………………………(80)

第二章　社会救助法律制度的理论基础/ 83

第一节　社会救助法律制度部门归属辨 ………………………………(83)
一、与社会保障法的关系………………………………………………(85)
二、与行政法的关系……………………………………………………(86)
三、与民商法的关系……………………………………………………(88)
四、与社会法的关系……………………………………………………(89)
五、与经济法的关系……………………………………………………(93)
第二节　社会救助法律制度的基本理念剖析 …………………………(98)
一、生存权理念的基本支撑……………………………………………(98)
二、发展权理念的渐进扩张 …………………………………………(114)
第三节　社会救助法律制度的理论支持………………………………(121)
一、法哲学的正义理论 ………………………………………………(121)
二、经济学的边际效用理论 …………………………………………(132)
三、社会学的社会控制理论 …………………………………………(140)
四、市民社会和政治国家理论 ………………………………………(145)
第四节　社会救助法律制度的价值分析………………………………(148)
一、公平价值 …………………………………………………………(149)
二、安全价值 …………………………………………………………(153)

第三章　中国社会救助法律制度实证分析/ 156

第一节　社会救助法律制度安排总体分析……………………………(156)
一、城镇 ………………………………………………………………(156)
二、农村 ………………………………………………………………(173)
三、特殊群体 …………………………………………………………(182)
四、灾害救助 …………………………………………………………(186)

第二节　社会救助法律制度运行绩效评价 …………………………（190）
一、最低生活救助模式 ……………………………………………（190）
二、社会稳定价值追求 ……………………………………………（191）
三、城乡二元分制格局 ……………………………………………（191）
四、覆盖范围量力而行 ……………………………………………（192）
五、贫困线标准还偏低 ……………………………………………（193）
六、缺乏稳定筹资机制 ……………………………………………（194）
七、制度激励不够充分 ……………………………………………（195）
八、制度不利用 ……………………………………………………（195）
第三节　社会救助法律制度缺陷原因分析 …………………………（197）
一、身份社会传统 …………………………………………………（198）
二、立法理念落后 …………………………………………………（199）
三、经济发展不足 …………………………………………………（199）
四、轻视市场力量 …………………………………………………（200）
五、缺失有效监督 …………………………………………………（201）
第四节　社会救助法律制度改进路径依赖 …………………………（202）
一、政治文明背景 …………………………………………………（202）
二、经济体制背景 …………………………………………………（203）
三、文化传统背景 …………………………………………………（204）
四、国际化背景 ……………………………………………………（205）

第四章　中国社会救助立法构想／206

第一节　立法体系与立法理念选择 …………………………………（206）
一、立法体系 ………………………………………………………（206）
二、立法理念选择 …………………………………………………（221）
第二节　贫困线确立原则与救助对象选择 …………………………（224）
一、贫困线确立原则 ………………………………………………（224）
二、救助对象选择 …………………………………………………（228）
第三节　救助范围确定与救助方式选择 ……………………………（230）
一、救助范围确定 …………………………………………………（231）
二、救助方式选择 …………………………………………………（233）
第四节　救助资金筹集与救助申领程序制度 ………………………（236）

一、救助资金筹集 …………………………………………………………… (236)
二、救助申领程序 …………………………………………………………… (239)
第五节 救助机构准入与法律责任制度 ………………………………………… (242)
一、救助机构准入 …………………………………………………………… (243)
二、法律责任制度 …………………………………………………………… (244)

结 论/ 247

参考文献/ 253

后 记/ 261

引 言

“社会救助”这一词语近来在我国社会生活中出现的频率非常高[①]。笔者最新见到的有关“社会救助”方面的报道，是温家宝总理主持召开国务院常务会议，议题之一是研究贯彻《城市生活无着的流浪乞讨人员救助管理办法》[②]的实施情况[③]。会议听取了民政部关于该《办法》实施情况的汇报，指出要逐步完善有关法规政策和配套措施，切实把城市生活无着的流浪乞讨人员救助管理工作做好。[④] 此前，媒体已经对该《办法》及其《实施细则》的制定、实施情况进行了连续报道。社会救助法律制度在公众的注视下，再次谨慎地调试着自己的存在方式，小心地应对着变革的社会环境对其提出的新的要求和期望。

我国社会救助法律制度在经历这一次“重大改革”之前，已经进行了一次众所周知的、更大规模的变革，即城市居民最低生活保障制度的创新和不断完善。该项制度于1993年6月由上海市率先在全市范围内着手探索，1999年9月全国667个城市和1638个有建制镇的县人民政府所在地全部完成建制任务。这6年期间，以1997年9月国务院发出的《关于在全国建立城市居民最低生活保障制度的通知》为标志，可以划分为前后两个阶段：前一阶段为探索阶段，后一阶段为推广阶段。1999年9月28日《城市居民最低生活保障条

① 笔者是于2003年10月1日开始动手博士学位论文写作的。因此，本书在正式展开前的时间界定上，就以这天为论述的起点。

② 该《办法》经2003年6月18日国务院第12次常务会议通过，6月20日国务院令第381号公布，已于8月1日起施行。1982年5月12日国务院发布的《城市流浪乞讨人员收容遣送办法》同时废止。同日，民政部2003年第24号部令公布的《城市生活无着的流浪乞讨人员救助管理办法实施细则》也开始施行。

③ 新华社北京9月26日电，《光明日报》2003年9月27日，第1版。

④ 官方的观点是：“将强制性收容遣送改为关爱性的救助管理，是我国民主法制建设的一件大事，是我国社会救助制度的重大改革。”http://www.mca.gov.cn/news/news2003072401.html，2003年8月26日。

例》发布和全国建制任务完成,标志着该项制度的建设进入了完善阶段。"用如此之短的时间,在全国城镇基本完成了对传统社会救济制度的重大改革,是一个很大的成就。"①

从上世纪 90 年代到本世纪初的 10 多年时间里,我国社会救助法律制度经历了两次重大的制度变迁。在新的时代背景下,社会救助法律制度继续承受着变革的压力,不断地进行着制度嬗变,以迎合社会大众对其迫切的制度需求。"任何国家都无法废除社会救助制度,尤其是开发中或未开发的国家。"②尽管社会救助及其法律制度的具体内涵尚待理论廓清,国人对社会救助法律制度的理解和运用尚存在很大的模糊性,但社会救助法律制度的存在价值及国人对其更优改进的冀望却不断得到确认。这就给我们提供了对社会救助法律制度展开深入研究的理性空间和良好契机。

下面从该论文选题的意义,该题目的国内外研究现状与存在问题,论文的结构、研究方法与创新设想等三个方面,先对论文的基本情况作一简要介绍,以方便正文展开深入、系统的论述。

一、选题的意义

(一)现实意义

社会救助法律制度的供给、安排与变迁,首先就是为了回应现实社会中存在的制度需求。缺乏对现实生活深切关怀的理论研究,就成了无源之水和无根之木。社会救助法律制度主要是为解决现实社会生活中客观存在的贫困问题而提出的制度化对策。贫困的类型包括绝对贫困和相对贫困,也可以区分为长期贫困和临时贫困等。贫困主要表现为物质财富占有的缺乏。"一个人(或一个家庭)在某社会中,在某一个时期内不能维持该团体所认为最低的生活程度时——包括他本人及其家庭物质上及精神上需要的事物——其生活状

---

① 多吉才让著:《中国最低生活保障制度研究与实践》,人民出版社 2001 年版,第 97 页。

② 江亮演著:《社会救助的理论与实务》,桂冠图书公司 1990 年版,自序第 2 页。

态谓之贫穷。”[①]贫困的生成包括经济增长和财富分配两方面的原因。[②] 贫困的产生可以是由于其中一个因素单方面作用的结果，也可以是由于两个因素共同作用的结果——当然，这两个因素作用的大小可能不同，也可能大致相同。经济发展水平落后导致的贫困是普遍性的，也是民众无法选择的，“贫困问题首先是与生产力的状况和水平相联系的，生产力水平低，无论在何种社会制度下，都必然造成普遍的贫困”，[③]解决的首要办法是需要全力发展经济，努力促进经济增长，即首先要把“蛋糕做大”；财富分配不公导致的贫困则是局部性的，是民众可以选择的，解决的办法是改革不公的社会分配制度，促进财富的公平分配，即要把“蛋糕分好”。广大发展中国家的贫困状况主要是由于经济发展水平不足造成的，当然，从国际上来看，也有全球财富分配不公的背景，而且，即使在其国内，存量财富分配不公也促生了少数的富裕阶层，但其主因是经济增长缺乏。发达国家的贫困状况则主要是由于财富分配不公造成的，当然，其贫困主要表现为相对贫困，但在其国内比较，这些贫困人口所占有的物质财富确实是较为稀少的。“消除贫困已成为现代社会广泛接受的目标，人们已认识到应确保每个人都有基本的生活资源。”[④]社会救助法律制度并不是一种有效促进经济增长的制度，虽然它间接地可能也具有这样的效用，但这并不是它存在的主要价值所在；它主要表现为补救社会财富分配不公的一种制度设计和安排。[⑤] 因此，社会救助法律制度并不是解决贫困问题对策的全部，贫困问题的解决并不能仅仅倚赖于社会救助法律制度

---

① 柯象峰编著：《中国贫穷问题》，正中书局 1947 年版，第 13～14 页。依柯先生的见解，这里的贫穷较为广义一点，包含着整个的贫困问题及一大部分的寄养问题（参见该书第 11～12 页）。而据笔者自己的理解，贫穷与贫困是等义词。

② 柯象峰先生从“生活程度”的视角表达了同样的观点。他认为就单纯的方面说，整个社会的生活程度是一个生产问题，而社会中各团体的生活程度是一个分配问题，但其间关系却极为密切。参见柯象峰编著：《中国贫穷问题》，正中书局 1947 年版，第 17～18 页。这里所言的“生活程度”是指单纯的经济生活程度，是人们实际所享受的生活（参见该书第 14～15 页）。

③ 陈恕祥主编：《美国贫困问题研究》，武汉大学出版社 2000 年版，前言第 3 页。

④ ［荷兰］M·爱纳汉德等著，陈绵水等译：《欧洲七国失业救济与社会援助制度》，中国财政经济出版社 1999 年版，第 35～36 页。

⑤ “社会救济与其说济贫，莫如说是一种国民收入的重新分配，使低收入与高收入者之间的差距趋于缩小。”种明钊主编：《社会保障法律制度研究》，法律出版社 2000 年版，第 344 页。

的建立、完善和贯彻实施。社会救助法律制度存在的价值和目的所针对的只是贫困问题的缓解和克服,是解决贫困问题的对策之一种,即它可以从社会分配的角度入手,对现有的不公平分配制度进行调整,或者进行相应的制度创新,以补救由于社会分配不公而遭致贫困境况的人们的物质生活。“最低生活标准的保障将增加人们的自尊和为生活而积极奔波的热情。”①

中国的贫困状况仍然是较为严重的。改革开放前,中国的贫困是普遍性的,主要是由于经济发展水平落后,经济总量弱小造成的。改革开放后,经过 20 多年的稳定发展,中国的经济水平获得了长足的提高,经济总量日益强大,人民的生活水平大幅度提升,贫困状况也得到了极大的改变。这一阶段以来存在的贫困现象虽然仍有经济增长不够的原因,但与社会财富的扩大相比,这已经不具有充分的说服力,财富分配不公因素的解释力则占据了主要地位。当然,从更深层次考察,计划经济时代就存在的城乡、工农、脑体力劳动的收入差别,也是一种财富分配不公的制度安排,但那更主要的是表现为一种政治制度安排,其存在更多的是一种政治模式与信仰的宣示,并不是作为一种首要的经济制度安排。实际上,当时经济分配制度的设计反倒是一种平均主义理念的贯彻。而且,当时国民经济发展迟缓,民众的注意力并不是集中在这里。在大喊“以阶级斗争为纲”的年代,经济发展上不去,这是国民普遍贫困的主要原因。新时期以来,应该说中国原有的贫困致因并没有完全消失,虽然随着中国经济的持续、快速、健康地发展会日益减弱,但新型的贫困致因却不断涌现,这主要导源于财富分配制度的变革。目前中国的贫困状况主要表现为:

1. 在经济体制转轨和经济发展模式转型的制度变迁进程中,城镇贫困现象日益显性化②、社会化,对传统的城镇社会救助法律制度造成了很大冲击。尤其是中国市场经济体制建设方向的确立和实施以来,下岗、失业的洪流冲刷了国人因袭已久的传统思维模式,城镇户口居民就业优势地位遭受了前所未有的打击。他们除了就业收入以外,别无生活来源,一旦失去了工作,微薄的

---

① [荷兰]M·爱纳汉德等著,陈绵水等译:《欧洲七国失业救济与社会援助制度》,中国财政经济出版社 1999 年版,第 36 页。

② 据有关权威资料显示,目前全国城市贫困人口有 1480 万左右。参见唐钧:《2001—2002:中国贫困与反贫困形势分析》,http://www.social-policy.info/991.htm,2002 年 8 月 28 日。一般意义上,城市贫困人口与城镇贫困人口可以作等同理解,即都是非农业户口的贫困人口。

失业保险金难以维持家庭的基本生计，生活马上就会陷入困顿，更别说碰上生病住院的意外事件了。随着住房、教育等相关制度的市场化转变，这些家庭生活的必需消费都成了他们难以解决的突出问题。“在短短几年中，就在城市中迅速形成了以失业人员、下岗职工、停产半停产企业职工和一部分被拖欠养老金的退休人员以及他们的赡养人口为主体的城市贫困群体。”[①]当然，这主要是指传统体制下的国有企业、集体企业职工而言。国家机关、事业单位职工的生活状况，近些年来倒是在稳定的前提下，都有相当程度的提高。非公有制企业的日渐壮大，抢占去了公有制企业原有的大量市场份额，但其职工的工资收入普遍较低，在现有体制转轨时期，一旦失业、年老、生病，便失去稳定的生活来源保障，生活即刻便会陷入贫困状态。而且，城镇户口人员的就业状况日益受到农村进城务工人员的压力，工资性收入更被分走了相当一部分，直接或间接地减少了他们的收入。在这样一个巨变的时代，城镇户口居民的竞争优势正日渐销蚀，除了传统意义上的贫困群体继续存在外，新型的贫困群体也正逐渐显性化，数量上也有不断扩大的趋势，而且随着中国市场经济体制的渐进发育，这种状况将会在较长一段时间内存在。大家有目共睹的事实就是，上世纪90年代以前，人们就业普遍愿意选择企业单位，之后，人们普遍选择的则是事业单位、国家机关，因为后者的收入不仅稳定，而且不断上涨，今天是当时的两倍还多，前者的收入则日渐下滑，下岗、失业、破产、兼并等现象频仍发生，企业生产状况两极分化明显，少数人收入畸高，大量的产业职工在业时尚可勉强度日，一旦失去工作，面对的就只有贫困，生活无以为继。城市居民最低生活保障制度初步解决了这些贫困居民的燃眉之急，但面对如此庞大的城镇贫困群体，并且将较长时间附着在社会持续发展轨迹上这一现实，社会救助法律制度体系的构建和完善将成为责无旁贷的迫切需求。[②]

2. 传统经济体制下十分严重的农村贫困现象在当代社会经济发展的制

---

① 唐钧等著:《中国城市贫困与反贫困报告》，华夏出版社 2003 年版，第 3 页。

② “中国的城市贫困是经济高速发展下的贫困，单靠经济增长并不能使其自然消除”，民政部副部长杨衍银如是说。参见唐钧等著:《中国城市贫困与反贫困报告》，华夏出版社 2003 年版，封底。

度变迁进程中得到了很大程度的缓解,但目前这一群体的数目依然十分庞大[①]。新的社会经济发展背景呼唤对传统的农村社会救助法律制度进行变革。农村贫困的存在和延续,不仅有经济发展相对落后的原因,更还有分配制度安排上遭受歧视和掠夺的因素。新中国成立以来一直实施重工业优先发展和城市优先发展战略,对农村"明税"轻,"暗税"重,过度提取农业剩余,工农业产品价格剪刀差(暗税)的数额高达两万多亿元(1950—1994 年),为工业和城市的发展积累了资本,[②]却以农业和农村发展的严重滞后为代价,农民的收入长期维持在较低水平。新时期以来,农村生产力得到了极大解放,农产品生产值有了大幅度提高,农民生活水平得到了显著改善,但农民在整个国民经济分配体制中的劣势地位并没有明显变化。如今农村耕种土地,投入大于产出,许多农民不愿意耕种,纷纷出去打工,把自家的承包地转给别人耕种,别人只需要将公粮代替上交,勿需给自己交付其他代价,这样还对别人心存感激。土地条件差的,找不到愿意代为耕作的人,宁愿撂荒,也不想在农村守着忍受贫困。这种现象在农村开发相对落后的地区尤为显著。更不要说农村的各种税赋负担还特别沉重,除了上交国家的和留够集体的,还要集资搞一些基本建设,如修路、建学等,即使当年的农村电网改造,虽然国家投入了很多资金,许多地方还是向农民收了不少钱,额外增加了农民的负担,这些支出使留给农民自己本来就已经不多的"剩余"就所剩无几了。朱镕基总理 2002 年 3 月 15 日在中外记者招待会上说:"令我最感头痛的是什么?我想在目前来讲,主要是增加农民收入。……农民的收入增加不快,个别地方还有所下降。"[③]如今在全国大部分地方已经轰轰烈烈展开的农村税费制度改革,正是对农民增收难、负担重

① 据有关权威资料说明,从 1978 年到 2000 年,中国农村没有解决温饱的贫困人口由 2.5 亿人减少到 3000 万人,贫困人口占农村总人口的比例由 30.7%下降到 3%左右。参见国务院新闻办公室:《中国的农村扶贫开发》,载《社会保障制度》2002 年第 1 期。关于这一个数字,温家宝总理指出,目前没有摆脱贫困的这 3000 万左右农民,是按每年人均收入 625 元的标准计算的,这个标准是低水平的;如果标准再增加 200 元,农村贫困人口就是 9000 万。参见《温家宝总理答中外记者问——在第十届全国人民代表大会第一次会议举行的记者招待会上》,载《国务院公报》2003 年第 11 期。

② 参见张士云、许多:《对农村税费制度改革的思考》,载《农业经济问题》2001 年第 8 期。

③ 《南方周末》2002 年 3 月 28 日,第 3 版。

的一种变革性制度的回应。① 广大农民在旧有财富分配体制中的受歧视地位应该在新的制度设计中得到纠正，社会救助法律制度应该在新的分配制度设计中占有一席之地，对那些遭受和经历贫困的农民给予相应的、适当的补偿，也使他们享受到真正的“国民待遇”。

3. 除了上述这两种常态的贫困表现外，中国还存在另外两类贫困群体：一类是每年都会发生和存在的因为自然灾害而致贫的灾民，另一类是所谓的“特殊人员救助”。我国每年因为地震、水灾、干旱等自然灾害而遭受损失的灾民都数以亿计。据资料显示，仅在2002年，由于旱灾、洪涝、风雹、台风、地震、沙尘暴、雪灾、低温冷冻等自然灾害而受到影响的，全国共有3.7亿人(次)，其中成灾2.3亿人(次)。② 2003年的淮河流域水灾、陕西渭河流域水灾、云南大姚6.2级地震，1998年的长江流域，松花江、嫩江流域的水灾，1976年的唐山大地震等自然灾害造成的严重后果，都给人们留下了难以磨灭的印象。有学者经深入研究证实，我国历史上水、旱、蝗、雹、风、疫、地震、霜、雪等灾害，自公元前1766年(商汤18年)至公元1937年的3703年间，共有5258次，平均约每6个月就发生一次，其中旱灾1074次，平均约每3年4个月就有一次；水灾1058次，平均约每3年5个月就有一次。这些灾害导致的灾荒不仅具有普遍性，而且还具有继起性和积累性的特点③，因此其对灾民生活的影响就更大。随着社会物质财富的积累，当代自然灾害所造成的损害后果更为严重。面对大自然的疯狂施暴，灾民们必须求助于国家的紧急救助。结合当代社会经济发展的情势，灾害救助制度也必须进行“与时俱进”的变革，以更好地适应当代灾害救助的制度需求。

另一类所谓的“特殊人员救助”，是指除了上述三类形式以外的其他社

---

① 据报道称，我国农村税费制度改革已经取得重要阶段性成效。目前试点省份已扩大到20个，试点地区的农业人口约6.2亿人，占全国农业人口的3/4以上。参见《要闻快递》，《重庆商报》2003年10月7日，第3版。2004年春节过后，杭州、北京等经济发达地区响应党中央一号文件号召，率先取消了当地农民的各种税费负担，使他们“零负担”地从事农业生产。这昭示着农村税费制度改革的最终成果表达已初见端倪。温家宝总理在十届人大二次会议上作政府工作报告时指出，五年内逐步取消农业税。目前除烟叶外，农业特产税已经取消。

② 参见民政部：《2002年民政事业发展统计报告》，http://www.mca.gov.cn/news/news2003050904.html，2003年8月26日。

③ 参见邓云特著：《中国救荒史》，商务印书馆1993年影印版，第51、49、60、61页。

会救助，主要包括精简退职职工救助，麻风病人救助，原国民党起义和投诚人员救助，归侨、侨眷、侨生救助，台胞、台属救助，宽大释放人员救助，摘掉右派帽子人员救助，受迫害人员救助，下乡知青因公致残人员救助，因计划生育手术事故造成死亡和丧失劳动能力人员救助，外国侨民救助，错判当事人家属救助，工商业者遗属救助，企业职工遗属救助，外逃回归人员救助，特赦释放战犯救助，错定成份人员救助，释放托派头子救助，被解散文艺剧团生活无着人员救助，平反释放人员救助，高校毕业生有病人员救助，解除劳动教养人员救助以及刑事罪犯家属救助等。[①] 这些救助对象每一种数目都不是很大，分布也比较零散，但他们对社会救助制度的依赖性却比较强。这类人员中许多是历史上形成的特定贫困群体，其贫困致因并不是因为在市场竞争中失败，更多的是由于国家的政治政策原因。此类救助对象的数目在日渐减少。[②] 虽然他们在本论文的研究视野中并不具有典型性和代表性，但对他们的社会救助也属于社会救助法律制度中的有机组成部分，也需要随着相关制度的变革而作出相应的演进。

对灾民和其他特殊人员这两类对象的社会救助，采取的救助标准与救助模式等有不同于前述两种常态社会救助的地方。如果可以把对城镇和农村贫困对象实施的救助称为普通社会救助的话，那么就可以把对灾民和其他特殊人员实施的救助称为特殊社会救助。相比较而言，后者面临的制度变革压力要小于前者，但是在现有的体制、制度转轨时期，在这样一个大变革的时代浪潮背景下，特殊社会救助制度同样需要作出相应的调试，以更好地实现社会救

---

① 参见全根先主编:《中国民政工作全书》，中国广播电视出版社 1999 年版，第 1394～1408 页。

② 据资料显示，上海市的此类社会救助对象中，精简退职职工(包括原工资 40%和外省市回沪人员两种)、散居归侨、外国侨民、国民党宽释人员、起义投诚人员、因公致残知青、农婚插队知青、纠错人员、摘帽人员、港台回归人员、翻案人员、刑释林江案犯、特赦托派等的人数，在 1990 年分别是 2725 人(632 人和 2093 人)、5 人、1 人、897 人、78 人、9 人(1991 年数据)、208 人、4 人(1993 年数据)、2 人、9 人、1 人、1 人、4 人，到 1995 年时分别是 2348 人(333 人和 2015 人)、3 人、无、707 人、59 人、15 人、179 人、2 人、1 人、6 人、1 人、1 人、3 人，人数本来就少，各自大都又有所减少。而如社会孤老残幼、社会困难户等普通受救助对象的人数，1990 年分别是 2254 人、661 人，1995 年则分别为 2288 人、1868 人，呈增多趋势发展。参见施德容著:《社会救助系统建立与实施的研究》，同济大学经济管理学院博士学位论文，1996 年版，第 4 页。这也从一个侧面反映出普通救助与特殊救助的适用对象在贫困致因上的差别，从而导致二者在发展趋势上的分野。

助法律制度的价值。

中国的人口占世界总数的1/5左右，其中的贫困人口按照目前的标准计算，比较确定的人数，包括城乡贫困和特殊对象的一类，至少有4480万左右；相对不确定的人数，主要指因自然灾害原因致贫的灾民，平均每年要有2亿左右[①]，二者共计2.5亿人左右。这就是说，中国每年有这么多的人口需要接受社会定期救助或者临时紧急救助，每年有这么多的人口需要接受社会救助法律制度的覆盖和保障。"由于种种原因，社会救助在20世纪90年代变得更为重要了。"[②]这么巨大的现实需求，给社会救助法律制度的深入细致研究提供了相当开阔的拓展空间。中国贫困问题的进一步缓解和经济与社会的可持续发展[③]亟待社会救助法律制度作出积极的回应，社会救助法律制度的不断完善和创新也将会对中国贫困问题的解决作出直接的贡献。

(二)理论意义

社会救助法律制度的理论研究，一般是在社会保障法律制度研究的框架下展开的。社会保障制度作为我国社会主义市场经济体制建设的有机组成部分之一，其正式提出始于1992年党的十四大报告。之后，社会保障制度的理

---

① 除了2002年的数据，据民政部公布的资料，2000年全国共有4.56亿人受到各类灾害影响，成灾人口2.79亿人；1999年共有3.53亿人受到各类灾害影响；1998年共有3.5亿人次受到各类灾害影响；1997年共有4.78亿人受到各类灾害影响，成灾人口3.3亿人；1996年共有3.23亿人次受到各类灾害影响；1995年共有2.4亿人次受到各类灾害影响；1994年成灾人口2.54亿人；1993年成灾人口2.09亿人；1992年约有2.4亿人受到各类灾害影响；1991年共有4亿人受到各类灾害影响，成灾人口2.8亿人；1990年成灾人口1.8亿人；1989年成灾人口2.16亿人；1988年成灾人口2.35亿人；1987年成灾人口1亿多人。参见民政部相关年度的民政事业统计公报，http://www.mca.gov.cn/news/以及http://www.mca.gov.cn/statistics/，2003年8月26日。关于2003年的数据，据新华网2003年10月9日电，截至9月底，全国共有26个省、自治区和直辖市遭受水灾、地震、台风等灾害，受灾人口已达2.841亿人。参见《重庆商报》2003年10月10日，第13版。

② 国际劳工局编，中国劳动和社会保障部国际劳工与信息研究所译：《2000年世界劳动报告——变化世界中的收入保障和社会保护》，中国劳动社会保障出版社2001年版，第115页。

③ "桥梁的承载能力是根据其最弱的桥墩的强度来测定的。在一个社会中，人的生存质量也应通过其中最贫弱的成员的生活质量来衡量。"[英]齐格蒙特·鲍曼著，范祥涛译：《个体化社会》，上海三联书店2002年版，第91～92页。

论研究开始勃兴。1998年的国务院机构改革中,新设劳动和社会保障部。尽管该部所负责管理的社会保障事务仅包括社会保险内容,但社会保障在国人生活中的重要地位已经得到重视和凸显。随着经济改革的深化,社会保险制度改革也得到进一步的推进,养老、医疗、失业、工伤、生育保险都分别进行了相应的制度完善和创新,以更好地适应经济体制改革的需要。但是社会保险制度并没有充分有效地"一揽子"解决民众的社会保障问题,不仅在职职工的参保权利得不到充分的保障,与传统体制下的保险制度相比,个人承担的比例和承受的风险不断加大;而且由我国的具体国情所决定,完全体制内就业的岗位本就十分有限,能够享受社会保险利益的适格主体也就十分有限,体制外就业以及下岗、分流人员的社会保障权利就无法得到有效的保障。由于市场经济体制改革方向的选择和执行,体制外就业和体制内冗员下岗、分流的人数呈扩大趋势,这些人在失去工作收入之后,其基本生活保障就成了问题。这几年,尤其是下岗失业人员由于基本生活得不到保障,已经发生了多少次上访、静坐等影响社会稳定的事件! 囿于中国的实际国情,社会保险制度的保障在现阶段并不是"一劳永逸"的"秘方"。按照国际经验,"对付因经济与社会结构大调整而导致的较大规模的贫困问题,最有效的社会保障制度是社会救助而不是社会保险"。[①] "社会救助作为失去其他形式社会保障的人的最后安全网,具有特别的地位。"[②]学者研究发现,在一个国家或地区经济刚刚起步的时期,社会救助制度是一个较为"经济实惠"的制度;在经济发展遭遇波折的时候,社会救助制度的作用则更为明显。以社会保险制度为核心的中国社会保障体系目前仍然漏洞多多,难以承担本来寄予它的厚望,原因是它急于与国际社会接轨而忽视了中国的实际国情,最低生活保障制度这道"最后安全网"的

---

① 时正新主编:《中国社会救助体系研究》,中国社会科学出版社2002年版,第9页。See OECD, *The Battle against Exclusion: Social Assistance in Australia, Finland, Sweden, and the United Kingdom*, Paris: OECD, 1998, p. 123;参见顾俊礼主编:《福利国家论析:以欧洲为背景的比较研究》,经济管理出版社2002年版,第403页;陈佳贵主编:《中国社会保障发展报告(1997—2001)》,社会科学文献出版社2001年版,第208页;唐钧著:《市场经济与社会保障》,黑龙江人民出版社1995年版,第87页。

② Lutz Leisering and Stephan Leibfried, *Time and Poverty in Western Welfare States: United Germany in Perspective*, Cambridge: Cambridge University Press, 1999, p. 59.

保底作用因此才得到彰显。[①] 正是在这一背景下，社会救助法律制度的重要性得到了决策层的重视，首先是城镇社会救助法律制度的改革被提上了议事日程。继 1993 年由上海市率先在全市范围内着手探索建立城市居民最低生活保障制度，到 1999 年《城市居民最低生活保障条例》发布，城镇社会救助法律制度的改革初步完成。其次，是在经济较为发达的地区，探索建立农村居民最低生活保障制度或者城乡一体化的居民最低生活保障制度。随着中国经济的持续、稳定、快速、健康发展，全国城乡一体化的居民最低生活保障制度最终会建立起来。当然，即使是建立起了统一的城乡居民最低生活保障制度，也并不等于建立起了完善的社会救助法律制度，因为它仅仅是其中的一部分。再次，是城市流浪乞讨人员收容遣送制度完成改革，强制性收容遣送制度被改为关爱性的救助管理。社会救助法律制度的初步改革和创新，推动了社会救助法律制度理论研究的深入和活跃。在目前条件下，继续展开对社会救助法律制度的系统、深入的研究，笔者认为具有以下几方面的理论意义：

1. 进一步丰富社会救助法律制度理论研究的成果。社会救助法律制度改革如果从 1993 年算起的话，迄今已 10 年有余了。社会救助法律制度改革以来的十余年，也是其理论研究深化的十余年。期间研究成果纷呈，学术观点众多，为社会救助法律制度的改革积极提供各自的理论分析和理论支持。社会救助法律制度的改革还在继续，其理论研究也应该适时进行一下总结和梳理，归纳一下纷呈的研究成果，在此基础上，发现和提出新的理论理解和建议，从而可以为社会救助法律制度的完善或者进一步的创新提供新的理论铺垫和

① 参见唐钧等著：《中国城市贫困与反贫困报告》，华夏出版社 2003 年版，第 260～261 页。“在中国城市贫困问题发展的初期，中国政府并没有考虑创建一种制度性的社会政策作为长久的应对措施，而是习惯地采用了‘搞群众运动’的临时补救措施，如在全国搞‘社会帮困’活动、搞‘送温暖’工程等等，这些活动成本不菲，收效却甚微。”陈佳贵主编：《中国社会保障发展报告（1997—2001）》，社会科学文献出版社 2001 年版，第 209 页。

支撑。[①] 社会科学的研究就是在这种举一反三的尝试中走向创新和成熟的。社会救助法律制度理论研究的宝库也需要不断吸纳新的研究成果来丰富和充实自己的收藏。

2. 进一步丰富社会保障法学的理论研究内容。按照我国一般意义上的理解,社会保障法律制度应该包括社会保险、社会福利、社会救助和社会优抚四个有机组成部分。其中社会保险法律制度研究的内容最多,体系也相对比较完整;社会优抚法律制度由于其享受对象的特定性和易识别性,研究的内容和体系也相对明确和完整;而社会救助和社会福利法律制度研究的内容却比较杂乱,二者之间的领域界限也十分模糊,体系较不完整,至今的诸多研究也并不能认真地加以区分和进行细致深入的探讨。所以,如果能够对社会救助法律制度进行一下深入的理论考察和比较研究,并紧密结合我国目前和今后较长一段时间的具体国情来推进,那么,社会保障制度作为我国社会主义市场经济体制建设的支柱之一,其内涵的丰富和充实将会给它重要性地位的维持提供更具说服力的理论支撑。

3. 进一步丰富经济法学的理论研究内容。社会保障法学是否属于经济法学的有机组成部分,社会保障法是否是经济法学理论研究的对象,经济法学

---

① 曾有文章以"《中华人民共和国社会救济法》起草者赴美国、加拿大考察团"的名义撰写,题目为《美国、加拿大社会救助考察报告》,载《社会工作研究》1995 年第 5 期。这说明中国曾经动手准备起草"社会救济法",后来因为种种原因却并没有出台。可能是因为制定"社会救济法"的时机还不够成熟。所以后来就先制定了一个《城市居民最低生活保障条例》,再到后来是制定《城市生活无着的流浪乞讨人员救助管理办法》,着眼点是问题一个一个地加以解决和规范,最终,等到条件具备,可能还是要制定城乡统一的《社会救助法》。其实这是受新中国立法传统影响的缘故。1943 年 9 月 29 日国民政府公布并于同日施行的《社会救济法》,是在抗战时期制定通过的,应该说当时的社会条件比现在的要差得多,却也催生了中国有史以来第一部关于社会救济工作的全面的、专门的立法。该法在台湾地区一直实施到 1980 年 6 月 14 日止,同日,台湾地区的《社会救助法》公布施行。对照国民政府和台湾地区的状况来看,具有相同文化背景的大陆,在不远的将来,制定通过一部城乡统一的《社会救助法》,实在也应该是计划和预料之中的事情。而这样一部《社会救助法》的起草、制定和通过,是极为需要社会救助法律制度的理论研究成果给予支持和支撑的。

界的认识并不一致。① 因此，社会救助法律制度是否属于经济法学理论研究的对象，经济法学界也存在分歧。当然，经济法学体系本身也随着社会经济生活的发展经历了重大的结构重塑。在 1992 年十四大之前的课程教材体系中，哪里有社会保障法的位置？更不要说社会救助法律制度的内容了。社会主义市场经济体制建设目标的选定，才导致经济法学体系的初步合理化、科学化和稳定化，社会保障法的内容才被大多数经济法学教材列入课程体系之中。目前，经济法学界对于经济法体系的构成，在市场秩序规制法(或称为市场管理法)和宏观调控法(或称为宏观调控和可持续发展保障法)是经济法体系的有机组成部分方面，是基本达成共识的；而在市场主体规制法(或称为经济法主体)和社会保障法(或称为社会分配调控法)是否构成经济法体系的有机组成部分方面，观点则不能一致。笔者师从李昌麒教授从事经济法学的研究和学习，想尝试以经济法的理念和从社会分配调控法的视角，对社会救助法律制度进行一下较为深入、系统的研究。笔者认为，社会救助法律制度的理论研究还有深入开掘的空间，能否以经济法的理念和社会分配法的视角来论证其作为经济法学研究的当然对象，以及能否从社会救助法律制度的深入研究中来丰富经济法学基础理论的论证体系，这都是可以进行大胆探索和有益尝试的。观点的分歧，正昭示了进行深入理论探讨和研究的契机。

二、国内外研究现状与存在问题

为了正文深入、系统地展开对社会救助法律制度理论的论述，在此有必要对该领域的国内外研究现状先作一番回顾和考察。当然，这种回顾和考察是建立在笔者对尽可能收集到手资料的占有基础之上的，并且也囿于笔者所能够收集到的资料。例如，对于外文原著资料，就只能收集英文类加以阅读和运

① 以其经济法学科同为国家级重点学科的北京大学和西南政法大学为例，由各自的学科带头人所主编的经济法学教材中就体现出这样明显的区别。北大版的体系(作为全国高等学校法学专业核心课程教材)认为社会保障法是经济法的有机组成部分之一，该书第五编就专门论述社会保障法的内容；西政版的体系(作为高等政法院校法学主干课程教材)认为社会保障法并不能全部地构成经济法的有机组成部分之一，仅仅是社会保障法中的社会保险法律制度才可以成为经济法的研究对象，该书将社会保险法律制度列为第 31 章(虽然该章的题目是“社会保障法律制度”)，归入第五编“社会分配调控法律制度”中加以论述。参见杨紫煊主编：《经济法》，北京大学出版社、高等教育出版社 1999 年版，目录第 5 页；李昌麒主编：《经济法学》，中国政法大学出版社 1999 年版，目录第 6～7 页。

用,其他相关外文资料则无法使用,只能尽可能借助于国内译著或者国内相关文献的介绍;即使中文类资料,也不能将有线索的文献全部搜集到手,而只是尽最大可能地搜集能搜集到的一些资料。笔者以为,这可能是大部分做研究的人都会面临的现实境遇。

(一)研究现状

对于国外研究现状的考察,笔者搜集的资料及相关线索,主要来自于北京国家图书馆和西南政法大学的美国 Lexis 网上法律数据库。根据关键词"social assistance"和"social relief",在国家图书馆网站上搜索的结果仅有以前者为关键词的书目 17 项,以后者为关键词的书目则无(2003 年 3 月 4 日查寻);在西政 Lexis 网上搜索的结果则分别有 443 篇和 26 篇文章(分别为 2003 年 4 月 28、25 日查寻)。国图的这 17 项书目中,根据对比分析内容是否相近以及是否可以借出复印的情况,笔者最后收集到手的仅有 5 本,分别是:(1) OECD,① *The Battle against Exclusion:Social Assistance in Australia, Finland, Sweden, and the United Kingdom*, Paris: OECD, 1998;(2) Carol Walker, *Managing Poverty: The Limits of Social Assistance*, London and New York: Routledge, 1993;(3) John Ditch, et al, *Comparative Social Assistance: Localisation and Discretion*, Aldershot, Brookfield USA, Singapore, Sydney: Ashgate, 1997;(4) Gerard William, Boychuk, *Patchworks of Purpose: the Development of Provincial Social Assistance Regimes in Canada*, Montreal & Kingston: McGill－Queen's University Press, 1998;(5) Lutz Leisering and Stephan Leibfried, *Time and Poverty in Western Welfare States: United Germany in Perspective*, Cambridge: Cambridge University Press, 1999(此书是由德文翻译成英文的)。此外,还收集到两本译著,分别是:(1)[美]夏洛特·托尔著,郗庆华、王慧荣译:《社会救助学》,生活·读书·新知三联书店 1992 年版;(2)[荷兰]M·爱纳汉德等著,陈绵水等译:《欧洲七国失业救济与社会援助制度》,中国财政经济出版社 1999 年版。西政的这 469 篇文章中,笔者下载并打印了全部的文章索引信息和若干篇文章全文,后经认真阅读,可利用的内容实在太少,只能希望在时间来得及的情况下,再仔细地进行阅读和利

① 即 Organization for Economic Co-operation and Development(经济合作与发展组织)的英文缩写。

用。国外研究现状的分析，就只能根据上述资料来进行。根据这些资料所提供的信息（所论述的国家包括英国、加拿大、德国、澳大利亚、芬兰、瑞典、荷兰、瑞士等），可以看出国外对社会救助制度的研究，内容方面包括从克服社会排斥、克服贫困的社会救助制度功能与目的的角度展开论述的，有作多国社会救助制度比较研究的，有对本国的社会救助制度作历史与比较研究的，有从失业救助角度对社会救助制度进行分析的，还有从社会救助工作者的立场和接受社会救助者心理分析的角度展开论述的；论述方法上包括历史分析法、比较分析法等，一般是从社会学的社会政策角度展开分析，对社会救助制度功能实现及其比较分析较为重视。这些国家都是所谓发达国家，英美法系和大陆法系的都有，社会救助法律制度相对都比较健全。大量发展中国家相关的研究资料则几乎没有，而它们的社会生活状况其实正极为需要社会救助法律制度的建立与不断完善。这也反映出一个事实，就是社会救助法律制度的建立、完善与创新，都是需要相应的经济基础做保障的。经济越发达的国家，其社会救助法律制度也越发达，对之的理论研究也越深入；经济相对落后的国家，其社会救助法律制度也相对落后，对之的理论研究也相对薄弱和缺乏。

对于国内（包括台湾地区）研究现状的考察，除了笔者自己能够直接或间接买到的不少资料之外，其他的资料及相关线索也主要来自于北京国家图书馆和西南政法大学图书馆。根据关键词“社会救助”和“社会救济”进行搜寻，在国图网站上搜索的结果包括以前者为关键词的书目 23 项，以后者为关键词的书目 72 项（2003 年 3 月 4 日查寻），合计共 95 项（主要仍然是相关的书目）；在西政计算机检索系统上搜索的结果则无，只有以“社会保障”为关键词进行查寻，才可以找到 10 余本的书目；在西政新书阅览室里查寻到一本研究最低生活保障制度的新书；在西政基藏书库里搜寻到两本民国时写的书；在西政计算机阅览室里上中国期刊网，分别搜寻到以前者为关键词的文章 47 篇，以后者为关键词的文章 34 篇（2003 年 4 月 24 日查寻），合计共 81 篇；在西政过刊阅览室及教师期刊阅览室里主要查中国人民大学的复印资料《社会保障制度》，查寻到相关文章若干篇。与国外研究资料的占有情况相比较而言，国内研究资料占有就相对比较完整和充分一些。这些研究成果中比较具有代表性的作者及其作品有：(1)民国时期的：邓云特著的《中国救荒史》（1937 年）、陈凌云著的《现代各国社会救济》（1937 年）、柯象峰编著的《中国贫穷问题》（1947 年）；(2)台湾地区的：江亮演著的《社会救助的理论与实务》（1990 年）、孙嘉奇著的《民生主义意识形态与现代社会救助政策之研究》（1992 年）、孙健忠著的《台湾社会救助制度实施与建构之研究》(仅有书名信息)、孙健忠著的《台湾地区社会救助政策发展之研究》(1995 年,仅有书目信息);(3)当代中国大陆的:多吉才让著的《中国最低生活保障制度研究与实践》(2001 年)、时正新主编的《中国社会救助体系研究》(2002 年)、唐钧等著的《中国城市贫困与反贫困报告》(2003 年)、施德容著的《社会救助系统建立与实施的研究》(博士学位论文)(1996 年)、张文著的《宋朝社会救济研究》(2001 年)、蔡勤禹著的《国家、社会与弱势群体:民国时期的社会救济(1927—1949)》(2003 年)、唐钧撰写的相关论文以及《中国民政》、《民政论坛》、《中国社会工作》等刊物上的相关论文。除了这些专门性的研究成果以外,相关成果中涉及社会救助制度研究内容的重要文献有:郑功成著的《社会保障学:理念、制度、实践与思辨》(2000 年)、郑秉文主编的"当代社会保障制度研究丛书"(一套共 18 种,迄今已出版 12 种[2000—2002 年],其论述中含有社会救助制度内容的书目包括:《社会保障分析导论》,《社会保障制度的国际比较》,《社会保障的起源、发展和道路选择》,《中国社会保障制度的改革与发展》,《当代英国瑞典社会保障制度》,《当代美国社会保障制度》,《当代德国社会保障制度》,《当代东亚国家地区社会保障制度》,《当代西亚非洲国家社会保障制度》,《社会保障法》[法文译著]),侯文若著的《现代社会保障制度》(1994 年),穆怀中主编的《社会保障国际比较》(2002 年),宋晓梧主笔的《中国社会保障体制改革与发展报告》(2001 年),宋晓梧主笔的《中国社会保障制度改革》(2001 年),陈佳贵主编的《中国社会保障发展报告(1997—2001)》(2001 年),时正新主编的《中国社会福利与社会进步报告(2001)》(2001 年),全根先主编的《中国民政工作全书》(1999 年),康士勇主编的《社会保障管理实务》(1999 年),费梅萍编著的《社会保障概论》(1999 年),沈道权著的《土家族地区农村社会保障研究》(2001 年),覃有土、樊启荣编著的《社会保障法》(1997 年),种明钊主编的《社会保障法律制度研究》(2000 年),史探径主编的《社会保障法研究》(2000 年),王益英主编的《社会保障法》(2000 年),林嘉著的《社会保障法的理念、实践与创新》(2002 年),蒋月著的《社会保障法概论》(1999 年),张艳著的《社会保障法导论》(2002 年),赖达清主编的《社会保障法》(2003 年),方乐华编著的《社会保障法论》(1999 年),杨紫煊主编的《经济法》(1999 年),杨紫煊主编的《经济法研究》(第 1 卷)(2000 年),葛寿昌主编的《社会保障经济学》(1999 年),陈国钧著的《社会政策与社会立法》(1980 年),黄安年著的《当代美国的社会保障政策(1945—1996)》(1998 年),陈恕祥主编的《美国贫困问题研究》(2000 年),顾俊礼主编的《福利国家论析:以欧洲为背景的比较研究》(2002 年)等。这些资料中,有 4 篇是博士学位论文(有的已出版专著),分别是施德容(管理工程类)、张文(中国古代史类)、蔡勤禹(中国近现代史类)、孙健忠(《台湾地区社会救助政策发展之研究》,社会学类)的著述。国内研究现状的分析,就根据这些资料来进行。根据这些资料所提供的信息,可以看出国内对社会救助制度的研究,时间方面除了民国时期的研究和陈国钧的著述以外,都是上世纪 90 年代以后的成果,尤其以 1999 年以后为最多;内容方面包括社会学、历史学、经济学、管理学、法学等不同学科视角的探讨,有本国、本地区的研究,也有对外国的研究,还有比较研究;论述方法上包括历史分析法、比较分析法等。从整体上看,首先是社会学视角研究的成果分量最大,其次是管理学视角的研究,再次可能是法学视角的研究。

(二)存在问题

由上述对国内外研究现状的考察,可以发现迄今为止对社会救助法律制度的研究存在如下几个方面的问题:

1. 以法学视角展开深入、系统研究的博士学位论文或者专著没有。国外文献资料反映的多是社会学的视角,从社会政策、社会控制、社会整合或者社会工作的角度展开论述;国内文献资料反映的也多是社会学的视角,法学研究视野中的社会救助法律制度,仅限于社会保障法或者经济法教材中,所占分量也相当少,大量的篇幅都是对社会保险法律制度的论述,社会救助法律制度被放在一个十分次要的位置;国内的几篇研究社会救助法律制度的博士学位论文也分别是从管理工程、历史学(断代史)和社会学的专业方向入手展开论述。法学视角的研究就没有深入拓展的理论空间吗?笔者认为不是这样的。这方面研究的缺乏,正蕴涵了一种开展深入研究的机会。

2. 社会救助法律制度研究中实践操作层面关注得多,理论深度挖掘得不够。现行的相关研究资料中,对于该法律制度在现实生活中的实施情况描述得比较多,流于一般的对已存法律制度的阐释和讲解,而对于更深入一些的理论问题,如社会救助法律制度的价值、理念追求、理论支持等,则缺乏认真的探讨。就事实论述事实,不能解决任何问题。社会救助法律制度规范了人们接受社会救助的权利,还使人们承受一定的义务。如何从理论角度深入地论证这种权利的享有和义务的负担,是一个值得深入探讨的问题。

3. 现行社会救助法律制度研究所关注的主要是城镇的贫困状况及其克

服问题,对于农村的相关制度研究则比较薄弱和缺乏,对于由城乡二元社会结构互动和融合进程所推动的社会救助法律制度一体化研究关注得更不够。这种状况也是由中国的实际国情所决定的路径依赖问题的后遗症。其他国家和地区,似乎就不存在这样的城乡社会救助制度设计差别。即使民国时期的《社会救济法》,直至今天台湾地区的《社会救助法》,也没有这样的制度歧视。这种制度隔阂的打破和城乡统一社会救助制度的构建,是需要理论界进行深入研究的。

4. 以经济法的视角展开对社会救助法律制度的研究更为缺乏。当然,经济法也并不是一个世界性的法学话语。即使在有经济法理论研究的国家和地区,其理论研究的视域也经历了一个不断嬗变的过程。在中国这样一个后进的市场经济体制变革取向的国家,而且还是从严格的计划经济体制实行转轨,其市场经济体制模式的实现和良性运转,是需要国家来引导和促进的。十四大报告确立了中国社会主义市场经济体制的基本框架,中国新的经济法体系的生成学界普遍共识就是以此报告的内容为基础蓝本。社会分配制度和社会保障制度作为这一框架的有机组成部分,从而成为经济法学的研究对象,也是应有之义,因此包含于社会保障法律制度之内的社会救助法律制度成为经济法学研究的对象,也是顺理成章。当然,学界对此的观点并不完全一致,但也不妨碍进行相应的研究。本文中所谓的"经济法视角",就是以经济法的理念,在社会分配法的范畴内,展开对社会救助法律制度的深入探讨,并适时地结合社会救助法律制度深入研究的具体进路来探讨一些经济法的基本理论问题。

上述对国内外研究现状和存在问题的考察与分析,初步理清了本书进一步展开社会救助法律制度研究的基础和背景。已有的研究成果给笔者以很大的帮助和启发,笔者有信心在前人研究的基础上,将社会救助法律制度的理论研究推进一步。

三、全书结构、研究方法与创新设想

通过对本书选题意义的阐析和国内外研究现状与存在问题的梳理,笔者对本论文的结构、研究方法与创新设想作出如下安排:

(一)全书结构

全书除了"引言"与"结论"之外,共分为四个部分。第一部分是对社会救助法律制度的历史考察。在这一章里,首先对"社会救助"这个关键词作一词源考证，以先行确立以后展开论证的逻辑起点，然后阐述外国（地区）和中国各自社会救助法律制度的变迁，并分别总结出各自的一般特征，在此基础上对中外社会救助法律制度历史变迁之异同作出比较分析，归纳得出社会救助及其法律制度确立与演变的一般规律。第二部分是对社会救助法律制度的理论基础分析。在这一章里，首先对社会救助法律制度的部门归属问题作出论证和回答，然后对贯穿于社会救助法律制度变迁进程中的理论基础作出分析，包括基本理念剖析、理论支持分析以及价值分析。这一理论基础也随着社会救助法律制度的变迁而发生着相应的变迁，直至当代其一般表达的确立。本部分主要是以当代社会救助法律制度的发展为分析蓝本。第三部分是对中国现行社会救助法律制度运行绩效的分析。本部分是建立在前两部分论证的基础上，结合中国当代具体制度运行绩效分析，作出相应评价。在这一章里，首先对中国现行社会救助法律制度安排做一总体检视，其次对其运行绩效作出评价，最后分析其制度缺陷原因和制度改进路径依赖。第四部分是阐述中国的统一社会救助立法的构想。这一部分是建立在前三部分论述基础之上的。在这一章里，首先论述统一社会救助法立法体系与立法理念选择问题，其次论述贫困线确立原则与救助对象选择问题，再次是对救助范围确定和救助方式选择的阐述，复次是对救助资金筹集和救助申领程序的论证，最后是论述救助机构准入制度和社会救助法律关系参与方的法律责任问题。通篇结构安排的基本考虑是以经济法的理念入手，对社会救助法律制度进行一番深入细致的考察与理论辨析，结合中外具体制度的比较分析，最终促成一部符合中国国情的统一社会救助法的出台。

（二）研究方法

本书的研究一方面主要采用历史分析、比较分析和经济分析的方法进行展开，另一方面采用规范分析和实证分析的方法对各项具体制度进行论证。本书的出发点是要以经济法的视角，对社会救助法律制度进行一次全面、深入、细致的考察和理论辨析。因此，在研究方法的采用上，历史分析方法可以使我们对中外社会救助法律制度的历史变迁有一个完整的了解，在此基础之上，才可以对社会救助法律制度进行相关方面的研究；比较分析方法可以使我们对中外社会救助法律制度的异同进行辨别，找出这种差别的制度性背景原因，探讨在相异的制度背景下借鉴外国相关制度的可能性与现实性；经济分析方法可以使我们对社会救助法律制度设计与安排的经济绩效问题进行分析，从制度成本与制度效益、制度供给与制度需求等方面入手，对社会救助法律制度存在的合理性和重要性进行分析，同时社会救助法律制度安排的客体就是一种经济利益的分配与流转，对于经济问题还必须以经济方法的理念去理解和解决。规范分析和实证分析方法与上述方法的运用互相交叉，是从不同角度对论证方法的一种选择。规范分析方法强调制度选择的价值偏好与选择，论证制度应该是一种什么样的设计和安排，给现行制度的完善与创新提出目标和方向；实证分析方法强调制度运行的实际状况，论证现行制度在各种条件制约下，其运行绩效如何，是对现行制度的全面阐释，解释制度与生活的耦合实绩。这两种方法可以解释与论证我国社会救助法律制度的运行绩效状况以及完善和创新的方向选择问题。当然，这些研究方法的运用并不是彼此独立的，而是互相交叉、互为证明的。多种研究方法的综合运用，才能更好地展开主题论证。

（三）创新设想

本书的研究是一个理论性研究。因此，全书在注意理论与实际紧密结合的同时，针对前述对国内外研究现状与存在问题的考察和梳理，主要想在以下几个方面实现对社会救助法律制度研究的理论创新：

1. 以“经济法”的视角展开对社会救助法律制度理论研究的诠释和掘进。这里所谓“经济法”的视角，即以国家适度干预国民收入再分配经济关系的经济法理念，在社会分配法的理论分析框架下，展开对社会救助法律制度的深入理论研究。同时，尝试结合社会救助法律制度研究的具体进路探讨一些经济法的基础理论问题。这是现有理论研究中未曾有过的研究思路。贫困现象作为一种国际社会普遍存在的客观事实，其生成与存在的原因包括经济增长与经济分配两方面的因素，已如前述。市场机制在克服因经济增长缺乏导致的贫困方面有其积极作用，在通过经济分配来缓解和克服贫困方面却没有办法。“市场本身不能导致公平的收入分配，价值规律也在客观上会导致商品生产者两极分化。”[①]在某种意义上我们可以这样认为，市场能够有效地创造财富，从而对国内的普遍性贫困有较大程度的缓解和克服，但通过市场所进行的经济

① 陈恕祥主编：《美国贫困问题研究》，武汉大学出版社 2000 年版，第 295 页。还可以参见唐钧著：《市场经济与社会保障》，黑龙江人民出版社 1995 年版，第 75 页：“市场经济是不能保证社会公平的，而且恰恰相反，它会造成‘马太效应’从而扩大贫富差距。”

分配却会导致贫困的生成和贫富差距的增大，从而对国内的个体性贫困不仅不能缓解和克服，反倒能促成其加剧和恶化。从整体上分析，中国改革开放前的贫困状况是“蛋糕没有做大”的贫困，改革开放以来，尤其是上世纪90年代以来的贫困，除了“蛋糕”尚待继续做大以外，人们印象更深的是“蛋糕”分配不公的诱因。现阶段我们除了需要继续关注以持续经济增长来缓解和克服贫困以外，更需要关注通过经济分配制度的完善和创新来缓解和克服贫困。本论文的立足点主要是关注后者。市场并不会把已创造出来的社会财富主动送到那些急于需要它们的人们手中去，相反，市场本身的趋利性只会使富者更富，对富者锦上添花；使穷者更穷，对穷者落井下石，这是市场效率至上机制的必然结果。以本文的立足点观察，这时只能依靠国家对分配环节的经济关系进行适度干预以提供缓解和克服贫困的公共经济资源。当然，并不是所有的贫困现象都与市场机制有关，中国的贫困有计划经济体制下的贫困，这时是没有市场；有双轨经济体制下的贫困，这时是市场不完全；有市场经济体制下的贫困，这时市场的优点和缺陷并存，市场缺陷终于被国人认识。我们看到随着经济日趋繁荣的同时，贫困现象仍然如影相随，尽管其人数总量大为减少，分布有了局域性变化。因此，贫困生成和存在的原因是多方面的，市场因素只是其中一个方面。这方面大家可以体会到的是，在传统经济体制下，大家都穷；在新的经济体制下，有人富了起来，有人却仍然贫穷，贫富差距表现出来并愈益明显。所以可以说，市场体制在较大程度上缓解了贫困，但并没有能够完全克服贫困，相反，可能还会促成一些新的贫困现象生成。因此，对于由市场缺陷引致的贫困和市场本身不能克服的贫困，必须由国家适度干预经济分配关系来予以缓解和克服。对这部分经济关系的法律调整规范属于经济法的范畴。[①] 当然，规制这部分需要国家干预的经济分配关系的具体法律制度包括社会分配法的几个子部门，社会保障法是其中十分重要的一个。社会救助法律制度作为社会保障法的有机组成部分，是对贫困现象最直接的制度性反映和安排。因此，完全可以以“经济法”的视角展开对它的分析，并且可以在对社会救助法律制度的具体理论分析中，深入探讨一些经济法的基本理论问题，丰富经济法的理论论证体系。

2. 对社会救助法律制度的理论基础进行解析和重构，提升社会救助法律

① “经济法是调整需要由国家干预的经济关系的法律规范的总称。”李昌麒著：《经济法：国家干预经济的基本法律形式》，四川人民出版社1999年版，第208页。

制度的理论支持力度和水平。本书除了对生存权保障理念进行重点反思以外，对发展权理念的渐进扩张尝试进行分析与阐释，立论将生存权理念和发展权理念共同作为社会救助法律制度的基本理念。同时，从法哲学的正义理论、经济学的边际效用理论、社会学的社会控制理论以及市民社会和政治国家理论等相关学科视角对社会救助法律制度的理论背景进行全面深入的论证，透析社会救助法律制度的理论支持。此外，对社会救助法律制度的价值进行全面的阐释和评析，以公平价值作为社会救助法律制度的第一价值追求，其次是安全价值的衡量。通过对社会救助法律制度理论基础的系统、深入的论证，为其存在的合理性和重要性提供坚实的理论依据。

3. 为制定城乡统一的《社会救助法》提供理论支持和框架构想。如前所述，中国曾动议起草《社会救济法》，后来却终没有出台。至于这部不曾出台的《社会救济法》是否是城乡统一适用的，目前笔者没有搜集到有关资料，难以搞清楚。城乡二元分制的政治、经济、文化格局曾经有其合理性的一面，但社会文明发展到今天，这种状况就失去了其合理性依据，必须突破这层藩篱的拘束，给民众一个平等的机会和“说法”。因此，笔者认为以后制定的《社会救助法》一定要抛弃以往的城乡分制模式，甚至是仅有城镇居民享受社会救助，农村居民却被剥夺救助权利的模式，一定要给农村居民以“国民待遇”。受制于已有模式的强大惯性，实现这样的突破不会是一蹴而就的，而是需要扎实的理论分析作为铺垫和支撑。本书通过论证的逻辑展开，最终将落脚于这样一部城乡统一的《社会救助法》框架设计构想，其中对相关重要的具体制度作出论证和判断，期望能够对《社会救助法》的早日出台有所贡献。

第一章 社会救助法律制度的历史考察

第1节 社会救助词源考

概念是判断和推理的基础。欲要对社会救助法律制度展开进一步论证，不能不先对“社会救助”的词源作一番细致考察。

“社会救助”是现在通行的叫法。之前国人熟知的是“社会救济”。人们对接受“社会救济”的人们，有时谓之曰“吃救济粮”的。“不但在中国，甚至在世界上儒家思想影响所及的圈子里，‘吃救济’的人都是被社会压力压得抬不起头来的。”[①]在中国，人们对社会保险和社会优抚能够十分容易地识别，但对于社会救济和社会福利却并不能清楚地加以区分。[②] 在广大的农村，有五保供养制度，[③]也有定期或临时的现金和实物救济；在城镇，有针对“三无人员”的社会救济；此外，还存在灾民等特殊的需要社会救济的人群。新中国建立前，是民国时期的“社会救济”，国民政府颁布了《社会救济法》来规范社会救济活

① 唐钧等:《中国城市贫困与反贫困报告》，华夏出版社 2003 年版，第 131 页。

② “经济发展水平越低，社会福利的救助特征越突出；反之，经济发展水平越高，社会福利提高生活质量的作用越明显。”多吉才让:《中国最低生活保障制度研究与实践》，人民出版社 2001 年版，前言第 1 页。

③ 大众意识里，这似乎一直被作为一项农村社会福利制度。其实，这难以称得上是所谓的“福利制度”。农村居民中的“五保户”待遇，仅仅是维持生计罢了，哪里像城镇社区或居民小区中的棋牌室、麻将室、球类运动室、健身房等所提供的真正“福利”呢？笔者认为将之归入社会救助制度更为准确。“应当指出，我国的社会福利事业在很大程度上带有救济性质，这与发达国家的福利事业具有享受性质，旨在提高公民生活质量有很大差别。直到上世纪末，我国社会福利的救济功能仍未根本改变。”时正新主编:《中国社会救助体系研究》，中国社会科学出版社 2002 年版，第 209 页。

动。这是我国历史上第一部《社会救济法》。在此之前的社会救济活动，也许就应该纳入所谓的"荒政"范畴了。由"荒政"到"社会救济"，再到"社会救助"名称的演变，是蕴涵着深刻原因的。

据《现代汉语词典》(修订本)的解释，"社会"包括两个意思：第一是指由一定的经济基础和上层建筑构成的整体，也叫社会形态，原始共产主义社会、奴隶社会、封建社会、资本主义社会和共产主义社会是人类社会的五种基本形态；第二是泛指由于共同物质条件而互相联系起来的人群。[①] "社会形态"意义上的"社会救助"不属于笔者考察和研究的范围，可以归入到政治学领域里进行探讨。本文所涉及的主题是第二层意义上的"社会救助"，即"由于共同物质条件而互相联系起来的人群"的"救助"，这种救助其实是一种相互之间的、直接的或间接的救助。"救助"的意思是拯救和援助；"救济"的意思是用金钱或物质帮助灾区或生活困难的人；"救荒"的意思是采取措施，度过灾荒。[②] 从救助、救济、救荒三个词的区分来看，救荒针对的就是灾荒后果的缓解和克服，[③]救济多了一层对生活困难人群的帮助，救助的意思反倒较为不明确。又据该词典的解释，"拯救"的意思是救；"救"的意思包括：一是援助使脱离灾难或危险，二是援助人、物使免于(灾难、危险)，如救荒、救灾等；[④]"援助"的意思是支援和帮助。[⑤] 因此，"救助"的释义似乎并没有"救济"更清楚和全面。根据《汉英词典》(修订版缩印本)的相关解释，社会是 society，community；救助是 help sb. in danger or difficulty，succour，即帮助处于危险和困难之中的人们，也有救济、援助的意思；救济是 extend relief to，relieve the distress of，即给予救济，消除贫困；与此相关的两个词分别是救荒：send relief to a famine

---

① 中国社会科学院语言研究所词典编辑室编：《现代汉语词典》(修订本)，商务印书馆 1996 年版，第 1115 页。

② 参见中国社会科学院语言研究所词典编辑室编：《现代汉语词典》(修订本)，商务印书馆 1996 年版，第 678、677、677 页。"灾荒者，乃以人与人社会关系之失调为基调，而引起人对于自然条件控制之失败所招致之物质生活上之损害与破坏也。"邓云特著：《中国救荒史》，商务印书馆 1993 年影印版，绪言第 3 页。

③ "包括为防止或挽救因灾害而致社会物质生活破坏之一切活动。"邓云特著：《中国救荒史》，商务印书馆 1993 年影印版，绪言第 3 页。

④ 参见中国社会科学院语言研究所词典编辑室编：《现代汉语词典》(修订本)，商务印书馆 1996 年版，第 1604、678 页。

⑤ 中国社会科学院语言研究所词典编辑室编：《现代汉语词典》(修订本)，商务印书馆 1996 年版，第 1551 页。

area, help to tide over a crop failure，即给饥荒地区以救济，帮助克服和度过庄稼歉收，救灾：provide disaster relief, send relief to a disaster area, help the people tide over a natural disaster，即提供灾害救济，给受灾地区施予救济，帮助人们克服自然灾害。[①] 这里相关的四个词还呈现出了一定的区分。社会救助、社会救济的英文翻译分别是 social assistance 和 social relief。根据《牛津现代高级英汉双解词典》的相关解释，social 是形容词，其第一个意思是（of animals, etc）living in groups, not separately，指（动物等）群居的；第二个意思是 of people living in communities, of relations between person and communities，指群居之人的、社区的、人与社区间之关系的。在该词条下，其对 social secutity 的英文解释是 government provisions for helping people who are unemployed, ill, disabled, etc.，其汉语解释为社会救济、社会福利（政府对失业、生病、残疾等的人所作的救济），并举例 The family is on sicial security, receiving such help.，其汉语翻译为"这个家庭领社会救济金"。[②] 这里的解释与我们现在通用的名称颇是不同。按照我们现在通行的叫法，social security 与社会保障或社会安全相对应，social welfare 与社会福利相对应，它们与社会救济或社会救助是不同的概念和称谓。assistance 是不可数名词，其意思是 help，指帮助、援助。relief 也是不可数名词，相关的第一个意思是 lessening or ending or removal of pain, distress, anxiety, etc，指（痛苦、困苦、忧虑等的）减轻和解除。第二个意思是 that which brings relief; help given to those in need; food, clothes, money, etc. for persons in trouble，指减轻或解除痛苦之事物，给予贫者或需要者的帮助、救济物（食品、衣服、金钱等），如 send relief to people made homeless by floods，送救济品给那些因水灾而无家可归的人们；provide relief for refugees，赈济难民；a relief fund，救济基金、赈款。[③] 从上述对相关用语的考证来综合分析，"救荒"的内涵所指相对较小，一般指对由粮食歉收导致的临时贫困进行救治的相关制度、对策和行动；"救灾"的内涵所指要大些，一般指对由各种自然灾害导致的临时贫困进行救治的相关制度、对

① 参见北京外国语大学英语系词典组编：《汉英词典》（修订版缩印本），外语教学与研究出版社 1997 年版，第 1083、645～646 页。

② 参见《牛津现代高级英汉双解词典》（简化汉字本），商务印书馆 & 牛津大学出版社 1988 年版，第 1094 页。

③ 参见《牛津现代高级英汉双解词典》（简化汉字本），商务印书馆 & 牛津大学出版社 1988 年版，第 63、953 页。

策和行动；"救济"的内涵所指要更大些，指对遭受灾害和其他困难的人群进行救治的相关制度、对策和行动；"救助"的内涵所指最大，指对遭受各种困难和危险的人们进行救治的相关制度、对策和行动。从某种意义上说，这些用语的更迭和被民众的普遍接受，说明随着社会发展和文明进步，国家和社会对因为各种原因陷入临时或长期贫困的人们负担起了更多的义务。①

文献中对"社会救助"的具体解释也多种多样。郑功成教授认为，社会救助是指"国家与社会面向由贫困人口与不幸者组成的社会脆弱群体提供款物接济和扶助的一种生活保障政策"，其外延"包括灾害救济、贫困救济和其他针对社会脆弱群体的扶助措施"。② 任振兴先生认为，"社会救助是在公民因各种原因导致难以维持最低生活水平时，由国家和社会按照法定的程序给予款物接济和服务，以使其生活得到基本保障的制度"，并认为我国当前的社会救助制度以最低生活保障制度为主，同时还包含了医疗、教育、住房等方面的救

① 据前民政部多吉才让部长分析，社会救济与社会救助的实际工作并没有本质区别，但在概念上还是略有差异，简而言之，社会救助的覆盖面比社会救济更广泛，不仅包括政府的救济，也包括社会的支持和帮助；社会救助不仅包括我国社会保障体系中的社会救济和社会互助两个方面的内容，而且还应包括其他有效的救助措施。因此，为推动社会力量承担更多的社会保障责任、综合运用各种救助措施，使用社会救助的概念更有力度一些。参见多吉才让著：《中国最低生活保障制度研究与实践》，人民出版社 2001 年版，前言第 2 页。这似乎是侧重于实用主义角度对"社会救助"的理解。江亮演先生则从时间性、财源、办理单位、动机、观念、解决方式、性质、目的、对方反应、工作员、人权、给付、对象、时机、手续、被救愿望等 16 个方面对救助与救济进行了更为细致的区分，认为前者是长期持续，公费（国库与地方政府以及团体），政府为主，救危济困，社会连带（social solidarity），普遍及根本解决贫困生计，积极，消弭贫穷，不依赖，专业社会工作员，权利、人格尊严、非公开，现金、实物、人力、技术训练，本人外兼顾第三者包括家属等，未发生困难前、防患遏止扩大，申请、有共同合作之义务，须符合被救助者愿望；后者则是临时、短暂性质，政府或民间（团体或个人），政府与民间（团体或个人），行善施舍，同情，应付一时生活之需，消极，积德行善、救苦救难，依赖，非专业人员，非权利、无人格尊严、公开，现金、实物，生活困难被救济者，遭遇困难以后，不需申请、不需尽义务，不需符合被救济者愿望。参见江亮演著：《社会救助的理论与实务》，桂冠图书公司 1990 年版，第 4 页。这种区分显示出从社会救济到社会救助是一次质的飞跃。笔者认为，这似乎主要是一种理论分析的视角，现实运作中并不如理论分析中所显示的区分程度那么大。

② 郑功成著：《社会保障学：理念、制度、实践与思辨》，商务印书馆 2000 年版，第 13～14 页。

助以及灾害救助、法律援助和其他救助。[①] 张文先生认为，社会救济是"国家和社会通过对国民收入的分配、再分配，对社会成员因各种原因导致的生活困难予以物质援助的社会安全制度"，并认为社会救济的目标是最基本的生存，手段是对国民收入进行分配和再分配，外延包括灾荒人群救济、社会贫困人口与弱势群体救济以及特殊群体救济，但其著述中所用的社会救济一词，"是包括了社会福利和优待抚恤两部分在内的"。[②] 江亮演先生认为，社会救助"是对需要救助者，由国家或社会大众给予救济与扶助的意思，也就是以社会力量共同来救助无生产能力之不幸或扶助、援助那些虽有生产能力但却因一时遭遇困危的不幸者之意"，并认为社会救助是一种社会福利。[③] 孙嘉奇先生认为，社会救助"乃是政府为了促进社会安全，对于因社会变迁或个人特殊致贫原因的社会成员，针对其实际之情况与需求，制定社会政策来予以必要适当之协助。除了维持其最低生活水准外，并积极协助改善受助者之生存条件，以期其能自立自强直接解决了其本身之贫穷问题，间接地也促进了社会的整合与进步"。[④] 外文原著中没有直接关于"社会救助"的概念性描述。Carol Walker 先生在研究英国的社会救助制度时，对 Social Assistance 的内容作了一个简要的说明，认为"社会救助"一般包括社会保障政策中所有需要经过家计调查才给付利益的内容，1986 年《社会保障法》出台后，这部分内容被特定为收入支持、家庭贷款和住房津贴三种。而他书中采用的"社会救助"一词是在 1942 年贝弗利奇(Beveridge)首次陈述的意义上来使用的，仅指收入支持保障，即对那些没有工作又不能享受国家社会保险的人，经过家计调查之后，给予相应的救助。另外两类社会救助形式是随着社会经济的发展，政府当局逐渐改变了以往认为提供社会救助仅仅是为了减轻贫困恶劣影响的政策之后产生的，是为了给贫困者提供更为有力的帮助。当然，后两者的享受也要经过家计调查。[⑤]

---

① 参见时正新主编:《中国社会救助体系研究》，中国社会科学出版社 2002 年版，第 2～3 页。

② 参见张文著:《宋朝社会救济研究》，西南师范大学出版社 2001 年版，第 4 页。

③ 参见江亮演著:《社会救助的理论与实务》，桂冠图书公司 1990 年版，第 1～2 页。

④ 孙嘉奇著:《民生主义意识形态与现行社会救助政策之研究》，正中书局 1992 年版，第 53 页。

⑤ See Carol Walker, *Managing Poverty: The Limits of Social Assistance*, London & New York: Routledge, 1993, p. 2.

由上可见，人们对"社会救助"的理解各有所不同。对于其具体内涵、外延组成等方面，不同地区和国家的界定存在一定的差异，即使在同一地区和国家内部，认识也并不完全相同。笔者认为，社会救助整体上反映了一种国民收入的分配关系，而且主要是在再分配层次上完成的；其目的是为了克服贫困；其实施因普通救助或紧急救助而不同，普通救助需要经过家计调查后给付，紧急救助则不需要经过家计调查而直接给付；其义务主体是国家和社会，其权利主体是全体公民，其权利义务的内容主要是一定物质利益的给付与享有，其客体是代表一定利益的物质；其范围随着社会文明的进步日益扩大；其水平主要受经济发展程度的制约。因此，笔者对"社会救助"的界定为：国家和社会对长期或者临时陷入贫困的公民，通过动员国民收入的再分配，给予其最低生活保障并适当考虑其发展的一种对策和行动。

社会救助也有人称之为公共救助。中国大陆学者认为社会救助就是公共救助，学术界未对社会救助和公共救助作出具体区分，但很少使用公共救助的概念。① 台湾地区学者有的也不作具体区分，认为可以通用，②但江亮演先生则认为，二者虽然看起来是相同，但详细分析的话，仍然有所差别，其不同之处表现为：一是在范围方面，社会救助范围除了政府所办理的公共救助之外，还包含民间救助或救济，但公共救助范围只有政府所办理的而已，前者比后者的范围大；二是在主办单位方面，社会救助除政府主办以外还包括民间团体主办的救助，但公共救助则只有政府主办；三是在经费来源方面，社会救助经费除政府所编的预算及金钱外，还包括民间个人或团体的金钱，但公共救助经费是以政府的预算及政府的金钱为主；四是在救助对象（受领资格）方面，社会救助之对象系指基于自然与人为原因不能劳动或失去劳动机会而失去劳动收益之人以及纵能劳动生活而收益不足以维生之人，公共救助受领资格纯粹以生活穷困为基准，其决定须经过资产调查手续；五是在救助重点方面，社会救助放在生活扶助、医疗补助、急难救助、灾害救助、院所收容、职业辅导、教育扶助、住宅服务、冬令救济，公共救助则放在院所收容教养、老弱残障及荣誉国民安

---

① 参见时正新主编：《中国社会救助体系研究》，中国社会科学出版社 2002 年版，第 1 页。

② 参见孙嘉奇著：《民生主义意识形态与现行社会救助政策之研究》，正中书局 1992 年版，第 51～52 页。

置、医疗救助、灾害救济、冬令救济(家庭补助)等。① 其实这种区分也比较牵强。应该说对贫困公民实施救助的主体就是国家和社会,无论是社会救助还是公共救助,都是个人救济之外利用公共资源进行的一种救助,二者的意义应该是等同的。

上述分析可以廓清"社会救助"的词源流变。对其基本内容和体系构成的分析,还需要从社会救助法律制度历史变迁的脉络中去考察。"制度提供了人类相互影响的框架,它们建立了构成一个社会,或更确切地说一种经济秩序的合作与竞争关系。""这种制度框架约束着人们的选择集。实际上,制度是个人与资本存量之间,资本存量、物品与劳务产出及收入分配之间的过滤器。"②制度制约和决定了人们行为的空间,法律制度更以其国家强制性规制着人们行为模式的选择。社会救助的实施也是在法律制度的框架下展开和进行的。社会救助所反映出来的是一种需要国家适度干预的经济分配关系,这种经济分配关系经过国家法律制度的规制和过滤,就形成一种相应的法律关系。这种法律制度的安排,反映并决定了这种经济分配法律关系的牵连和分布,同时反映和决定了在国家适度干预下相关社会救助利益的分配和流向。学界共识,社会救助法律制度起源于英国的济贫法律制度。③ 因此,对社会救助法律制

---

① 参见江亮演著:《社会救助的理论与实务》,桂冠图书公司 1990 年版,第 6～7 页。

② [美]道戈拉斯·C·诺思著,陈郁等译:《经济史中的结构与变迁》,上海三联书店、上海人民出版社 1994 年版,第 225 页。这里所指的制度"是一系列被制定出来的规则、守法程序和行为的道德伦理规范,它旨在约束追求主体福利或效用最大化利益的个人行为"。见该书第 225～226 页。这里对"制度"的理解相当宽泛。

③ 郑功成著:《社会保障学:理念、制度、实践与思辨》,商务印书馆 2000 年版,第 121 页:"国家通过立法的形式来介入济贫事务,是社会保障发展史上的一个重要里程碑,这个里程碑显然应当以 1601 年英国颁布的《伊丽莎白济贫法》为标志。"作者对这种制度化安排的价值有一个精彩的评价:"我们无法强迫一个人行善,却可以透过强制性制度安排来通过征税或征费实现社会保障再分配的目的。"见该书第 123 页。这从一个角度说明社会救助所反映出的是一种需要国家适度干预的再分配经济关系。同时可以参见时正新主编:《中国社会救助体系研究》,中国社会科学出版社 2002 年版,第 1 页;江亮演著:《社会救助的理论与实务》,桂冠图书公司 1990 年版,第 15 页;多吉才让著:《中国最低生活保障制度研究与实践》,人民出版社 2001 年版,第 32 页;孙嘉奇著:《民生主义意识形态与现行社会救助政策之研究》,正中书局 1992 年版,第 50 页;覃有土、樊启荣编著:《社会保障法》,法律出版社 1997 年版,第 302 页。

度的历史变迁考察应该首先从外国着手,[①]然后再论及中国该制度的渊源与变迁,从中理解社会救助法律制度的整体变迁轨迹,比较中外相关制度的差别并分析其原因及背景,为进一步的论证奠定事实基础。

第2节 外国(地区)社会救助法律制度述评

"几乎所有国家都有社会救助计划,各国都寻求制定相应成文法规范来满足居民或公民的需求。"[②]对外国(地区)[③]社会救助法律制度进行述评的目的,是为了考察外国是如何利用社会救助法律制度对这种再分配经济关系进行国家适度干预和规制,以有效应对该国贫困问题的。从中还需要找出一个参照系,对比分析中国相关制度建立和发展的轨迹,以期找到社会救助法律制度存在和发展的一般特征和一般表述。这里重点选择其社会救助法律制度具有代表性或独特性的几个国家(地区)进行具体分析。

一、英国

(一)《伊丽莎白济贫法》

英国是世界上最早通过立法建立社会救助制度的国家。早在1601年,英国女王伊丽莎白一世就颁布了世界上第一部《济贫法》,史称旧《济贫法》。"该法案不仅驰名世界,且因内容完备,有若干原则仍为当今施政之根据。"[④]但旧《济贫法》是以传统的慈善救济为主要特征的,还没有把社会救济视为国家必须实施的制度。"由于事出被迫,故该法律对穷人有不少歧视政策,如该法规定凡接受济贫法救济的穷人,则同时也失去了公民权利,名为济贫,实则带有

---

① "发达国家一般都较早地开展了社会救助工作,现代社会保障制度首先就是在这些国家建立起来的,社会救助由临时性事务变成社会保障制度的一部分首先也是开始于这些国家。"多吉才让著:《中国最低生活保障制度研究与实践》,人民出版社2001年版,第31页。

② John Ditch, et al, *Comparative Social Assistance: Localisation and Discretion*, Aldershot, Brookfield USA, Singapore, Sydney: Ashgate, 1997, p. 3.

③ 为方便论述,以下简称国家。"地区"在本论文中专指中国台湾地区。

④ 陈凌云著:《现代各国社会救济》,商务印书馆1937年版,序第1页。

惩贫性质。"[1]旧《济贫法》的主要内容有：(1)建立地方行政和征税机构；(2)为有能力劳动的人提供劳动场所；(3)资助老人、盲人等丧失了劳动能力的人，为他们建立收容场所；(4)组织穷人和孩子学艺；(5)提倡父母对子女的社会责任；(6)从比较富裕的地区征税补贴贫困地区。[2] 旧《济贫法》最富代表性的措施是建立"贫民习艺所"，强迫贫民劳动，以杜绝当时十分严重的流浪现象。该法兼有强迫劳动和社会救济的性质，但以前者为主，过于强调对不劳动者的惩罚而比较忽略对需求者的帮助。该法从劳动者的角度看虽然并不理想，但它却是政府通过立法对每一个人强制征收济贫税来救济贫民的第一次行动，反映出国家干预再分配经济关系以对贫民进行救助的意图，意味着处于绝境的贫民有机会向国家和其他更富有的邻居请求帮助。该法初步规制了这种由国家适度干预的再分配经济关系，给予贫民以有限的获取救助机会。"唯就当年立法原意而言，不免有如我国普通所谓'慈善'，乃当局或上层阶级对于平民之一种施惠。"[3]

(二)斯宾汉姆莱法

1688 年光荣革命之后，大量乡绅进入议会，这批自认为靠自己能力发家的人对贫困的态度漠然，认为处境不好是懒惰和不负责任造成的，因此要求对济贫作严格的限制。议会 1723 年通过立法，批准两个或两个以上的教区联合起来建立济贫院，其目的已不是为了救济，而是强调使穷人"懂得"劳动。18 世纪下半叶，工业革命的开始使英国再次陷入到一个动荡不安的年代。1782 年，议会又通过了格伯特法，缓和了济贫法造成的某些紧张局面，济贫的范围也放宽了。1789 年，议会认可了著名的斯宾汉姆莱法。该法令承认，"在目前的状态下，穷人的确需要得到比过去更进一步的补助"，由此规定，"当每加仑面粉做成的面包重 81 磅 11 盎司价值 1 先令时，每个勤勉的穷人每周应有 3 先令的收入"，"其妻及其他家庭成员每周应有 1 先令 6 便士"，如劳动者及其家庭成员的所有收入均达不到此项标准，则应从济贫税中予以补足，并宣布此

---

① 张文著：《宋朝社会救济研究》，西南师范大学出版社 2001 年版，第 374 页。

② "济贫法规定由政府提供救济的条款只适用于 18 世纪的英格兰。1838 年前爱尔兰不存在政府的救济系统，而苏格兰的旧济贫法主要以私人自愿捐献为基础。"[英]W·H·B·考特著，方廷钰等译：《简明英国经济史(1750 年至 1939 年)》，商务印书馆 1992 年版，第 157 页。

③ 陈凌云著：《现代各国社会救济》，商务印书馆 1937 年版，序第 1 页。

项补贴随着面包价格上涨而浮动。① 该法的意义在于把济贫的范围扩大到有人就业的贫穷家庭，建立了一种广泛的户外救济制度，使低工资收入者得到了某种最低限度的生活保障。该法令的实行导致济贫税大为增加，1810 年前后，已超过每年 600 万英镑。这种状况一直持续到 1834 年新的《济贫法》通过。斯宾汉姆莱法的目的和旧"济贫法"一样，旨在维持旧的社会秩序，阻止劳动力流动，遏制自由经济。其在手法上采取的不是强制，而是恩惠。

（三）新《济贫法》

旧《济贫法》对穷人实行救济，不但不能改变穷人的生活境遇，反而捆住了贫穷劳动者的手脚，滋长了依靠救济的思想，使劳动力市场缺乏更多的廉价竞争者，不利于资本家压低劳动者工资，限制了劳动力自由竞争，限制了资本主义经济更自由地发展。因此，1834 年，皇家委员会公布了关于修改济贫法的报告，确立了"劣等处置"和"济贫院检验"两条原则②，并要求建立一个中心委员会来管理济贫工作。该中心委员会有权力制定具体的措施来管理济贫工作，包括在必要的地区建立新的济贫院。该报告公布后，议会很快地通过了著名的 1834 年《济贫法修正案》(即新《济贫法》)。新《济贫法》正式否定了斯宾汉姆莱法的户外救济方法，强迫那些需要救济的人重新回到习艺所去。该法宣布停止向济贫院以外的穷人发放救济金，只把征自于富有者的救济金用于

---

① 参见和春雷主编：《社会保障制度的国际比较》，法律出版社 2001 年版，第 5 页。

② 这两个原则是由查德威克提出的。查德威克是 1834 年英国皇家委员会关于济贫法报告的主要起草者之一。他是一个坚定的自由激进主义者，也是一个伟大的社会工程师，社会改革是其终身的奋斗目标。他坚决反对极端的、要求废除一切贫穷救济的观点。他认为原有救济制度的真正缺陷在于它破坏了个人劳动的本能，假如迫使穷人重新回到劳动力市场，而不是让其继续幻想靠救济过活，原有救济制度的缺陷便不难克服。因此，他提出了著名的"劣等处置原则"和"济贫院检验原则"。前者是指游手好闲者的整个状况不应明显地好于独立劳动者收入最低层的状况。"各种证据表明，任何贫困阶层的状况如果超过了独立劳动者，独立劳动者阶层的状况肯定是令人沮丧的。他们的勤奋精神受到伤害，他们的就业变得不稳定，他们的工作遭到削减。他们由此将受到强烈的引诱，离开状况不佳的劳动阶层而进入状况反而较佳的贫困阶层。而当贫困阶层被安置于一个合适的、低于独立劳动者的水平上，则会出现相反的情况。"后者是指济贫必须由政府统一管理，停止一切户外救济，将一切救济活动集中于济贫院进行，只有这样，才能保证济贫院内受救济者的生活状况确实低于院外的独立劳动者。参见和春雷主编：《社会保障制度的国际比较》，法律出版社 2001 年版，第 8～9 页。

院内穷人,以便为市场提供大量可供选择的一无所有的劳动力,为自由竞争开辟道路,适应资本主义经济的进一步成长。该法实现了减少济贫税的目标。自1834年之后的30多年时间里,济贫税一直保持在450万英镑左右。新《济贫法》创立了第一个全国性的行政机构"济贫委员会",并由"有效率的常任官员负责"。这套行政机构的建立,为以后能在全国按照统一标准实施福利政策奠定了一个必要的基础。

(四)《国民救助法》

1948年英国通过《国民救助法》,建立起单一的救助制度,规定凡没有收入或收入太低而又没有交纳国民保险金者,可以领取国民救助金,在患病、伤残和住房等方面还可以申请救助,但金额少于参加保险的人。它不是建立一套新的制度,而是把过去的各种救助纳入一个统一的制度。之前的1935年,由于出现大量的失业,政府更多地考虑对失业者的帮助,专门设立了失业救助委员会,对失业者的家庭进行经济状况调查,及时提供援助。这对于长期以来实行的贫困救助是一个发展,把失业群体作为一个特殊的贫困群体给予特别的关注,将其独立了出来。1940年,失业者人数减少了的同时,通货膨胀使老年人实际生活水平受到影响,导致关注的重点从失业群体转向老年人,失业救助委员会更名为救助委员会,其职责包括为老年人提供补助。到1943年该委员会的责任又扩大到单亲妇女。《国民救助法》规定设立国民救助委员会作为新的管理机构,隶属于当时的年金和国民保险部。1966年该部改为社会保障部,由该部兼管国民救助,在全国分12个区,设立区级国民救助委员会,其下设若干地方办事处。1966年将国民救助改为补助待遇,成立补助待遇委员会负责管理,其主要特点是弱化原来的短期待遇,强化长期待遇,从而有利于老人。1976年该法经过修订,称为《补充救助法》,对社会救助的对象、内容等方面作了更为明确的规定,指出凡是16岁以上的英国居民,其收入来源不能满足最低生活需要者,都可以申请社会救助。1986年的社会保障法对贫困救助作了较大改革,将原来的贫困补助待遇改成贫困收入支持。

经过历年的补充和完善,英国形成了比较健全的社会救助制度,主要包括低收入家庭救助、老龄救助、儿童救助、失业救助及疾病救助等内容,"成为满足具有不同实际需求人们需要的一揽子解决方案”。[①] 其中,低收入家庭救助是收入低于官方规定贫困线的家庭享受的救助,救助金额随政府规定的贫困标准而变化。低收入家庭还可以获得一部分取暖费,有子女的可获得学校的免费牛奶和免费膳食以及免缴国民保险费、治病处方费等,还可以享受房租补贴等。老龄救助主要是对那些只有少量养老金的老年人给予补助,尤其对鳏寡孤独老年人给予专门津贴,如孀妇津贴50岁以上者的标准高于50岁以下者。失业救助是对那些领取失业保险金期满后继续失业者进行的一种救助,救助金额按个人收入多少和所供养的人口数量来领取。在疾病救助方面,英国实行全民免费医疗,对特困病人还提供疾病补贴。总之,英国的社会救助项目很多,有些津贴与其说是救助,还不如说更是一种福利。当然,要求社会救助也需要按照一定的程序来申请。例如,凡申请失业救助的,必须到职业介绍所登记失业,并准备接受当局提供的任何工作,否则将降低或取消其社会救助。申请低收入救助的,负责低收入救助事务的“补充津贴委员会”根据官方规定的贫困线标准对申请者进行较为复杂的家计调查;同时,如果接受社会救助的家庭或个人设法取得了另外收入,救助金就要随之降低。

二、美国

美国社会救助法律制度形成于20世纪30年代。当时从美国开始的资本主义世界经济危机直接催生了美国的社会保障制度。1935年美国通过了其历史上第一部《社会保障法》法典,从而在借鉴德国和英国社会保障制度的基础上,建立起了世界上第一个较为完整的社会保障制度,并首次明确提出了“社会保障”的概念。后经历届政府多次重大修改和补充,逐渐形成了现行的社会保障体系。社会救助在美国被称作公共救助或福利补贴,是其社会保障体系的重要组成部分。“实现生存权利和根除贫困,是我们这个富裕国家力所能及的。照我们的想像,平均收入的一半,这个目标对所有选择参与社会经济生活的人是最起码的基础。”[②]美国的社会救助是由联邦政府、州政府和地方政府向那些无资格获得社会保险的人们提供的最低补助,其项目很多,如低收

① Carol Walker, *Managing Poverty: The Limits of Social Assistance*, London & New York: Routledge, 1993, p. 77.

② [美]A·奥肯著,王奔洲译:《平等与效率:重大的抉择》,华夏出版社1999年版,第114页。

入家庭能源补助、强制性儿童补助、抚养子女家庭补助、食品券补助、医疗补助、住房补助、额外津贴等等。此外还有失业救济，但其主要经费来源于失业保险。其中的一些主要项目分别是：

(一)低收入家庭能源补助

这是美国政府为应付能源价格上涨而采取的临时应急措施。首次立法于1979年，由各州负责能源补助方案的实施与管理。根据规定，所有收入在贫困线150％以下，或在州中等收入60％以下的家庭，都有资格领取能源补助金。

(二)强制性儿童补助

这项补助于1957年立法，其目的是为了提高儿童补助待遇，鼓励建立父亲关系。强制性儿童补助计划负责全国大约50％的儿童补助，其余部分由私人机构、捐助单位和父母共同协议负责。各州强制性儿童补助方案66％的管理费用、各州为建立父亲关系支出的费用以及开发全国范围内的综合性自动化系统所耗成本的90％由联邦政府承担。

(三)特困人员收入补助

这类补助对象是老年人、残疾人、收入和资产有限的盲人、残疾儿童以及从来就没有工作的成年人。所需要的费用由联邦政府和州政府承担。其中联邦政府支付的补助金由国家一般税收支出，州政府支付的补助金由各州承担。补助的标准每年随工资增长和物价波动而变化。凡领取补助的事先均需进行家计调查，调查后确认其家庭经济条件在规定的标准以下，才有资格获得补助。家计调查分为资产调查和劳动收入调查。申请者被调查的收入包括现金、支票、社会保障给付金、年金和一些非现金收入，如食品、住所等等。

(四)抚养子女补助

这是争议最多的一个公共援助方案，于1935年立法，由各州利用联邦政府拨款向多子女家庭、子女父母无工作能力家庭及单亲家庭提供帮助。今天此项救助已扩大到所有需抚养子女的贫困家庭和失业家庭。对于受供养的子女，通常给付到18岁，18岁或18岁以上的子女不能享受该项救助。对抚养子女的家庭补助包括支付食品、衣着、住所、设备和其他必需品津贴。给付标准由各州根据受益人的家庭收入和事先规定的补助限额决定，即家庭生活所必需的费用与各州规定的补助金之间的差额。申请补助者必须接受对其资产、劳动收入和其他收入来源的调查。

（五）就业与劳动技能援助

这是为帮助贫困家庭获得教育、培训和就业的机会与条件，以避免长期依靠政府的救助。其费用由联邦政府和州政府共同负担，以州政府为主，联邦政府提供一定的补贴。

（六）食品券补助

这是一种具有部分货币职能的赠券。食品券持有人如同持有现金一样，可以在市场上或指定的商店购买食品。食品券计划是美国政府为保证收入在贫困线以下的家庭能够正常生活、健康发展而制定的家庭援助计划，“是美国典型的社会救助计划”。[①] 该计划由卫生与公共服务部和农业部共同管理，地方所属机构和社会保障局负责食品券发放的具体业务。根据法律规定，凡收入低于贫困线和财产少于20000美元，且没有接受补充保障收入的家庭，都有资格领取相应价值的食品券。实际发放的标准决定于受益人家庭的成员数量。所需费用（包括食品券金额和管理费）完全由州政府承担。

（七）医疗补助

可接受医疗补助的对象分为三类：一类是符合法律规定的贫困者，包括所有领取子女抚养救助费的家庭成员，主要劳动者失业的家庭成员，大多数收入补充保障受益人，符合州定贫困条件但未领取补助的孀妇，符合收入和资产标准的7岁以下的儿童，收入低于贫困线人员以及符合救助条件的老年人和残疾人等。一类是临时性穷人。根据各州情况，医疗救助可以扩大到没有领取现金补助的21岁（或者20岁、19岁、18岁）以下的受抚养子女、与双亲共同生活的子女、个人收养的子女、在贫困服务机构生活的儿童及抚养1岁婴儿的孀妇。一类是缺医少药者。这是指那些没有接受任何救济性现金、生活虽有保障但无力支付医疗费用的人们。

---

① ［美］威廉姆·H·怀特科、罗纳德·C·费德里科著，解俊杰译：《当今世界的社会福利》，法律出版社2003年版，第34页。

美国是当今世界上最为发达的资本主义国家。其社会救助制度系统虽然历史较短,但非常发达。美国享受社会救助的受益人数很多,是费用开支较大的社会保障项目之一。尽管美国政府为平衡社会保障预算,削减了一些福利项目,在支出总量上进行了控制,但由于社会福利和社会救助的特殊作用,其费用负担始终保持在相当的水平上。

三、日本

日本的社会救助法律制度是在 1868 年(明治维新)之后逐渐建立起来的。1874 年制定并实施了《恤救规则》。1932 年颁布实施《救护法》(即救助法),确立了现代社会救助法律制度。第二次世界大战以后,在美国占领军的指导和监督下,日本进行了民主改革。美国占领军总司令部于 1945 年 11 月禁止给军人养老金,并从 1946 年 2 月开始停止了军人养老金的发放,直接导致大量的军人及其家属沦为社会贫困者。1945 年 12 月,日本政府内阁会议通过了"紧急贫困者援助生活纲要"。该纲要是临时应急性的,随后被 1946 年 9 月制定的生活保护法(或称旧法)所替代,并于同年 10 月开始实施。为了救助战后处于贫穷状态的人们,美国占领军于 1946 年 12 月向日本政府提交了备忘录,提出了社会救助四原则:一是国家的救济要无差别地、平等地进行;二是国家有责任对生活贫困者实施保护;三是这种责任不得向其他个人或团体转嫁;四是用于救护的国家预算对于防止贫困是必要的,其预算必须充足,不得加以任何限制。这四项原则是日本战败后社会救助政策的最高原则。在此基础上日本于 1950 年 4 月修订了《生活保护法》(或称新法)。《生活保护法》与《儿童福利法》(1947 年)和《残疾人福利法》(1949 年)共同确立了日本的"福利三法体制"。1961 年日本推行"全民皆养老,国民皆保险"制度,制定实施了《国民年金法》。其后,由于经济的持续高速增长提供了更为强大的物质基础,日本又相应制定了《老年人福利法》(1963 年)、《母子福利法》(1964 年)。这三法与前述的福利三法被统称为"福利六法体制"。随着经济的发展、人民生活水平的提高和社会保险制度的完善,日本接受社会救助的人数不断减少。根据厚生省的数据,接受救助家庭的数量,1951 年为 70 万户、204 万人,1960 年为 61 万户、162 万人,1970 年为 65 万户、134 万人,1981 年为 75.5 万户、143.9 万人。此后人数继续下降，到1993年接受国家救助的人数为77万人，只占全国人口的0.62%。①

日本的社会救助项目主要包括生活救助、医疗救助、教育救助、住宅救助、分娩救助、谋生救助、安葬救助等七项。其中生活救助是满足饮食费、服装费、家具用品等日常生活的基本需要。救助的标准由厚生大臣按地区、年龄、性别、家庭人口及收入等因素来确定，同时还要参考被救助者的资产、本人独立生活的能力以及抚养义务等因素，只向被救助者支付其收入不足以维持生活的部分。除补助差额外，还有年终一次性发放人工营养费补助、入院患者用品补助及各种附加补助。附加补助主要指对孕产妇、高龄者、母子家庭、残疾人等的额外补助。受救助的家庭生活标准可大致相当于一般家庭消费支出的60%。接受生活救助的人和服刑人员不能享受社会保险待遇。医疗救助是当接受生活扶助的人生病或受伤时以及因支付医疗费使收入低于生活标准时，由政府指定的医疗机构免费医疗或支付现金给予救助。教育救助是针对家庭子女的教育费用出现困难时，由政府根据中小学的收费标准在教材费、学校伙食费、上学交通费等方面给予补助。住宅救助是低收入家庭的房费、房租或房屋修缮费等方面出现困难时由政府给予补助。分娩救助是对低收入家庭妇女分娩时参照一般费用给予差额补助。谋生救助是指接受生活扶助的人在自谋职业或就业时给予补助或技能学习、培训时给予补助。丧葬救助是对生活困难家庭丧葬费用的补助。上述类别是现金方面的社会救助，另外政府还提供设施方面的救助，主要包括对那些因身体或精神上存在明显障碍而难以独立生活的人提供救护设施；对那些因身体或精神上的原因需要收容和保护的人提供生活设施；对没有住处的流浪者提供住所设施；对那些因身体、精神或家庭方面的原因致使就业能力低下者提供就业或技能学习设施。除上述救助项目外，还有一些福利补助也带有社会救助的性质，如助老服务、困难家庭儿童抚养津贴、重残人员生活津贴等，实际上也发挥了生活救助的作用。

---

① 参见时正新主编：《中国社会救助体系研究》，中国社会科学出版社2002年版，第232页。

四、瑞典

瑞典的社会保护制度被认为是“斯堪的纳维亚”社会福利制度模式中最完善的代表。① 瑞典在建设自己“社会国家”的过程中，一直遵循着两个基本原则，即普遍原则和平等原则。因此，瑞典的社会保障制度就不仅是为处于困境中的人们提供保障，而且是为国家每一位公民提供普遍的和平等的保障，无论他们的收入、职业，也不管他们在社会上处于什么阶层。该国以家庭实际收入低于平均收入的一半为贫民标准，其贫民人口仅占全国人口的 5%，最高收入与最低收入之比只有 4∶1，是西方国家中收入差距最小的国家。② 自上世纪 30 年代社会民主党首相佩尔·汉松执政起，社民党政府就打出了“人民的国家”这一旗号，强调公正与平等，由社会向人民提供各种福利。在其执政的 40 多年里，社民党政府通过高税收的方式在瑞典建立起了一整套的社会福利制度，养老金、医疗保险、儿童福利、失业救济等各项保障制度通过立法确立。1967 年该国记者斯文德贝格以《从摇篮到坟墓的福利》为题著文，全面介绍了瑞典的社会福利制度发展状况，从而引起世界瞩目，瑞典“福利国家”的称号从此传开。“福利国家广泛的社会保障制度，是公民的一种社会权利，是全社会普遍享受的社会保障，不是少数社会组织或慈善机构的行为，而是国家出面主持的政府行为，是一种高度社会化的分配制度。”③人们惊叹“北欧之灯为什么这样明亮”，津津乐道这种既不同于资本主义、也不同于社会主义的“第三条道路”引导下的福利国家典型和样板，称其为“瑞典模式”。瑞典的福利制度有其优越的地方，但是从根本上说，“这种福利之舟被设计成漂浮在静水之上，稍有风浪便摇摆不定。于是反对者和支持者都甚众，这也使人们更加关注这一特殊的制度”。④

瑞典社会救助的现行法律是 1982 年社会救助法。其社会救助的目的是使那些不能自救而且也不能通过医疗保险、失业保险等正常途径来保障其基

① See OECD, *The Battle against Exclusion: Social Assistance in Australia, Finland, Sweden, and the United Kingdom*, Paris: OECD, 1998, p. 168.

② 参见史探径主编:《社会保障法研究》，法律出版社 2000 年版，第 438 页。

③ 顾俊礼主编:《福利国家论析:以欧洲为背景的比较研究》，经济管理出版社 2002 年版，前言第 1 页。

④ 孙炳耀主编:《当代英国瑞典社会保障制度》，法律出版社 2000 年版，第 165 页。

本生活需求的人们获得社会帮助。不管这些人贫困的原因是什么，他们均有权依据法律领取社会救济金。根据1996年7月1日的情况，作为单身的申请人可以每月从国家的健康和福利机构领取3451瑞典克郎，夫妇双方领取5712瑞典克郎，3岁以下的子女领取1666瑞典克郎，4～10岁领取1964瑞典克郎，11～20岁领取2261瑞典克郎。这里的救济金并不包括房租补贴。根据1994年的该国统计数字，瑞典全国境内共有71.5万人领取了社会救济金，占全国总人口的8%，救济金额共计为105亿瑞典克郎（约合12.5亿元欧洲货币单位）。这些救济金全部由地方财政支出。此外，瑞典还有一系列社会补贴制度，它们都由地方保险机构管理，如对孩子年龄不足16周岁的家庭补贴费：1995年1个孩子可得750瑞典克郎的补贴，3个及其以上孩子的家庭还可得到额外补贴，其中3个孩子的补贴为2625瑞典克郎，4个孩子的补贴额为3750瑞典克郎；还有对单亲家庭子女抚养费的规定：根据法律，未与子女一起居住或者没有监护权的父母一方应向子女提供部分抚养费，在这方父母未提供或者未能提供抚养费的情况下，保险公司应向抚养子女的一方提供补贴；还有对残疾人的交通补贴，即在他们不宜乘坐公共交通工具的情况下给予小汽车补贴并提供与此相应的特殊贷款；还有对参加职业培训和利用假期参加成人高等教育者提供的补贴，对前者的补贴与失业保险金相等，对后者保险公司给予假期工资补偿；此外还有其他形式的家庭补贴、住房补贴、职业津贴、丧葬费等。这些社会补贴有社会福利的性质，也有社会救助的性质。

五、澳大利亚

澳大利亚的社会保障体系就是一种以社会救助制度为核心，辅之以部分社会保险计划（主要集中在养老保障方面）和全民医疗保健计划的独特系统。这一系统将社会保险制度和社会救助制度整合在一起而成为一个单一的国家社会安全保障制度。[①] 澳大利亚目前正在实施的是1991年修订的《社会保障法》，其社会保障的基本项目主要包括养老、医疗、失业、家庭保障、伤残保障、优待抚恤等。其中养老救助方面，其养老保障体系是最低养老金（国家财政负担）、强制性养老保险和自愿性养老保险相结合的结构。凡年满61周岁的女性居民和年满65周岁的男性居民，只要通过财力审查，即可领取国家发放的

---

① See OECD, *The Battle against Exclusion: Social Assistance in Australia, Finland, Sweden, and the United Kingdom*, Paris: OECD, 1998, p. 112.

最低养老金，其替代率达到25%左右。医疗救助方面，其医疗保障网是覆盖全体国民的，疾病患者无须通过财力审查即可享受医疗保障。患者在公立医院就诊是免费的，在私立医院就诊个人只需负担门诊费用的15%和住院费的25%，而且个人实际负担的医疗费用超过一定的金额后就可以享受免费待遇。同时，政府通过财政补贴的形式实际负担药品费的80%左右，患者按照实际价格的20%就可以买到合适的药品。医疗资金主要来自财政拨款。失业救助方面，凡通过财力审查并积极求职而不得的失业者，可以领取失业救助金。其主要类型有求职补助、高龄失业者补助、青年就业补助等。家庭救助方面，有抚养未成年子女义务的家庭，通过财力审查，可以享受包括家庭补助、儿童成长补助、生育补助、家庭税收优惠政策等在内的各项待遇。伤残救助方面，因残疾而工作困难的残疾人，通过财力审查，可以领取各项收入补助、交通费补助和护理费补助。各级政府还可以通过实施残疾人就业工程以帮助残疾人就业。优待抚恤方面，退伍军人和军人遗属可根据不同条件享受伤残抚恤金、遗属年金、特别养老金等各项待遇，并享有各项优待措施。其他救助方面还包括住房补助、移民补助、对社会救助对象的其他各项社会服务等。

澳大利亚大部分社会救助工作事权在中央，由联邦政府的社会保障部负责具体管理，社会救助方面的立法也由联邦政府负责，各主要社会救助项目均列入联邦政府财政预算。其费用预算报告经国会讨论通过后形成预算立法，就具有了法律效力。这笔资金全部来源于税收，由联邦社会保障部统一向全国20个大区社会保障分部拨付。联邦社会保障部直接领导全国各大区社会保障分部。各分部在本地区是独立的工作机构，下设有数目不等的小区社会服务保障机构。小区社会服务保障机构在全国有300个左右，它们是直接管理社会保障对象申请和待遇发放工作的机构。“地方政府在社会服务方面几乎没有什么作用”，[①]州及州以下政府在社会救助方面工作范围较小，主要负责残疾人事务、老年人及儿童护理工作等等。卫生、住房等项工作虽然事权在地方，但大部分资金由联邦政府通过转移支付予以补助。

整体上看，澳大利亚的社会救助法律制度呈现出以下一些特点：首先，包括社会救助在内的社会保障支出大多列入财政预算。澳大利亚的社会保障法律制度属于社会救助模式，1992年社会救助支出占整个社会保障支出的

---

① OECD, *The Battle against Exclusion: Social Assistance in Australia, Finland, Sweden, and the United Kingdom*, Paris: OECD, 1998, p. 112.

90%,占国家 GDP 的 6.8%。1997—1998 财政年度澳大利亚联邦政府社会保障开支(含卫生经费)已达 716.4 亿澳元,占预算支出总额的 52.2%。其次,普遍实行财力审查制度。[①] 澳大利亚社会保障制度的针对性很强,普遍采用财力审查制度(包括收入审查和资产审查),根据申请者的财力状况确定领取资格和数额,大多数社会保障金只发给自我保障有困难的群体。财力审查制度的具体操作和特点体现为,一是政府根据当年的物价情况统一规定最低生活保障收入,每两周发放一次。二是规定有免审额度,政府每年分别确定资产免审额度和收入免审额度,如果申请人的自有资产总额和自有收入均低于免审额度,即视为无资产、无收入,可领取相应的最低生活保障金。三是规定有抵扣率,如果申领人的自有资产或自有收入高于免审额度,则按一定比例扣最低生活保障收入,直到扣完为止。其中资产审查和收入审查的抵扣率有所不同:申领人的自有资产高于免审额度的部分,每增加 1000 澳元,相应扣减 1.5 澳元的津贴;自有收入高于免审额度者,根据收入来源和救助金的性质,抵扣率在 50%～100%之间不等。四是补助领取的时间不限。大多数社会保障金的申领人只要通过财力审查,即可以无限期领取相应补助。但是自上世纪 90 年代以来,澳大利亚经济和社会环境发生了很大的变化,人口老龄化趋势和家庭人口结构的变化,尤其是长期失业人口的不断增加,都给国家财政造成巨大的压力,因此澳政府也在不断改革现有的社会保障制度,进一步鼓励自我保障,实施积极的社会救助战略,帮助下岗和失业人员获得就业机会,如规定对失业救助金领取人开始实行就业审查制度,要求领取失业救助金的人必须积极寻找就业机会,并积极与政府管理的职业介绍机构联系,接受政府安排的义务性工作等等。未通过就业审查者将按规定降低救助金水平,甚至可以剥夺领取资格。

六、智利

智利的社会救助法律制度是随着其社会保障制度的改革而逐步完善起来的。改革前,智利的社会保险制度实行现收现付制,政府负责费用的征收和基金的管理,社会保险部门的赤字完全由国家财政弥补。在这种制度下,政府专门为穷人设计或针对某些特殊需要制定的社会救助计划,通常与社会保险计

① OECD, *The Battle against Exclusion*: *Social Assistance in Australia*, *Finland*, *Sweden*, *and the United Kingdom*, Paris: OECD, 1998, p. 19.

划混合在一起，无论是资金来源还是管理体制，都很难自成体系。改革后，智利建立起了强制储蓄制和完全基金制的养老金制度，部分医疗保险交由私营保险公司管理，还正在尝试将强制性储蓄的原则应用到失业保险领域。这样，一方面，本来由国家承担的一部分职责逐步让位于社会和市场，政府在社会保险方面的直接参与作用逐步减少；另一方面，“强制储蓄制在将投保人的权利与义务紧密结合在一起的同时，也基本上放弃了现收现付制所具有的再分配功能；从社会保险中剥离出来的那部分再分配功能已经逐步由社会救助计划承担，其结果是大大加强了政府通过社会救助计划对公民提供最基本社会保障的责任”。[①] 这也意味着社会救助法律制度改革的方向与社会保险法律制度的改革是不同的。分散的社会救助计划与社会保险逐步分开，国家设立相关机构，对政府的社会救助计划统一管理，协调与其他社会组织和机构的社会计划关系，从而形成一个比较完整、系统的社会救助制度。

智利社会救助资金的管理和支付主要由福利标准委员会负责。为了使政府社会救助计划的补贴得到更为合理公平的使用，并使最急需救助的社会群体优先得到救助，智利使用了一种被称作 CAS—2 的方法对申请政府社会救助计划的人进行资格认定。这种资格认定方法是在上世纪 70 年代形成的城镇社会救助委员会(CAS)体系的基础上建立起来的。在实施社会计划的过程中，政府感到有必要创立一种统一的方法进行资格认定，于是从 1980 年开始为社会救助计划的申请者建立档案，称作 CAS—1 档案。1984 年政府在对社会计划开支进行的研究中发现，社会开支中只有 14％的资金发放到了真正需要它们的贫困人口手中，原因之一与该方法的缺陷有关。1987 年政府开始用另一种新的方法建立档案，即 CAS—2 档案。为了加强全国社会救助委员会的联系，1990 年计划与合作部和内务部共同建立全国城镇社会救助委员会。这样城镇社会救助委员会的工作就从原来的地方层次发展为全国范围。根据有关法律规定，CAS—2 档案上的所有信息都是保密的，只有取得计划与合作部的授权才能公布有关信息。从 1999 年 9 月 1 日起，全国所有的城镇都已采

① 刘纪新著：《智利的社会救助制度》，载《社会保障制度》2002 年第 2 期。

用这一新的资格认定体系。[①]

智利的主要社会救助计划包括养老救济金、统一家庭津贴、生活用水补贴、失业补贴和住房补贴。养老救济金、失业补贴和统一家庭津贴计划中的贫困家庭补贴是专门为穷人设立的非缴费性社会救助计划，面向所有收入不足以维持生活且不能从社会保险制度中获得生活保障的人。生活用水补贴和住房补贴虽以穷人或中低收入者为受益目标，却不是专门为穷人设计的，一些非真正贫穷的人也有可能得到这两种补贴。其中，在养老救济金方面，65 岁以上生活贫困的老年人和 18 岁以上生活贫困的残疾人是这项社会救助计划的受益人。弱智者（不分年龄）只要生活来源不足，不管其家庭收入状况怎样，也有权领取养老救济金。领取条件规定领取者必须至少在智利连续居住 3 年，无个人收入或领取的养老金低于法定最低养老金的 50%，生活来源不足以维持基本生活。此外，如果家庭人均收入在这个百分比之下的，也有资格获得此种养老津贴。领取者在证明其子女或其他后代要靠其养活时，可以领取最高津贴。该项养老金的领取者还有权享受免费医疗。领取人死亡后，受益者可享受有关法规规定的相当于 3 个月最低工资的抚恤金。在统一家庭津贴方面，1937 年制定的家庭津贴计划只覆盖工薪收入者，1953 年为雇用劳动者制定了家庭津贴计划。这是一种与工资和缴费有关的社会福利，但资金由政府解决。1981 年上述两个计划合并为统一家庭津贴。随后又制定了贫困家庭津贴计划，从而把这项社会计划扩大到那些没有参加任何福利计划因而不能获得统一家庭津贴计划补贴的所有雇佣劳动者。贫困家庭津贴计划是专门为贫困人口制定的，面向以下 4 种人：18 岁以下的未成年人和任何年龄的残疾

---

① 该体系依据调查取得的情况对申请人的社会经济状况打分，对社会家庭进行分类。分数在 350～750 之间，分数越小表明越需要取得社会救助。评估和打分要依据 13 种指标，包括住房、教育、职业和收入（财产）4 个方面。建立该档案的目的是为了对社会计划补助的可能受益人群进行鉴别、优先考虑和挑选，从社会角度上将所有申请社会补贴（主要是政府提供的补贴）的家庭进行分类，以便安排取得津贴的先后顺序和确定不同的津贴额。该体系的首要目的是根据申请社会救助者的情况安排优先取得补助的顺序，而不是为了衡量这些人的贫困程度。对向市政府提出要求社会救助的人，都要根据该体系的方法进行调查。调查取得的信息有效期为两年，两年后有关信息必须更新。通过该体系获得的补助包括统一家庭津贴、养老救济金和饮用水消费补贴等 3 种货币补贴。在申请住房和城市建设部的基本住房计划、阶段住房计划和农村住房计划的补贴时也要使用这种档案。参见刘纪新：《智利的社会救助制度》，载《社会保障制度》2002 年第 2 期。

人(他们是以卫生部为8岁前儿童制定的福利计划的津贴为生的,而且未得到相当于或高于家庭补贴数额的人;如果是孤儿,可以不考虑这一情况);领取了家庭补助的未成年人,其母亲也可以领取;怀孕妇女;不领取救助养老金的弱智者。在失业救助方面,其现行失业保险的资金完全由国家财政解决,工人和雇主均不需缴费,是一种社会救助计划。该制度理论上覆盖所有劳动者,凡符合条件的失业者(失业前两年中至少就业52周,进行就业登记,能够并愿意工作,不是因个人原因失业)都可以领取失业津贴。受保人失业期间仍有资格领取家庭津贴和疾病妊娠津贴。目前这一失业救助模式正在进行改革,准备建立个人失业账户,由个人、雇主和政府3方分担失业保险资金。在生活用水补贴方面,1989年以前国家对居民用水的补贴是暗补,水费低于水价,该补贴的受益者占全国城市家庭的98%,占农村家庭的76%。但实际上这种补贴方式的受益者主要是富人,因为一般来讲他们的用水量比穷人大。之后智利开始实行供水企业私有化政策,生活用水补贴政策修改为其目标以占人口20%的最贫困阶层为补贴对象。当时确定的补贴原则是以各大区20%的城市最贫困阶层为补贴对象,资金由联邦政府财政解决。从1994年起补贴的对象改为全国人口中的20%最贫困阶层,这样可以使贫困人口比重较高的大区从中央政府得到较多资金。从1995年起该补贴扩大到农村的贫困人口中,用水量在15立方米以下的可付账单的50%。1997年智利生活用水消费补贴已覆盖了全国总人口的17%,占预计应覆盖人口的95%,其中72.8%的受益人口是最贫困阶层。在住房补贴方面,其目的是使社会中最贫困的那部分人也能享受到社会财富。1990—1993年政府所支付的住房补贴中面向最贫困阶层的比重由42%上升到64%。目前智利有5种面向无住房中低收入者的住房计划,每个计划都由3部分组成(购房者的预先储蓄、政府补贴和长期抵押贷款):一种是阶段房计划,从1990年开始实行,主要是为了帮助那些家庭月收入不超过50美元、居住在特别贫困地区的家庭改善居住条件;一种是基本住房计划(或单元房计划),从1984年开始实行,是为了帮助月收入在50~200美元的家庭改善住房条件,购买单元房;一种是统一补贴,面向中等和中低收入的人,这种收入水平的人虽无住房但有一定水平的支付能力,因而有资格从银行获得贷款,这些申请者不是根据社会经济状况排队,只需提供无住房证明及已在1家金融机构建立个人储蓄账户就可以提出申请;此外还有特别工人计划(从1987年开始实行,提供比基本住房更好一些的住房)和郊区计划(面向住在郊区的低收入者)。这5种计划中最大的补贴项目是阶段房和基本(单元)房,前者占70%，后者占20%，特别计划占不到7%。在每年所建的住宅中，政府补贴约占建房款的80%，占中等收入者房款的6%，占最贫困者房款的94%。

在智利的社会救助体系中，教会和民间组织、社会团体、私人机构等非政府组织也扮演着重要角色。一方面，它们积极参与政府的社会计划，与负责社会救助工作的机构和部门建立合作关系，参加政府社会计划的贯彻和落实；另一方面，它们也制定和实施自己的社会计划，对穷人和有特殊需要的人群提供各种帮助与支持。非政府组织的活动资金一般都来自个人捐助和私营机构或企业的资助，与政府有关部门合作时也会得到政府的部分资助。它们的社会计划一般是为了帮助贫困家庭，为孩子、老人、残疾人等提供帮助和援助，内容涉及医疗发展（特别是残疾预防和卫生教育）、学前教育、成年人扫盲、环境卫生、社区服务等。非政府组织的社会计划与政府社会计划是一种相辅相成的关系，在政府计划没有关注的地方，或者新需求产生而政府还未关注的领域，非政府组织的计划就会起一种补充作用。当政府关注了，投入了资金，非政府组织的计划就撤出，政府的计划就会取而代之。由于非政府组织是以基层为活动基础的，对处于社会底层人群的需求有更直观的认识，因而非政府组织的活动空间很大。而且智利的经济结构改革使私人资本的力量日益增强，也推动了社会参与程度的提高。

七、台湾地区

台湾地区自古以来就是中国领土不可分割的一部分。但由于特定的政治、历史原因，1949年以后两岸对峙，台湾地区由秉承民国时期社会救助法律制度到逐渐形成了自己的社会救助法律制度。“成文的近代社会救济立法，当以民国四年（1915年），北京政府内务部所颁订的《游民习艺所章程》始，此后直到民国三十二年九月二十九日国民政府公布《社会救济法》，才促使‘我国’社会救济前进一步，逐渐建立‘我国’社会救济制度。”①1980年6月14日台湾地区公布实施《社会救助法》，全文27条，同时废止了原来的《社会救济法》。台湾地区的社会救助可分为经常与临时两种，经常救助为对一般老弱残废（鳏寡孤独废疾）生活无依者予以机构式教或养（即院内救助）或社会式工作（即院外救助）等，一般包括机构收容、贫民施医（低收入者免费医疗扶助或称为医疗补助）、生活扶助（生活救助或家庭补助）等；临时救助是对遭受意外灾

① 陈国钧著：《社会政策与社会立法》，三民书局股份有限公司1980年版，第299页。

害者(如天灾、地震、兵祸)或有特殊情况之生产、死亡等之一种救助工作,或其他如伤害、冬令、难胞难民救助等,一般包括急难救助、灾害救助、冬令救助①等。《社会救助法》后来分别于1997年11月19日和2000年6月14日修正,第一次修正将条文扩充至46条,第二次修正在46条的基础上对若干条文又进行了修正,目前正施行于台湾地区。

(一)《社会救济法》

该法共分五章,计52条,其主要内容包括:(1)救济范围:第一章规定合于下列各款规定之一,即年在60岁以上精神衰耗者,或者未满12岁者,或者为妊妇,或者因疾病、伤害、残废或其他精神上、身体上之障碍不能从事劳作者,或者因水旱或其他天灾事变遭受重大损害或因而失业者,或者其他依法令应予救济者,因贫穷而无力生活者,得依该法予以救济。同时还补充规定,对于遭受非常灾变之灾民、难民,所为之紧急救济,其受救济人不以前条所列者为限;对于性格操行不良,具有犯罪倾向,有矫正之必要者,应予以矫正救济;应受救济人得向主管官署或有救济设施之处所,请求予以适当之救济,但救济亦得依职权为之;依前述条款规定得受救济者,如有受抚养之权利,其抚养义务人具有抚养能力时,得不予以救济,但有迫切情形者不在此限。(2)救济设施:第二章规定救济设施包括安老所、育婴所、育幼所、残疾教养所、习艺所、妇女教养所、助产所、施医所以及其他以救济为目的之设施。这些救济设施由各县市视实际需要及经济状况依法分别举办,乡镇财力充裕也可以举办。团体或私人经主管官署许可也可以举办各种救济设施。(3)救济方法:第三章规定救济除该法或其他法律另有规定外,依受救济人之需要,可以采取在救济设施处所内留养,或者给予现款或食物、衣服等必需品,或者免费医疗,或者廉价或免费供给住宅,或者无息或低息贷款,或者无息或低息贷粮,或者减免土地赋税,或者实施感化教育与公民训练,或者实施技能训练与公民训练,或者职业介绍,或者其他依法令所定之救济方法等方法提供社会救助。(4)救济费用:第四章规定救济设施由县市举办者,其费用由县市负担;"中央"或省举办者,由

① 冬令救助的对象一般为赤贫国民,时期为每年12月末至次年3月中,由县市政府等有关机关发动有关单位社团暨地方热心公益人士组织委员会办理,具体项目包括施米、送衣、设立临时收容所、开办粥厂、举行平粜、贷款、工赈等。这些措施大多已并入家庭补助、急难救助或节日(春节、端午节、中秋节等"三节")慰问措施内。

“中央”或省负担;乡镇举办者,由乡镇负担;救济事业经费应列入“中央”及地方预算,县市依法举办之救济事业得由“中央”政府予以补助。团体或私人举办者,其费用由各该团体或私人负担,如办理卓有成绩者得由主管官署酌予补助。同时规定,各种救济设施得于设置时筹募基金,其因事业发展而扩充设备者,并得增募基金,但团体或私人举办之救济设施非经主管官署核准,不得向外募捐;救济经费之募集不得用摊派或其他强制方法征募。《社会救济法施行细则》第 9 条补充规定,救济设施对于救济人生产劳动之收益,除提拨 60%充实基金及改良设备外,其余 40%应给予救济人。“附则”部分主要规定了主管官署的分工:在“中央”为社会部,在省为省政府,在市为市政府,在县为县政府,此外还涉及卫生署、赈济委员会主管的事务。

(二)《社会救助法》

《社会救助法》主旨是“为使生活困难的低收入者及遭受紧急患难或受非常灾害者,将可获得适当的扶助。”[①]全文分为总则、生活扶助、医疗补助、急难救助、灾害救助、救助设施、救助经费、附则八章,共计 27 条。其主要内容包括:(1)总则部分:规定该法的立法宗旨为照顾生活困难之低收入者[②]及遭受紧急患难或非常灾害者之生活,并协助其自立。将社会救助分为生活扶助、医疗补助、急难救助及灾害救助四种。规定低收入标准由省(市)政府视当地最低生活所需费用,逐年订定公告,并报“中央”主管机关备查。(2)生活扶助方面:规定其对象为家庭每年总收入依该家庭人数平均计算之金额低于当年的低收入标准者,可以向户籍所在地主管机关申请生活扶助,主管机关应于 5 日内派员调查其家庭环境、经济状况等项目后核定之,必要时可以委托乡(镇、市、区)公所进行。该项扶助以现金给付为原则,但因实际需要可以委托适当之救助设施及福利设施或其他家庭予以收容。该项现金给付,省(市)主管机关并得依照收入之差别订定等级,报经“中央”主管机关备查。对于生活扶助户中有工作能力者,省(市)及县(市)主管机关应协助其接受职业训练、就业服

① 陈国钧著:《社会政策与社会立法》,三民书局股份有限公司 1980 年版,第 304 页。

② 1973 年以前,台湾省及台北市的贫民分为一、二、三级三种;1974 年以后,台北市将一级贫民改称为生活照顾户,二、三级贫民改称为生活辅导户;1978 年以后,省市均将贫民统称为低收入户,并将一、二、三级改称为一款、二款、三款低收入者。参见江亮演著:《社会救助的理论与实务》,桂冠图书公司 1990 年版,第 189 页。因此在《社会救助法》中就引入了“低收入户”的称谓。

务、创业辅导或以工代赈等方式辅助其自立;不愿接受训练或辅导,或者接受训练辅导不愿工作者,不予扶助。(3)医疗补助方面:规定凡是低收入伤病患者,或者患严重伤病所需医疗费用非其本人或抚养义务人所能负担者,得检同有关证明向当地主管机关申请医疗补助;但参加全民健康保险可取得之医疗给付者,不得再依前项规定申请医疗补助。医疗补助之给付项目、方式及标准,由省(市)主管机关订定,并报"中央"主管机关备查。(4)急难救助方面:规定户内人口死亡无力殓葬者,或者户内人口遭受意外伤害致生活陷入困境者,或者负家庭主要生计责任者罹患重病、失业、失踪、入营服役、入狱服刑或其他原因而无法工作致生活陷于困境者,可以检同有关证明,向户籍所在地主管机关申请急难救助。该项救助以现金给付为原则,其给付方式及标准由省(市)主管机关决定并报"中央"主管机关备查。(5)灾害救助方面:规定人民遭受水、火、风雹、旱、地震及其他灾害,致损害重大、影响生活者,予以灾害救助。省(市)或县(市)政府视灾情需要,采取协助抢救及善后处理,或者提供受灾户膳食口粮,或者给予伤、亡或失踪救助,或者辅助修建房舍,或者设立临时灾害收容场所,或者其他必要之救助等方式办理灾害救助,办理标准由省(市)或县(市)政府依实际需要订定。[①] (6)救助设施方面:规定除利用各种社会福利机构外,省(市)、县(市)主管机关得视实际需要设立或辅导民间设立为实施该法所必要之机构。社会福利机构对于受救助者所应收之费用,由主管机关予以补助;省(市)、县(市)主管机关按规定设立之机构,则不收任何费用。并规定社会救助机构之业务应由专业人员办理。(7)救助经费方面:规定所需经费应由各级政府分别编列预算支应之;省(市)、县(市)政府每年得定期联合各界举行劝募,其劝募及运用办法由各该政府定之。

《社会救助法》将行之多年的《社会救济法》予以废止,基本确立了现行台湾地区的社会救助内容和模式,是扶助生活困难的低收入者及遭受紧急患难或受非常灾害者的主要依据。其颁行的主要意义是"教会低收入者'钓鱼的技巧',而不只是'送鱼给他吃'"。[②] 它在救助方法上以职业训练、就业辅导、贷

① 据资料显示,当时的一组灾害救助金发放标准数据为:死亡每人新台币 15 万元,失踪每人新台币 15 万元,重伤每人新台币 7.5 万元,房屋全毁每口 1.5 万元,每户以 5 口为限,半毁者折半计算。参见江亮演著:《社会救助的理论与实务》,桂冠图书公司 1990 年版,第 196 页。

② 陈国钧著:《社会政策与社会立法》,三民书局股份有限公司 1980 年版,第 307 页。

款生产、以工代赈等来代替消极性的救济，不仅可以维护受助者的人格尊严，也减少了政府的不少负担。该法明定救助事业所需经费除由各级政府编列预算外，并得联合各界每年定期劝募社会救助金，可以动员和利用社会资源的支援和仁爱精神来帮助低收入者，可进一步促进人与人之间的感情。尤其重要的是，该法正式确立了社会工作专业制度①，由专业人员办理救助设施的业务，有效保证了社会救助业务的专门化及其水平的提高。

该法以后又经过两次修正。第一次修正扩充条文19条，主要是细化和增加了有关部分的内容，如在总则部分，明确最低生活费标准由省(市)政府参照"中央"主计机关所公布当地区最近一年平均每人消费支出的60%订定，并报"中央"主管机关备查；明确所称家庭总收入应计算人口范围包括直系血亲(但子女已入赘或出嫁且无扶养能力可资证明者，得不计算)、同一户籍或共同生活之旁系血亲及负扶养义务之亲属、综合所得税列入扶养亲属宽减额之纳税义务人；明确所定救助项目与其他社会福利法律所定性质相同时，应从优办理，并不影响其他各法之福利服务；明确依该法或其他法令每人每月所领取政府核发之救助金额，不得超过当年政府公告之基本工资；明确受社会救助者如果提供不实之资料者，或者隐匿或拒绝提供主管机关所要求之资料者，或者以欺诈或其他不正当方法取得本法所定之社会救助者，主管机关应停止其社会救助，并得追回其所领取之补助。在生活扶助部分，增加规定低收入户成员中有年满65岁者，或者怀胎满6个月者，或者领有身心障碍手册者，主管机关得依其原领取现金给付之金额增加20%至40%之补助，具体补助标准由"中央"主管机关决定；各级政府得视实际需要及财力，对低收入户提供产妇及幼儿营

---

① 1965年台湾制定的《民生主义现阶段社会政策》中，倡议建立社会工作专业制度。1974年，台湾省政府为配合小康计划之实施，采取实验性质设置社会工作员，专门办理贫民救助工作。至1986年年底台湾省除了澎湖县外，均设置社会工作员共计364人。工作员学历限大专院校社会工作科系、社会学或其他相关科系毕业者(山地社会工作员另定)，以每一乡镇市区设置一人为原则，县市设置社会工作督导员(每5个乡镇市区置1人)若干名，每4县市合置社会工作指导员1人。台北市至1987年为止社会工作人员超过100人。高雄市至1987年为止共有社会工作员48人(含督导员3人)。参见江亮演著:《社会救助的理论与实务》，桂冠图书公司1990年版，第196～197页。社会工作者"肩负着为人民赢得足以生存的权利的任务，使他们不仅仅能生存，而且还能享受'生存'这个字眼的全部含义"。[美]夏洛特·托尔著，郗庆华、王慧荣译:《社会救助学》，生活·读书·新知三联书店1992年版，第49页。

养补助、托儿补助、教育补助、租金补助或平价住宅借住、房屋修缮补助、丧葬补助、在宅服务、生育补助以及其他必要之救助及服务等特殊项目救助；警察机关发现无家可归之游民，除其他法律另有规定外，应通知社政机关（单位）共同处理，并查明身份及协助护送前往社会救助机构收容，其身份经查明者，立即通知其家属。在医疗补助部分，增加规定低收入户参加全民健康保险之保险费由各级政府编列预算补助，其目的是促进低收入户从全民健康保险中获得医疗给付。在急难救助部分，增加规定流落外地缺乏车资返乡者，当地主管机关得依其申请酌予补助。在社会救助机构部分，增加对社会私立救助机构设立的规定，以及政府主管机关对社会救助机构应予辅导、监督和评鉴的规定。尤其值得注意的是，单独增加了第八章“罚则”的内容，共计 6 条，主要是对私立社会救助机构违反该法规定的处罚，同时规定了司法机关之移送和罚锾之强制执行。在附则部分，增加规定依本法请领各项现金给付或补助之权利不得扣押、让与或提供担保，以切实保证受救助人的社会救助权利。第二次修正的主要内容是取消了“省”一级政府建制，代之为“直辖市”一级政府建制，因此对条文中原来含有“省”级政府称谓的，一律修改为“直辖市”级政府称谓而已，对该法的实质内容并没有进行任何修正。

八、外国（地区）社会救助法律制度的一般特征

上面分别对英国、美国、日本、瑞典、澳大利亚、智利、台湾地区等外国（地区）社会救助法律制度的变迁和安排的现状进行了分析。其中英、美、澳属于英美法系国家，日、瑞属于大陆法系国家，这 5 个国家又都属于发达国家。后两个国家（地区）应属于大陆法系，其中智利是发展中国家，台湾作为上世纪 80 年代“亚洲四小龙”成员，其经济水平获得了长足的发展和提高，属于相对发达的地区。因此，从对这些样本国家（地区）社会救助法律制度的历史变迁和现行制度安排中，可以归纳出外国（地区）社会救助法律制度的一般特征。

1. 都是在国家适度干预下，对贫困居民进行物质再分配的经济关系才得以形成并日渐顺利运转，逐渐形成稳定的法律制度来规范这种国家干预的经济再分配关系。“在当今世界上，社会救助制度通常被视为纯粹的政府行为，是一种完全由政府运作的最基本的再分配或转移支付制度。”①当然，各国也都有民间机构参与社会救助事务，并且也都得到了政府的承认、支持、鼓励和

① 时正新主编：《中国社会救助体系研究》，中国社会科学出版社 2002 年版，第 3 页。

奖励,也都被纳入到了相关社会救助法的调整范围内,其实也就成为受国家干预的一种再分配经济关系。

2. 都有效地利用社会救助法律制度的再分配功能为该国的贫困居民提供救助。社会救助法律制度安排了社会救助经费的筹集、使用及其监督。各国的社会救助经费主要来源于国家各级政府的财政预算,另有少量劝募基金、私人捐赠等款项,这些基金筹集到以后,通过相应的机构分发到符合条件的贫困居民手中(尽管也有非现金的物品、服务等,但都是一种可计量利益的再分配),从而实现经济再分配的目的,有效缓解社会贫困。

3. 社会救助法律制度普遍受到各国重视,都将其作为社会保障体系的有机组成部分予以建设和完善。在市场经济发展相对落后的国家,社会保险制度还不完善,福利津贴更少,社会救助在社会保障方面更负有特殊的使命,对保障居民的生存权利具有尤为重要的作用。发达国家社会保障制度的发展历程,一般也是先有社会救助,然后是社会保险、社会福利,最后形成较为完整的体系。越是发达国家,社会救助法律制度越健全、越完善,有关规定也越具体、详细。当然,社会救助法律制度在各国社会保障体系中的重要性并不完全一样,在发展中国家其地位就相对十分重要。在发达国家,首先是救助的特征较不突出,福利津贴的性质较强;其次是有的发达国家是以社会保险制度为主体构建其社会保障制度,如瑞典、美国、日本,有的则是以社会救助制度为主体构建其社会保障制度,如澳大利亚。但共同的是各国社会保障制度中都有社会救助制度的位置,并表现出一些共同的质的规定性。

4. 社会救助对象既有一般救助对象,也有特殊救助对象。对家庭人均收入水平低于贫困线标准的贫困人口予以救助,是社会救助的常规形态。这些人有的处于长期贫困,有的则是临时贫困。在社会救助发展到一定阶段之后,许多国家对弱势群体予以特殊救助,如老年人、未成年人、病患者、残疾人、灾民、失业者、失学者、难民等,这些人都是社会的不幸者、弱者,对象众多,范围广泛,其享受救助权利无须尽相应义务。更多的具体制度设计来自于对一般救助对象贫困问题的解决。在社会救助方式上,以现金给付为主,实物给付和提供服务为辅;有分散救助,也有集中供养救助;开始一般是生活救助,然后逐步开展医疗、住房、教育、残疾等项救助。

5. 生活救助是社会救助的最重要内容。社会救助首先是为了保证被救助人的基本生存,因此生活救助成为各国社会救助内容中的最重要部分。在各种家庭补助项目中,有的救助特征很突出,有的则更大程度上是一种福利性补贴。发达国家与发展中国家的表现就有所不同。这也是与一国的经济实力直接联系的。对受救助者救助的内容多、水平高,社会救助法律制度的再分配功能就发挥得大;内容少、水平较低,社会救助法律制度的再分配功能就发挥得小。社会救助法律制度再分配功能发挥的大小,直接反映出国家干预这种经济再分配关系力度的强弱。

6. 一般都确定最低生活保障标准或者贫困线,对收入低于此项标准的人进行救助。当然,这主要是针对生活救助而言的。急难救助、灾害救助等并不需要贫困线标准,因为这种状况表现出来的需要救助状态是显而易见的。贫困线的具体数额是动态的,根据经济发展水平确定。例如,美国的贫困线由各州确立,各州根据本州经济发展水平确立和调整贫困线具体标准,联邦政府在社会救助和社会福利支出方面对人均收入相对低的州给予倾斜。美国的贫困线标准很高,相当于发展中国家的小康生活线。① 发展中国家的贫困线一般更能真实反映贫困程度。这与一国整体的经济发展水平有直接联系,同时也与该国政治统治的价值取向密切相关。

7. 家计调查(means-test)制度作为社会救助法律制度的基本特征,在各国相关制度安排中都有明显体现。当然,这也主要是体现在生活救助方面。这体现出明显的国家干预特点。作为一种过滤性制度安排,它能够使相对总是有限的救助资源被分配到确实需要它们的人手中。因为这样一种经济再分配关系的生成和维持,本身并不直接创造社会财富,它更大程度上是实现和维持一种社会相对稳定与和谐的状态,主要是一种社会价值层面上的考虑。因此,从经济增长的角度来考量,供给这种再分配的物质财富就只能是相对有限的。为了发挥其最可能大的效用,家计调查制度就被设计出来。这从另外一个方面说明,民众的社会救助权利需要被赋予和尊重,但由于经济人属性的制约,其权利的行使也必须受到相应的审查。

8. 民众社会救助利益的享有呈现出由强制到恩惠到权利的历史变迁。社会救助原始阶段是民众个体行为,主要以社会互助、宗教慈善行为等形式出现。最早出现的英国《伊丽莎白济贫法》宣布建立"贫民习艺所",强迫贫民劳动以杜绝流浪现象,过于强调对不劳动者的惩罚而比较忽略对需求者的帮助,

---

① 据资料显示,美国非农业人口中四口之家贫困线收入标准,1959 年为 2973 美元,1969 年为 3743 美元,1979 年为 7412 美元,1989 年为 12674 美元,1994 年为 15141 美元。参见陈恕祥主编:《美国贫困问题研究》,武汉大学出版社 2000 年版,第 104～105 页。

其动机是统治者意识到贫困和失业对其统治的威胁,必须由政府采取某种措施来缓和这些社会矛盾。这是"那个时代占主导地位思潮的产物。当时英国社会上层存在一种强烈的愿望,一种采取某种户外救济措施和惩治懒惰相混合着的愿望"。① 大部分17世纪的思想家都认为,政府应该使用自己的权力来迫使每个有工作能力的人做点工作。因此,这时所谓的社会救助主要呈现出一种强制性的特征,统治者仅把它作为一种权宜之计,目的是要避免各种不满力量形成一次总爆发,用济贫法来设置一道阻止人们铤而走险的屏障。同时,当时的普通民众对此根本没有发言权,既无组织,又无统一的思想意识,不能形成一股对统治阶级施加压力的政治力量。然而在社会生产力迅速发展、社会财富急剧增加、有产者惊人的富裕与穷人的贫困形成尖锐对比,社会矛盾和冲突不可避免的形势下,统治者意识到要避免革命,必须缓和社会矛盾,将各种冲突控制在一定的范围之内,政府必须将穷人的数量和贫穷的程度控制在一个不至于引起动乱的"度"上,必须采取缓和而不是激化社会矛盾的政策和制度。这时社会救助方式的选择表现为一种恩惠思想。统治者以同情和怜悯的姿态给予贫民适当的救济,以劳动者能勉强生存而不致威胁其统治为限。资产阶级革命的爆发创造了一种民有、民治、民享的政体模式,"天赋人权"、"私权神圣"等理念深入人心,政府成为民选的政府,国家成为人民的国家,人民的各项权利得到空前的张扬和维护,其社会救助利益的享有成为了一种权利,国家有义务和责任为民众提供社会救助。当代"各国多认为社会救济乃政府对于人民之一种重要责任,在人民方面则为一种应享之权利"。② 这种权利不仅包括了生存权的需求,在经济发展到一定程度之后,适当的发展权维护也被纳入。当代各国正是普遍秉承了这种理念来设计其社会救助法律制度,加大国家对这种经济再分配关系干预的力度,以更为充分地保障人们社会救助权的实现。

9. 社会救助方式由消极被动到积极主动模式选择的历史变迁。社会救助指导思想的流变,直接影响和决定了社会救助方式的变迁。在强制性社会救助思想指导下,视贫穷为个人的罪恶,仅仅在其影响到统治者的统治时,才被动地、消极地予以应对,并没有想从根本上遏止贫穷,也并不会意识到贫民怎么还会有获得救助的权利,至多也是以同情和怜悯的姿态给予其一些恩惠

① 和春雷主编:《社会保障制度的国际比较》,法律出版社2001年版,第4页。

② 陈凌云著:《现代各国社会救济》,商务印书馆1937年版,序第1页。

性的救济，就认为已经是对贫民的最大照顾了。民众权利时代的到来，才有了自己的代表，才能反映出自己的声音，自己的社会救助权利才得到了重视和维护。这时的政府才会进行制度化和系统化的安排与设计，主动积极地维护和保障民众的社会救助权利。其救助方式的选择和采纳还照顾到接受人的心理和进一步发展等多方面的考虑，如提供就业指导、职业训练、小额贷款、以工代赈、发展生产等，帮助受救助人自立，维护他们的尊严，提高他们独立生活的能力。尤其是发展中国家更为重视扶持有劳动能力的贫困对象发展生产，通过给贫困对象贷款、借给生产工具等方式，帮助贫困对象就业和进行生产经营，努力通过发展经济从根本上解决贫困问题。

10. 社会救助由完全无偿向负担一定义务转变。由于经济人的本性，接受社会救助的权利也不能是没有任何限制的。虽然有家计调查制度的过滤，但受救助人仍然有可能滥用其接受社会救助的权利。因此，各国逐渐变革完全无偿提供社会救助的模式，使有一定能力的接受救助人也要负担一定的义务，如参加社区劳动、参与一些公益事业、小额贷款的偿还、以工代赈中劳务的付出、进行就业培训辅导、积极寻找就业机会等。这种制度安排可以有效地监督受救助人的行为，督促其自立，并保证社会救助金的有效使用，降低其“漏出率”。

11. 民间力量在社会救助中的作用日益凸显。社会救助在没有被政府重视和有效安排的相应制度加以系统解决之前，民间力量如教会、慈善组织等是进行社会救助的主体。政府运用国家正式制度安排开始解决贫困问题之后，民间力量的作用一度式微。但事实证明仅仅依靠国家单独解决贫困问题是不够的，必须把民间力量的作用有效地规范和整合起来，才能更好地发挥社会救助法律制度的作用。于是当代各国政府积极鼓励民间组织作用的挖掘和发挥，与政府相对分工，通力协作。德国就通过立法规定，社会救助要坚持政府与民间合作的原则，联邦救济法不得侵犯教会、宗教团体、民间组织的地位与活动，社会救助实施机构在与各团体机构合作时，应考虑到其独立性，互相取长补短，并支援民间团体。除了现金的发放以外，民间救助活动应优先进行。智利、台湾地区等都对民间力量进行社会救助十分重视，立法上都相应予以规范。

本节主要是从历史变迁和制度安排现状的视角对外国(地区)社会救助法律制度进行了综述，并结合经济法和社会分配法的理念对其所呈现出的一般特征进行了相应分析。对于我国来说，现代意义上的社会救助法律制度也是个“舶来品”概念，其与中国具体国情之间还有个嫁接、磨合和适应的过程。下一节将对中国社会救助法律制度的历史渊源及其变迁作一系统、全面的考察，从其变迁轨迹上分析中国相关制度安排的一般特征。唯其如此，方可以对中外相关制度的特征进行比较，方可以分析其后面的形成背景和原因，才能为下一步的理论分析提供客观事实的平台。

第3节 中国社会救助法律制度变迁

从严格意义上讲，“社会救助法律制度”这一提法在我国是近10多年才出现的新鲜名称。如前面内容曾述及的那样，上世纪90年代之前直至新中国成立，我国一直称其为“社会救济法律制度”。新中国成立之前的民国政府，有正式的《社会救济法》及一系列相关法规、规章等，只是随着新中国的建立，在大陆被作为“旧法统”统统予以废除，只在台湾地区还一直有效，直至台湾地区《社会救助法》出台将其废止。民国之前，即所谓中国的古代和近代社会，社会救助一般是作为“荒政”形式出现的。当然，这些荒政并不是现代意义上的“社会救助”，但正如外国相关制度有一个历史变迁过程一样，“荒政”却是中国社会救助法律制度的历史渊源，是中国社会救助法律制度的原型。因此，对中国社会救助法律制度的考察，必须从中国的古代社会开始，渐及中国当代正在推进的社会救助法律制度变革。同时应该在此阐明，虽然经济法只是当代中国社会产生和日渐定型的法律现象，但并不因此妨碍以经济法的视角去对此前的相关社会现象进行解析。

一、古代

中国古代的社会救济制度是与古代社会经济发展史、文明史联系在一起的。早在原始社会氏族成员之间就存在相互救助这种保障方式。殷商时期由于社会生产力发展水平落后，人们对自然的认识处于幼稚和蒙昧状态，对自然的控制能力极为低下，一切活动完全听任自然的支配。社会救济方面也以实施巫术救助为主。这种天命主义思想指导下的巫术救助，是当时统治者用来保障社会成员避免生存危机的主要措施。随着人类改造自然与控制自然能力的不断提高以及科学技术的发展，天命论影响式微，巫术救助逐渐失去了主导作用，政府和社会在社会救助中地位逐渐上升，作用日渐突出，成为社会救助的主导力量。据史籍记载,西周时期中央政府即已设立专门管理救灾事务的官职——地官司徒,规定了12条救灾政策并且已经开始建立后世长存的仓储后备制度。秦汉建立统一的国家政权以后,社会救济逐渐成为地方政府的重要社会事务。"中国古代社会救济事务的基本内容、主要做法、实施方法在这个时期基本都出现并为后世所沿用。"[①]如对鳏寡孤独残疾者的救济、仓储制度、因灾减免税费等。这一时期还曾施行收容安置流民、贷种、祛疫、除蝗、养恤等救济措施。唐宋时期我国封建社会发展到鼎盛阶段,以皇权为中心的封建制度发育得非常完备,传统社会救济模式也基本定型,不仅救助措施比较完善,而且救助政策渐成惯例。如赈济方面有赈谷、赈钱、赈粥及赈工;蠲免方面有免赋、免役、免调、免积欠、缓征;调粟方面有平粜、截漕、移民就粟;仓储方面有常平仓、社仓、义仓、广惠仓、惠民仓、丰储仓;安辑方面有给田、给复、资遣流民;借贷方面有贷种、贷牛;养恤方面有居养、赎子、葬死;其他如捕蝗、祛疫、薄关税、罢山泽之禁等。凡可以救济灾民和贫民的措施,基本上都采用了,对旧有的措施,也逐步改造完善。

元明清时期,中国封建社会步入了晚期发展阶段,特别是明清时期封建经济由盛转衰,资本主义萌芽开始出现。生产力的进一步发展和社会物质财富的增加使救济事务在继承前代成果的基础上有了进一步的发展,社会救济的内容和方式得到丰富。首先是统治阶级更重视救济事务。元朝以后,自然灾害的发生有日渐频繁的趋向,灾荒对社会经济的破坏作用愈为明显,对社会稳定的影响更大,救荒救济已成为维护封建政权的一项基本国策。明朝从元朝覆亡的教训中认识到救荒济贫关系到国家安危,《明史·成祖本纪》中记载,明成祖"闻河南饥,有司匿而不报。逮治之并榜示天下,今后有水旱灾伤不报者,罪不赦"。清乾隆多次强调"赈恤一事,乃地方大吏第一要务"。其次是灾荒救济措施比前朝更完备,并不断形成各种各样的制度。元代有灾蠲之制,各地受灾严重,减免税赋、粮食、兵役等都有相应规定。明代多行赈粥,各地设厂煮赈,制度较为完备,并规定了对官吏办理救助事务的奖罚制度。清代对如何报灾、勘灾、审户、发赈等,有一系列时间上、用人上的要求和限制,并载入《大清会典》及《户部则例》中,具有法令法规效力,执行起来比较严格。救荒的诸项措施办法,也根据历朝的演化加以改进,最后固定下来,成为经常性的制度。

① 时正新主编:《中国社会救助体系研究》,中国社会科学出版社2002年版,第28页。

如灾后要立即报灾、勘灾、停征，每年正月要根据灾民的状况再次加赈抚恤等，都有明确的规定。用以备荒的仓储制度也比以前充分完善，如何存银买补、如何交贷盘查等都依定例而行。随着人口增长，救济事项越来越多，救济经费也不断增加。清代救灾救济费用并无专门款项，也没有定额限制，只要国库中有钱就可以拨付。与前朝相比，清代救灾救济涉及面广，救济费用也更加庞大，常年赈济支出均在数百万银两。中国古代社会救济事务大体分为灾荒救济和贫困救济两种，而以灾荒救济为主。

（一）灾荒救济

我国是一个灾荒频发的国家。本文"引言"部分曾举邓云特先生研究的数字作为引证。自然灾害对社会经济发展造成严重破坏，给人民生命财产带来重大损失。加上生产力不发达，人们抵御自然灾害的能力非常脆弱，几乎每灾必荒，甚至出现人相争食、饿殍千里的惨相。由于灾荒引起社会动荡不安，对统治政权造成严重威胁，因此历朝都十分重视灾民救济工作，将之作为治国安邦的重要措施。古代将灾民救济称为"荒政"，即灾荒之年对饥民的救济行政。"荒政"一词最早见于《周礼·地官上》："以荒政十有二聚万民"，并概括出周代灾民救济的 12 条措施，分别是："一曰散利（贷种）；二曰薄征（轻租税）；三曰缓刑；四曰弛力（息徭役）；五曰舍禁（庶民可以随意劳动谋生）；六曰去几（减免租税）；七曰眚礼（灾礼）；八曰杀哀（省凶礼）；九曰蕃乐（收藏乐器而不作）；十曰多（鼓励结婚生育，繁殖人口）；十有一曰索鬼神（求神问鬼）；十有二曰除盗贼。""荒政奠定了古代灾民救助的基本内容，并为后代所继承。"[①]其主要内容包括生活救济（为缺衣少食的灾民提供钱粮衣物，这是历代灾民救济的主要措施）、住房救济（对因灾房屋倒塌者的救助）、安辑流民（遣返安置流离失所的灾民）、恤死难（对因灾死亡者救助钱绢布帛，作为收殓安葬之用）、蠲缓（因灾歉收或绝收时，官府减免税赋，免除差役，休养生息）、放贷（对灾民贷粮、贷款及贷农作物种子，帮助他们渡过难关）、以工代赈（为灾民提供劳动机会，按劳给酬，且报酬多有优惠，以工代赈所得收入不抵偿赈济所得）以及仓储制度（一种防灾备荒和间接救灾的措施，包括太平仓、义仓、常平仓、社仓、军储仓、广惠仓、惠民仓、预备仓等）。

① 时正新主编：《中国社会救助体系研究》，中国社会科学出版社 2002 年版，第 30 页。

(二)贫困救济

除了灾民救济之外,历代政府对贫民,特别是鳏寡孤独残疾者也进行了不同形式和不同程度的救济,古代称为“保息”。“保息”最早见于《周礼·地官司徒·大司徒之职》,该文提到“保息”有六政,即“一曰慈幼,二曰养老,三曰赈穷,四曰恤贫,五曰宽疾,六曰安富”。所谓保息就是保民济民、休养生息的意思。六政中除了“安富”外,其余五政,即爱护儿童、尊养老人、救助鳏寡孤独、周济贫困、优待残疾人等,可以说都属于社会救济的范畴。古代贫困救济的主要内容包括救助鳏寡孤独人员、尊崇优待高龄老人、赈贷以及设置救助设施(既有专门修建的,也有借用其他公共设施的,官府举办的常平仓、惠民仓、广惠仓等也兼有收容安置贫民的职责,宋朝时有居养院、安济坊、漏泽园、福田院、普济院等救助收养场所,元朝设有安乐堂、养济院、惠民药局等项救助设施,明朝在各地设有养济院、栖流所、惠民药局、漏泽园、义学等设施,清朝举办的救助设施有栖流所、习艺所、迁善公所、育婴堂、义学、清节堂、施医局、平粜局、施粥厂等)等。

二、近现代

1840 年鸦片战争以后,国门洞开,西方文化影响东进,中国逐渐沦为一个半殖民地半封建社会。与整个社会性质相适应,这一阶段的社会救济也突破了原有的模式和方法而出现了一些“新”的特色。这一时期原有社会救济的大多数措施未曾抛弃,同时外国的一些宗教势力开始在中国设立慈善机构,从事某些慈善救济活动,外国教会势力借助这样的活动在一些地方进行文化侵略和渗透。如 1893 年法国人就在山东坊子创办了一家“坊子天主教孤儿院”。这些机构一般以收养孤儿为主,同时也有收养鳏寡残疾者。但这些机构并不仅仅从事慈善活动,传教士还向被收容者灌输宗教思想,强迫他们劳动,甚至把有些人变成外国侵略势力的代理人。民国成立以后,北洋政府在战争的混乱中篡夺辛亥革命胜利果实,其统治期间政治腐败,军阀混战,人民几乎完全丧失了抵御各种自然灾害的能力,政府仅在极个别时候采取一些救济措施,效果很差。不过在 1915 年政府却仿照英国的《伊丽莎白济贫法》制定颁布了《游民习艺所章程》,初步尝试用法律手段来规范一些济贫行为。[①] 国民政府曾于急赈、工赈之外设办商赈、农赈。农赈只是放贷的别名,最初本拟先就受灾省区设立农赈局办理农赈,更设农赈委员会监督襄助,在县设农赈办事处和农赈委员会,再由办事处就所辖各区设立农村互助社为农赈工作的基本团体。但以后战事紧张,国民政府就顾不上赈灾事务和赈灾机构,将所有实际业务委托中国华洋义赈救灾总会代办。灾区疫病防治方面,国民政府也组织了专门的机构(1931 年设立卫生防疫组等),颁布了各项条例(1924 年卫生部颁布《传染病预防条例》及其《实施细则》),开展了经常性的或临时性的防疫工作。国民政府还设立了粥厂、仓储等方面的设施。在兴修水利、治蝗等方面也有一定的举措。此外,国民政府时期还制定了不少救灾救济方面的法规,既有综合性的,也有具体规定,如《各地方救济院规则》(1928 年内政部公布)、《社会救济法》(1943 年国民政府公布)、《社会救济法实施细则》(1944 年行政院核准)、《救济院规程》(1944 年行政院公布)、《冬令救济实施办法》(1949 年内政部颁行)等,22 年间(1927—1949 年)共颁布社会救济主要法规达 24 部。[②] 民国时期的救济设施有较大发展,据 1937 年《申报年鉴》刊载,当时全国救贫机构共 834 所(包括官办、公办、私办),其中救贫 188 所,贷款 55 所,施医 399 所,丧葬 192 所。[③] 这些救济设施在一定程度上改善了救助工作,但由于当时经济普遍贫困,财力、物力匮乏,时处战乱年代,官府并不能重视,所以救济设施的发展远远不能满足实际的需要。抗战爆发后,政府在转移安置难民方面做了大量的工作,同时慈善救济事业也获得了较大的发展,一些非官办慈善团体积极开展救济事务,分担了一些社会救济的压力。其中地方华洋义赈会在工赈方面就卓有成效。期间各地华侨组织起救亡团体,为祖国抗战及难民救济作出了很大的贡献。他们广泛开展筹款工作,捐款捐物,支援抗日救国,同时也救济了不少的难民、伤民。

随着社会经济的发展,这一时期的社会救助工作已经产生了一些变化,古老的救荒和保息制度逐渐开始向现代社会救助法律制度转化,国家对贫民实

---

① 唐钧:《中国社会救助制度的变迁与评估》,http://www.social-policy.info/1009.htm,2003 年 9 月 12 日。

② 参见蔡勤禹著:《国家、社会与弱势群体:民国时期的社会救济(1927—1949)》,天津人民出版社 2003 年版,第 252~253 页。

③ 参见时正新主编:《中国社会救助体系研究》,中国社会科学出版社 2002 年版,第 36 页。

施救助的再分配经济关系逐渐纳入到法律制度规范调整的范畴，逐渐被经常化和固定化，并趋向权利化方向发展。其主要特点表现为：(1)由仁政思想到国家社会政策。仁政思想在我国古代有深厚的基础，实施仁政者，常以救世主的身份自居，将社会救济视为对百姓的一种施舍；现代社会政策则是在现代国家观的基础上，利用国家和社会力量解决社会问题，施救者与被助者之间是平等的关系，救助者的行为是一种职责行为，而非救世主的施舍。在我国将社会救助作为一项国家社会政策，最早为孙中山等革命党人所主张。孙中山在民生主义政纲中提出了具体的国家社会政策。1940 年 11 月国民政府成立社会部，内设救济司、福利司等，作为政府实施社会政策的主要机关。这些国家社会政策与古代的仁政相对而言进步很多。(2)由恩赐到国民权利。古代对鳏寡孤独贫困者实施救助，一般是以“赐”的形式给付。对君王而言并非其一定的责任，对百姓而言也并非一定的权利。近现代社会救助中恩赐的观念逐渐淡化，而逐渐代之以国民的权利赋予。1947 年 1 月国民政府公布的所谓“中华民国宪法”中规定：“人民之生存权、工作权及财产权，应予保障。”“权利”观念的提出，无异于中国社会救助史上的革命。之前尽管强调要实施仁政，要以民为本，但都不过是作为一种理念规劝、教化统治者而已，从未将社会救助视为一种国民应享有的权利。“权利”命题强化了贫弱不幸者的社会主人公地位。(3)社会救济由随意行为变为刚性行为。近现代的立法是一种公众行为，即根据民众的意志制定一定的行为规范，供大家共同遵守，对政府而言，行既定之责；对民众而言，享既定之权。立法及其实施都是刚性行为。近现代我国先后制定出的社会救助法规主要有 1869 年清政府颁布的《灾伤蠲赈办法》以及前述民国制定的共计 26 件之多。社会救助由诏书到法律的转变，就是由随意行为到刚性行为的转变，社会救助行为由此获得了相对稳定和规范的发展。尽管由于当时时局动荡，革命行动风起云涌，这些政纲、法规并没有得到很好的贯彻施行，但许多现代社会救助的观念已经影响了人们的行为选择。(4)社会救助的对象由灾民、鳏寡孤独残疾者发展到包括贫困者、失业者、难民等在内的多种对象。古代主要是赈济灾民和鳏寡孤独残疾不能自存之人，广大人民依附土地生存，自给自足，一般破产失业的现象很少发生。现代随着官僚资本和民族资本的发展，务工经商人员日益增多，破产失业现象也逐渐严重，军阀混战、抗日战争及内战不止，许多人们沦为战争难民，因此社会救助对象除了传统的以外，逐渐纳进了失业救济、难民救济、就业辅导等，社会救助对象与内容逐渐现代化了。

近现代我国社会救助制度的变化虽然有自身经济社会发展的客观因素，但西方文化及其相关制度的影响也是比较大的。如果任由中国传统社会救助制度自己发展，失去外引的作用，则这种转变的进程肯定要缓慢得多。

三、当代

新中国的成立使社会救助进入了一个新的历史发展阶段。建国 50 余年来，社会救助工作的任务、范围和工作重点，随着国家经济建设和政治形势的变化而变化，在不同的历史时期呈现出不同的特色。

(一)新中国成立初期大规模紧急救助阶段

新中国成立初期，由于帝国主义的掠夺、旧政府的腐朽统治以及长期的战争破坏，人民生活水平非常低下，社会上有大量的人遭受着贫困、饥饿、瘟疫和死亡的威胁。面对如此严峻的形势，党和政府开展了大规模的社会救济工作。1950 年 4 月政府召开了中国人民救济代表会议，讨论建立社会救济制度，采取何种救济方法等问题。会议确定的救济方针是：在政府领导下，以人民自救自助为基础开展人民大众的救济福利事业。会后成立了中国人民救济总会，宋庆龄为执行委员会主席，董必武、谢觉哉等为副主席。自此开始了当代中国社会救济工作的新局面。当时国家在财政十分困难的情况下，拨出了大量资金和物资，从实际出发，对不同类型的人施与不同的救济，在全国范围内动员各方面力量及时、高效地进行了大规模的紧急救助，反映了新政府对这种再分配经济关系较强的干预力度，对于巩固革命胜利成果、稳定社会秩序和树立政府形象发挥了重要作用。

(二)社会主义改造至“五五”计划时期建立和发展社会救济制度阶段

1953 年国家开始实施第一个“五年计划”，经济形势逐渐好转，社会救助也由大规模的紧急救助步入了正常化、制度化的轨道，新型社会救助制度模式得以基本确立。首先是确立了社会救济的方针和管理体制。1953 年第三次全国城市社会救济工作会议确定了“生产自救，群众互助，并辅之以政府的必要救济”的方针。1954 年以后城乡出现了互助组、合作社，集体的力量日益强大，社会救济的方针随之修改为“依靠集体，群众互助，生产自救，辅之以政府的必要救济”。根据这个指导方针，以及我国社会保障体系建设的基本思路，在社会救济的管理体制上确立了国家保障与单位(集体)保障相结合、以单位

（集体）保障为主、国家救助为辅的救济模式；同时将保障与就业挂钩，生老病死和各种福利救助主要由单位负责，国家只对少数没有单位或集体管理、无依无靠的社会人员负责。其次是在城市，社会救助对象除了无依无靠的孤老残幼外，还增添了一部分家庭人口多、劳动力少的困难户，年老体弱的小摊贩、人力三轮车工人、被取缔的封建迷信职业从业者、无经济来源、生活困难的刑事罪犯家属等。在社会救助标准方面，1953 年内务部制定了全国按城市规模确定的不同城市的救济标准，但在实施过程中暴露出简单机械地按城市大小划分救济标准的不合理性。1956 年内务部发布《关于调整城市困难户救济标准的通知》，不再统一规定救济标准，提出了城市困难户的救济标准应该以能够维持贫困居民基本生活为原则，各地民政部门结合具体情况，从解决困难户的实际需要和国家财力出发，划分不同类型，按类别调整救济标准。同时，各地为减少财政开支，改善贫民生活，还组织贫民参加各种形式的生产自救，如组织贫民参加挖土方、修筑马路等。这些人参加劳动后，收入增加，生活得到明显改善，也减少了不少需要救济的人数。在农村，1953 年内务部制定了《农村灾荒救济粮款发放使用办法》，把无劳动能力、无依无靠的孤老残幼定为一等救济户，规定“一等救济户按缺粮日期长短全部救济。以大米、小麦、小米为主食的地区，每人每日按十两计算；以玉米、高粱为主食的地区，每人每日按十二两计算”。[①] 农业集体化的实施为解决贫困户的生活困难提供了新的选择，各地普遍实行国家救济与集体补助相结合的救助办法。农业生产合作社实行土地统一经营，劳动力统一调配，为贫困户从事生产和改善生活创造了良好条件。贫困户参加集体经济组织，绝大多数人口粮和基本生活有了保障，少数生活仍有困难的，集体组织可以用公益金给予适当补助，集体无能为力时，国家再给予适当救济。

这一时期农村救济制度最大的突破是创立了“五保制度”。1956 年 6 月一届人大三次会议通过的《高级农业生产合作社示范章程》规定：“农业生产合作社对于缺乏劳动能力或者完全丧失劳动能力，生活没有依靠的老、弱、孤、寡、残疾的社员，在生产上和生活上给予适当的安排和照顾，保证他们的吃、穿和柴火供应，保证年幼的受到教育和年老的死后安葬，使他们生养死葬都有依靠。”这个文件规定了对生活没有依靠的老弱孤寡残疾社员给予保吃、保穿、保燃料、年幼的保证受到教育和年老的保证死后安葬，人们将之简称为“五保”制

① 这里的“两”，是旧衡器制，10 两约合 312 克，12 两约合 375 克。

度，享受“五保”的农户简称为“五保户”。自此“五保”制度便成为国家在农村的一项重要社会政策和保障制度得到迅速发展。据1958年统计，当时全国农村享受“五保”待遇的有413万户，519万人。为了解决一些老年人无人照料问题，一些地方开始试办敬老院。1958年12月党的八届六中全会通过的《关于人民公社若干问题的决议》指出，“要办好敬老院，为那些无子女依靠的老年人（‘五保户’）提供一个较好的生活场所”，敬老院在全国日益普及起来，据1958年的统计，当年全国敬老院达15万多所，收养了300多万老人。

（三）三年自然灾害和国民经济调整时期加强救济工作阶段

1958年后由于经济建设指导思想失误，加上遭受三年严重自然灾害，导致国民经济发生很大困难，人民生活水平急剧下降，城乡社会救济制度也相应地有些变化。在城市，各地需要社会救济的人数大量增加。这一时期城市社会救济最大的特点是国家开展了对精简退职职工的救济工作。国务院先后下发了《精简职工安置办法的若干规定》（1962年）、《关于精简退职的老职工生活困难救济问题的通知》（1965年）、《国务院批转内务部关于当前城市社会救济工作的报告》（1965年）等文件，各地民政部门对1961年1月1日到1965年6月9日期间精简退职的1957年底前参加工作的国营、公私合营、事业单位和国家机关、人民团体、民主党派、军事系统而无军籍的职工，并领过一次性退职补助金，全部或者大部分丧失劳动能力，或者长期患病影响劳动较大的，家庭生活无依无靠的职工，办理了原标准工资40%的救济，并给报销本人医疗费的2/3。对不符合享受40%救济而生活确实困难的，尽可能安排他们参加生产自救，生活仍有困难的，给予定期或临时社会救济，使他们生活水平不低于当地一般居民。据资料显示，截至1965年底，全国有4.66万人享受了原标准工资40%的救济。在农村，“大跃进”时期刮起了“共产风”，错误地认为中国农村已经消灭贫困，停发了社会救济款，取消了社会救济工作。许多地方大办集体食堂，吃饭不要钱、不记账，实行所谓“按需分配”，否定“按劳分配”的原则。之后又遭受连年自然灾害，造成农业减产严重，农村贫困户大量增加。此外许多地方一哄而起办的敬老院，由于条件差，被迫解散了许多，到1962年统计仅存3万所，在院老人仅有55万人。内务部在1963年通过的《认真贯彻执行农村人民公社条例，进一步做好农村社会救济工作》的文件中强调，要正确认识做好贫困户补助工作的意义，要求社队从总收入中提取一定数量的公益金，保证贫困户补助的需要；在口粮分配上，对贫困户要给予照顾，保证贫民的基本生活。从1960年到1963年4年间,国家共发放农村社会救济款4.8亿元,超过1950年到1959年10年救济款的总和。

(四)"文化大革命"时期社会救济工作的停顿阶段

1966年开始的十年"文化大革命"期间,社会救济被当作修正主义遭到批判,把帮助贫困户发展副业生产当作资本主义"尾巴"割掉,把用公益金补助贫困户当作"剥削"进行谴责。内务部机构也被撤销,工作人员被解散,社会救济工作无法正常开展,除了按原有的救济名册发放救济金外,其他工作基本处于停顿状态。有的地方甚至停发了救济款,致使一大批符合救济条件的困难户得不到及时救济。

(五)改革开放至1993年,社会救济工作恢复和发展阶段

"文化大革命"结束以后,我国社会主义现代化建设事业进入了一个崭新的历史发展时期,城乡社会救济工作迅速得到了恢复和发展,主要表现为如下几个方面:一是调整了社会救济标准。随着国家经济社会的发展和价格体系的改革,六七十年代的救济标准已经与实际情况不相适应。各地根据当地财政状况和人民生活水平的实际,先后对社会救济标准进行了相应的调整。从全国来看,1979年支出城市社会定期救济费1785万元,享受定期救济的有24万人,平均每人每年75元;1992年支出城市社会定期救济费8740万元,享受定期救济的有37.6万人,平均每人每年232元。二是做好60年代初精简退职职工生活困难的救济工作。"文革"使一大批该救济的精简退职职工未能享受救济,"文革"之后这部分人积极要求救济。1982年国家要求各地做好40%救济的补办工作,对不符合40%救济条件而生活确有困难的给予社会救济,并明确补办救济的经费由中央财政专款解决,属于社会救济的经费由地方财政解决。三是恢复开展了对特定人员的救济或补助工作。城乡特殊救济是根据中共中央、国务院及有关部门文件规定,对特定人员进行救济或补助,保障其生活的一项措施,是社会救济的组成部分。这些人范围很广,对象众多,主要包括原国民党起义、投诚人员,宽大释放的原国民党党政军特人员,生活困难的摘掉右派帽子人员,受迫害和错划成分人员,台胞、台属,生活困难的散居归国华侨、老侨、侨生,下乡知识青年因工致残人员,生活无着、丧失劳动能力的大学毕业生,麻风病人,生活困难的刑事罪犯家属等十几种。对这些人员进行社会救济巩固了安定团结的政治局面,社会效果较好。四是农村的社会救

济制度改革得到推进。农村实行联产承包责任制、人民公社体制解体后，农村社会救济出现了许多新问题。一方面实行了家庭联产承包责任制，放宽了各项经济政策，允许农民从事农工商多种经营，调动了农民的积极性，促使许多农民群众逐步摆脱了贫困，减少了救济工作的开支；另一方面集体经济实力相对减弱，有的集体已无力再对贫困户进行补助。农村社会救济制度相应进行了探索和改革，其中重要的一项制度安排就是实行救济与扶贫相结合。扶持农村贫困户制度模式是在农村社会救济和救灾工作的基础上发展而来的，是新时期我国解决贫穷问题的一个制度创新，是一种积极的社会救济制度设计。各级民政部门对有一定劳动能力和生产条件的贫困户，积极从资金、物资、技术等方面扶持他们发展多种经营，兴办扶贫经济实体，吸收有劳动能力的贫困户和残疾人就业，增加收入，脱贫致富。从 1979 年到上世纪 90 年代中期，全国农村有 2000 余万贫困户通过扶贫先后摆脱贫困。同时，对老弱病残和不具备扶持条件的贫困户，由民政部门继续给予救济，尤其是在农村推广了定期定量救济的办法。改革开放前国家对农村贫困户是以临时救济为主，这种方法使贫困户的生活得不到全面保障，还容易产生救济款贪污挪用、优亲厚友等现象。这一时期社会救济制度得到了完善和优化，除了每年有2000～3000 万人次得到临时救济外，到 1992 年年底全国城乡有 86 万多贫困户和孤老残幼享受定期定量救济，有 54 多万精简退职职工享受原工资 40%的救济和定期定量救济，有 220 万“五保”老人得到集体供养。

（六）1993 年至今改革社会救济制度，建立城乡居民最低生活保障制度阶段

1992 年随着经济体制改革的深入和市场经济体制的建立，在经济结构调整和建立现代企业制度的过程中，出现了一批失业、下岗人员和困难企业职工，他们收入水平降低，生活困难。原有的社会救济制度救济范围比较窄，救济对象有限，因物价上涨、人民生活水平提高、救济标准长期不变及偏低的状况，也难以维持贫困居民的基本生活。上海市于 1993 年率先进行了社会救济制度创新，对城市救济对象逐步实行按最低生活保障标准进行救济，取得较好的社会效果。1997 年国务院发出《关于在全国建立城市居民最低生活保障制度的通知》，决定在全国建立城市居民最低生活保障制度。1999 年国务院正式颁布实施了《城市居民最低生活保障条例》，对保障对象、保障标准、资金来源和申请程序作了明确的规定。2001 年 11 月国务院办公厅下发《关于加强城市居民最低生活保障工作的通知》，要求贯彻属地管理原则，加大财政投入

力度，认真抓好城市居民最低生活保障工作。2002年7月实现了“应保尽保”目标，“这标志着我国社会救助史从此翻开了新的一页，进入了新的里程”。[①]截至2002年底共有2064.7万城镇居民、819万户低保家庭得到了最低生活保障。其中在职人员186.8万人，下岗人员554.5万人，退休人员90.1万人，失业人员358.3万人，上述人员家属783.1万人，“三无”人员91.9万人，有效地保证了最低收入标准以下群众的基本生活，维护了社会稳定。2002年全年共用低保资金108.7亿元，其中中央财政投入46亿元。当年全国城镇最低生活保障月人均保障水平52元。[②] 同时农村最低生活保障制度建设也得到推进。随着农村经济体制改革的不断深入和市场经济体制的建立，农村经济有了较快发展，农民生活水平显著提高。但由于发展不平衡，农村的贫困问题仍然存在，并将在较长一段时期内存在，农村的社会救助工作仍然需要加强，制度架构也需要与时俱进地完善和变革。1992年山西省在左云县率先开展了建立农村最低生活保障的试点工作。1994年上海市在3个区进行了农村最低生活保障的试点工作。当年全国第十次民政工作会议确定了“在农村初步建立起与经济发展水平相适应的层次不同、标准有别的社会保障制度”的发展目标。1996年民政部印发了《关于加快农村社会保障体系建设的意见》，并制定了农村社会保障制度建设指导方案，把建立农村最低生活保障制度作为农村社会保障体系建设的重点，以点带面，逐步实施，使建立农村最低生活保障制度工作在全国开展起来。农村最低生活保障制度扩大了保障覆盖面，除“五保户”、特困户全部纳入保障范围以外，一些生活困难、家庭人均收入低于当地保障标准的群众的基本生活也得到保障。在实施农村最低生活保障制度以前，国家每年定期救济的农村贫困户有140多万人；之后，保障人数大大增加了。到2001年年底全国已有27个省市自治区的2037个县市区建立了农村最低生活保障制度，已保对象344万人，占农业人口的0.4%，支出保障资金9.1亿元。城乡居民最低生活保障制度的建立是对我国传统社会救济制度的改革和完善，是解决贫困人口生活问题的重要制度设计和制度保证，是我国社会保障体系中的最后一道“安全网”。在建立城乡居民最低生活保障制度的同

① 《社会救助史上的里程碑：祝贺我国城市居民最低生活保障实现应保尽保》，http://www.mca.gov.cn/news/dibao/xinwen2002072201.html，2003年8月26日。

② 参见民政部：《2002年民政事业发展统计报告》，http://www.mca.gov.cn/news/news2003050904.html，2003年8月26日。

时，原有的社会救济工作继续得到巩固和完善。截止到2001年年底，国家定期定量救济贫困人口62.3万人，人均救济支出302元；临时救济贫困人口1667.6万人次；救济60年代精简退职老职工49.7万人。农村集体组织筹集生活困难补助资金2.9亿元。农村“五保户”制度得到较好落实，集体供给的“五保户”有208.1万人，集体提供保障金20.5亿元。

当代我国社会救助法律制度发展的主要特点和成就表现为：一是建立起了系统的社会救助管理工作机构，健全了相关职能。社会救助机构包括常设专职机构、临时应急机构以及社会团体等。常设专职机构主要是民政部门的社会救助行政机构，先后称为救济福利司、农村救济司、救灾救济司等，各地也建立了相应的社会救助机构。临时应急机构主要成立于大灾之时，如抗洪抢险指挥部等，是实施紧急救助的主要机构。社会团体如中国慈善总会、中国红十字会等都是从事社会救助的积极力量。二是提供了稳定可靠的经费来源，中央和地方分级负担、分级管理。社会救助的经费主要来自国家财政，长期以来每年保持在三四十亿元，2001年达到100多亿元（其中城乡最低生活保障资金60多亿元，救灾经费40亿元）。此外还有住房、医疗、教育等方面的救助资金。这些资金根据财权与事权相统一的原则由中央与地方分担。同时社会统筹也是社会救助资金的重要来源，农村“五保户”和贫困户救助经费主要依靠统筹资金支付。社会团体也筹集部分资金，有效地缓解救助经费的不足。三是社会救助服务设施建设具有相当规模。截至2001年年底各类收养性社会福利机构已经发展到39338家，服务人员有20万人，床位数达124.6万张，收养人数有89.3万人，年财政投入26.6亿元。建立了779个收容遣送站，[①] 127所专门为流浪儿童提供紧急庇护的救助保护中心。此外还有许多光荣院、革命伤残军人休养院、复退军人精神病院等扶助康复机构。近年来社区和民办社会福利救助事业迅速发展，小型的利民服务设施增加很多。四是救助方式多样、方法灵活。根据社会救助的不同区域范围，我国社会救助一般分为城镇社会救助和农村社会救助；根据社会救济的不同方式，可以分为紧急救助、临时救助和定期定量救助；根据社会救助的不同支付手段，可以

① 由于《城市生活无着的流浪乞讨人员救助管理办法》及其《实施细则》于2003年8月1日正式实施，之前的7月24日，民政部下发通知，要求将“收容遣送站”更名为“救助管理站”，前面冠上所在行政区划地名。《民政部通知要求：将收容遣送站更名为救助管理站》，http://www.mca.gov.cn/news/news2003072404.html，2003年8月26日。

分为口粮救助、衣被救助、现金救助、疾病救助、房屋救助、以工代赈以及其他实物救助；根据社会救济业务的性质，可以分为贫困救济、自然灾害救济、特殊对象救济。从而从不同角度，采用不同方式解决贫困对象的各种困难。五是群众性救助活动蓬勃开展。建国后，各地积极倡导、发动和组织群众义务为社会孤老送粮、送煤、送菜，帮助孤老洗衣被、做饭、打扫卫生等，解决他们的实际生活困难。近年来经常性社会捐赠制度基本建立，使社会互助工作在社会救助中的作用更加突出。1998 年特大水灾，全国开展了建国以来最大规模的救灾捐赠活动，募集 72 亿多元款物，对救灾工作发挥了积极作用。社会捐助活动领域不断拓宽，有效地帮助了灾民和贫困群众解决生活困难。

四、中国社会救助法律制度历史变迁的总结

中国社会救助法律制度的出现经历了几千年的历史演进，至今还处于演进的历程之中。这是由中国的具体国情决定的。从上述对中国社会救助法律制度历史变迁的考察来看，总体上呈现出如下一些特征：

1. 社会救助的物质再分配经济关系也主要是在国家干预下才逐渐形成并渐序定型的。中国的社会救助史很大部分就是救荒史。到了近现代时西学东渐，西洋的法律、权利等所谓“德先生（democracy，民主）”和“赛先生（science，科学）”概念才输入中国，西方意义上的社会救助法律制度也才逐渐为国人所接受和认同，并被缓慢地引入中国社会生活中，因此这种国家干预的物质再分配经济关系才逐渐被纳入法律制度的规制之下，获得了自己的合法性价值和存在，并得到不断的发展和完善。离开了国家的干预，这种物质再分配经济关系将无法得到稳定的保障和维持，无法在历史的发展中连续存在。中国封建社会绵延 2000 余年，国家力量的强大（相对于西方社会参照系下的市民社会生成范式）是众所共识的。因此，“国家的积极介入是中国古代济贫实践的一个显著特点”，“从时间上看，中国历史上的国家介入济贫发端于汉朝，比英国的伊丽莎白济贫立法要早 1000 多年”。[①] 民间机构的社会救助以及民间的社会互助也由自发状态逐渐被纳入国家适度规制的范畴。

① 唐钧：《中国社会救助制度的变迁与评估》，http://www.social-policy.info/1009.htm，2003 年 9 月 12 日。

2. 社会救助法律制度对物质再分配经济关系进行有效调整和安排的功能逐渐得到国民认同。社会救助法律制度关注的是社会贫困阶层的基本生活保障，社会贫困阶层需求的适度满足需要通过社会救助法律制度对这种物质再分配经济关系的调整和安排得到实现。中国社会救助法律制度也经历了由统治者“仁政”到国民“权利”的历史演进，社会救助法律制度本质的功能得以逐渐凸显。

3. 社会救助制度逐渐受到重视。古代中国的社会救助主要是救灾救荒；近现代中国战争频仍，灾民、难民救助受到当局的重视；当代中国由于特定的政治、经济制度，社会救助法律制度在上世纪 90 年代国家实行社会主义市场经济体制改革以后，得到了较大程度的重视。市场机制的建立给传统的社会救助法律制度造成了巨大冲击。市场本身是一种效率取向的经济机制，它能够在总量上增加社会财富，但同时也导致贫富差距的出现。市场本身并不关注局部的、个体贫困问题的解决，只有依靠国家来对在市场机制中不能获利甚至受损的群体进行补救。由于中国的国情，以社会保险法律制度为中心建立社会保障制度的设计实施得并不顺利，大量的人口并不能进入社会保险制度的保护，而且在较长的一段时期，这种状况将一直存在。因此，改革和架构新的社会救助法律制度，对相应的社会分配经济关系进行规制和调整，以有效地救助处于长期或临时贫困的个人，就成为决策者的共同选择，社会救助法律制度的重要性得以日益凸显。

4. 社会救助既包括一般对象，也包括特殊对象。古代、近现代以及新中国建立以后的较长一段时期关注的主要是灾民救助，即对特殊救助对象的救助；上世纪 90 年代中期以后，最低生活保障制度的设计和安排才使得对家庭人均收入水平低于贫困线标准的贫困人口进行救助成为社会救助的重点，即对一般救助对象的救助才成为社会救助的常态。随着社会经济的发展，一般救助的内容也日益丰富，扩展及住房救助、医疗救助、教育救助、法律援助等方面。随着中国体制尤其是经济体制的转轨，社会救助法律制度的发展及其整体框架的构建也逐渐与西方的制度模式趋近。社会救助对象享受救助权利，一般无须尽相应义务。在救助方式上，以现金给付为主，实物给付和提供服务为辅；既有分散救助，也有集中供养救助。

5. 生活救助是社会救助的最重要内容。社会救助的目的首先是保证被救助人的基本生存，因此生活救助是我国社会救助内容中最重要的部分。由于我国经济发展水平并不高，尤其是人均国民收入在世界上的排名还比较靠后，因此通过社会救助法律制度安排的社会物质再分配程度只能维持在较低水平，国家干预的程度也只能维持在较小范围内。保证被救助人的基本生活需求就是现实的制度选择模式。其他形式的救助，如住房救助、医疗救助等只能量力而行。同时由于我国人口众多的事实，因此对贫困家庭的社会救助还附着了许多其他相关政策要求，如计划生育政策等。在具体的相关实务操作和制度细则制定中，都还有许多更为细致的政策制度区分，与西方主要国家表现出明显的不同，个中尚有不少需要认真区分和研究的空间。

6. 最低生活保障标准（贫困线标准）以及“家计调查”制度是在我国最低生活保障制度建立后才出现的。之前的社会救济制度中没有这样的制度设计和安排。由于传统的社会救济制度覆盖的救济对象是相对确定的，这些对象的贫困生活状况是显而易见的，因此，缺乏这样的制度设计。贫困线标准以及家计调查制度是作为新型社会救助制度的本质特点被引入我国的。另外如急难救助、灾害救助等则不需要贫困线标准，因为这种状况表现出来的需要救助状态也是显而易见的。现行的贫困线标准总体上是较低的，其具体数额也是动态的。① 我国制度制定和实施的出发点是“低水平，广覆盖”，首先着眼的是一种政策考量，是维护社会稳定的政治立场视角，当然更受制于我国的具体国情条件。

7. 国民社会救助利益的享有呈现由恩惠到权利的历史变迁。国民的权利观念是在西学东渐的氛围下逐渐生成的。我国古代的社会救助纯粹是作为统治者的一种恩赐形式出现的，即所谓的“仁政”，并不存在赋予统治者以一种义务的制度安排或是观念认同。儒家的“民本”、“仁政”、“大同”思想对中国的济贫制度影响很深。国民的贫困主要通过亲戚朋友等民间方式求得缓解或解决，统治者的施舍也不具有稳定的预期。西方现代文明渗入中国社会，并经过辛亥革命的冲击，权利等西方文明的词汇才进入国人的视野，并逐渐地得到接受，从而催生现代政府责任的转变，社会救助逐渐成为政府的一项义务，国民被赋予了申请、接受社会救助的权利。现代民主、权利等概念的日渐深入民众

① 据资料显示，2003 年上半年全国共有城市居民最低生活保障对象 21826516 人，1～6 月累计支出低保资金 710357.1 万元，低保对象每月人均领取的救助金额为 55 元。其中人均月救助金额最高的县（区、市、旗）是北京丰台区（258 元），最低的县是河北宁晋县（4 元）。参见《民政部通报 2003 年上半年全国城市低保月人均发放救助金情况》，http://www.mca.gov.cn/news/news2003072403.html，2003 年 8 月 26 日。

心理，相关法律制度的出现和规制，使得这种权利义务的行使和履行得以稳定和持续。民众和政府之间的关系在现代文明的洗礼下不断得到改善，民众的权利获得了越来越多的保障，政府也更为积极地提供着相关的保障。民众权利的索取和张扬得到政府义务的积极供给和回应。新型的市民与国家关系正在逐渐生成。

8. 社会救助方式由消极被动到积极主动模式选择的历史变迁。中国上世纪 80 年代中期的开发式扶贫就是一次伟大的模式变迁。以往的社会救助一直囿于消极被动地应付，仅将贫困者的需要维持在不发生骚乱的水平上，并不更进一步全面、系统、主动地解决贫困者的问题。而积极主动救助模式的选择和实施，则使对贫困居民进行的物质再分配关系能够稳定并较好地持续下去，能够从根本上解决贫困居民的生活贫困问题。这是政府积极干预这种社会分配关系的重要制度选择，说明政府将克服贫困作为自己的一项任务和责任，视贫困的真正克服为政府的一项工作目标。这种模式选择表现在由灾后救助到灾前预防、由消极救济到积极培训受救助者、小额贷款、职业培训等方面。

9. 社会救助由完全无偿向负担一定义务转变。由于经济人的自私本性，接受社会救助的权利也有可能被滥用。古代灾民或贫民接受官府救济完全无偿，因为政府的社会救济并不是一种制度化安排，实施面也较小，次数也少，相对容易监督。何况那时的社会救济是作为一种恩赐形式出现的，不需要受救助者承担什么义务负担。现代社会救助是作为政府的一项义务来进行制度化实施的，政府不是一人一家的政府，而是民众的政府，其再分配的物质财富是全体国民的财富，国家需要保证这笔财富的充分、有效的使用，需要对全体国民负责。因此需要使受救助者承受一定的义务负担，增加其“机会成本”，使其权衡是一直接受社会救助，还是去独立依靠劳动提高自己的生活水平。参加社区劳动、参与一些公益事业活动等成为受救助人承担义务的一些形式。这能够在一定程度上发挥和提高有限社会救助资源的价值。

10. 民间力量在社会救助中的地位不断提升。中国的发展道路与西方存在较大的差异。中国由于经历了漫长的封建制度浸洗，社会中缺乏一种可以与政府抗衡的势力，政府的行为缺乏有效的监督和有力的制衡。因此中国的社会救助在民间一直缺乏一个真正的组织机构。民国时期才出现了华洋义赈会这样的民间组织。当代中国的中华慈善总会、中国红十字会等可以提供社会救助的民间机构在改革开放后得到了恢复和建设，民间社会救助力量才可以被有效地整合和利用。[①] 随着中国现代文明进程的加快，市民社会力量逐渐壮大，民间力量在社会救助制度安排中的地位也不断上升，政府对民间力量在实施社会救助中的作用也愈发重视。

11. 社会救助法律制度呈现城乡二元分制模式。这一特征在新中国表现得尤为突出。之前的中国社会，应该说并没有明显的社会救助法律制度设计与实施的城乡分野。新中国的政治、经济结构导致形成了城乡二元的社会治理模式，各种制度设计便都在如此的路径依赖基础上展开，社会救助法律制度设计也是这样。这种状况是由历史的、客观的条件促成的，短期内无法得到改善和扭转。城乡、工农的差别在传统体制架构下是相当巨大的，唯其如此，"三农"问题在我国才会显得如此迫切和令人关注。最低生活保障制度的探索、设计和推广，首先是在中国广大城镇居民中展开的，然后在有条件的地区逐渐推广到了农村。随着这一制度的推广和完善，以及相关措施的制度化，最终形成的社会救助法律制度应该是城乡统一的制度规范。在某种意义上，城镇的社会救助法律制度相对完善，其相关的财富再分配程度就较高；农村的社会救助法律制度相对不完善，其相关的财富再分配程度就较低。再分配程度的高低反映出国家干预力度在城乡间的强弱区别。

这一节对中国社会救助法律制度的历史变迁进行了考察，并归纳出了中国相关制度演变的基本特征。与外国(地区)社会救助法律制度相比，二者之间有共性特征，也存在各自的个性特征。下一节将对中外社会救助法律制度从历史

---

① 据资料显示，从上世纪 80 年代中期，一批新兴的 NGO(非政府组织)开始从事扶贫活动。90 年代中期以后，在"八·七扶贫攻坚计划"的推动下，国内外各种类型的 NGO 进入扶贫领域，在资源动员、模式创新、扶贫到户、提高效率等方面创造了很多好的典型，如"希望工程"、"救灾扶贫"、"幸福工程"、"母婴平安 120 行动"、"贫困农户自立工程"、"春蕾计划"、"小额信贷扶贫项目"、"劳务输出扶贫项目"等等。据不完全统计，国际国内的 NGO 和其他社会力量动员的扶贫资源在 90 年代"八·七扶贫攻坚计划"期间超过 500 亿元人民币，占整个社会扶贫总投入的 28%。从国际经验尤其是发展中国家的经验来看，作为一种不同于市场和政府的"第三种力量"，NGO 在反贫困斗争中具有不可替代的作用。实践证明，NGO 能够动员政府无法动员的本土资源和海外资源；NGO 能够通过竞争、创新、示范来促进扶贫资源使用效率的提高；NGO 能够对多样化的、快速变化的社会需求作出反应；NGO 还是扶贫制度创新的重要力量。中国政府已在 21 世纪《2001—2010 年扶贫纲要》中明确提出要引入 NGO 参与执行扶贫项目，为 NGO 深入参与扶贫提供了更为广阔的公益市场空间和政策前瞻。参见《中国 NGO 反贫困北京宣言》(NGO Beijing Declaration against Poverty)，http://www.china.com.cn/Chinese/pinkun/73277.htm，2003 年 10 月 31 日。

变迁视角进行一下比较,以提炼出二者在历史变迁进程中共同的质的规定性及其相异方面的分野,从而为后文的理论阐析提供相对充分的事实素材。

第4节　中外社会救助法律制度历史变迁视角之比较

中外社会救助法律制度都是在各自具体国情条件的制约下,适当参照了相关国家的制度模式进行设计和实施的。由于促成制度生成的条件因素等变量的差别,导致最终的社会救助法律制度框架与实施模式也存在差异。孟德斯鸠认为:"法律应该和国家的自然状态有关系;和寒、热、温的气候有关系;和土地的质量、形式与面积有关系;和农、猎、牧各种人民的生活方式有关系。法律应该和政制所能容忍的自由程度有关系;和居民的宗教、性癖、财富、人口、贸易、风俗、习惯相适应。最后,法律和法律之间也有关系,法律和它们的渊源,和立法者的目的,以及和作为法律建立的基础的事物的秩序也有关系。应该从所有这些观点去考察法律。"因此,"为某一国人民而制定的法律,应该是非常适合于该国的人民的;所以如果一个国家的法律竟能适合于另外一个国家的话,那只是非常凑巧的事"。[①] 同时,人类的语言又是互通的,不同语言之间存在互相沟通的机会和可能,正因为对一个事物的表达和描述有其共性的方面。社会救助法律制度在各国历史变迁的区别和联系,虽然附着了各国政治、经济、文化等方面内容的影响,但既然作为一种文明社会共同的制度选择和安排,总还是存在着一些共同的质的规定性,才使得这一法律制度呈现出既互相区别又互相联系的特征。从这一视角出发,中外社会救助法律制度在历史演进中的共性与个性具体表现为如下方面:

一、相近之处

(一)社会救助法律制度的供给都体现出规制国家适度干预相关再分配经济关系的制度需求

对需要社会救助的人进行救助,市场不会提供这样的公共服务,只能依靠

① [法]孟德斯鸠著,张雁深译:《论法的精神》(上),商务印书馆 1961 年版,第 7、6 页。

国家通过适度干预社会物质财富的分配才能够得以实现。“某些制度创新纯粹是为了对现存收入进行再分配而发起的，由于这种创新是一个资源消耗过程，除了某些个人可能遭到损失外，整个社会也可能遭受损失，因而，这样的创新不可能是一个自愿的过程，它一般是由政府强制推行的。”[①]“国家之手”的积极行动，才能有效满足贫困者社会救助的需求。社会救助法律制度所反映出的都是这样一种国家干预相关社会再分配经济关系时所依赖的法律规范。

(二)社会救助法律制度是对国民收入再分配经济关系进行调整和规制的法律制度

对国民收入初次分配经济关系的调整不属于社会救助法律制度的范畴。社会救助所运用的资金都是国家消费性资金中的一部分，是通过国家再分配的手段到达贫困者手中的。社会救助法律制度就是对在这样的资金流转过程中产生的经济关系进行相应规制的。

(三)社会救助法律制度普遍受到各国的重视

虽然具体法律制度内容存在不少差别，但各国法律制度体系中普遍存在社会救助法律制度的内容。“它在讲英语的国家里作用最为重要，这些国家主张社会保护更少地依赖于社会保险。”[②]由于各国普遍存在程度不同的贫困问题，无论是在各国的历史上，还是现当代社会，社会救助作为一种最低层次和最古老的生活保障措施，各国都不同形式地开展有这项工作。“很多国家的现代社会保障制度暂时可以没有社会保险或者社会福利，但不能没有社会救助。”[③]特别是近现代以来，社会救助更被纳入各国现代社会保障体系之中，逐步形成了规范的制度。“公共救助法和其他社会立法的完成，表明民主国家坚

---

① 林毅夫:《关于制度变迁的经济学理论:诱致性变迁与强制性变迁》，载[美]R·科斯等著，刘守英等译:《财产权利与制度变迁:产权学派与新制度学派译文集》，上海三联书店、上海人民出版社 1994 年版，第 407 页，注 26。

② 国际劳工局编，中国劳动和社会保障部国际劳工与信息研究所译:《2000 年世界劳动报告——变化世界中的收入保障和社会保护》，中国劳动社会保障出版社 2001 年版，第 138 页。

③ 多吉才让著:《中国最低生活保障制度研究与实践》，人民出版社 2001 年版，第 31 页。

信自己对人类福利有极强的责任感。”①中国也正尽快地完善相关社会救助法律制度,最终出台城乡统一的《社会救助法》将会是不远的事情。

(四)社会救助既有一般对象,也有特殊对象

一般对象主要指因为收入水平低而导致生活艰难的贫困者,特殊对象主要指因为不可预期事件而导致生活困顿的贫困者。由于一般对象与特殊对象的区分,国家实施社会救助的制度设计便有所不同。对一般对象的救助制度设计主要存在贫困线制度和家计调查制度安排,对特殊对象的救助制度设计则不存在类似的专门制度安排,因为后者的贫困状况都是显而易见和急需救助的。

(五)民众接受社会救助普遍经历了由恩惠到权利的发展进程

中外统治阶级在对民众实施社会救助的态度上经历了一个与民众持续博弈的变化,民众社会救助权利的获得是与统治阶级努力斗争的结果。民众权利时代到来之前,统治者是以恩惠的态度来对民众实施必要的社会救助的,显示的是统治者同情和怜悯的立场。民众经历了资产阶级革命的洗礼之后权利意识觉醒,民主、科学观念流播,现代公民时代得以造就,现代政府模式得以型塑。社会契约论思想改造了民众的观念和认识,民众和政府之间成为一种权利义务关系,社会救助作为民众的一项权利得以确立和维护。②

(六)社会救助方式由消极被动到积极主动模式选择的历史变迁

这是与统治者对待贫困者态度和立场的变化紧密相关的一个共同表现。消极被动救助模式仅是统治者迫不得已采取的一种对策行动,是一种治标不治本的救助模式,其社会绩效维持在不危及统治者的政权为边界;积极主动救助模式则是统治者为消除贫困、造福国民而采取的一种对策行动,

① [美]夏洛特·托尔著,郗庆华、王慧荣译:《社会救助学》,生活·读书·新知三联书店1992年版,第3页。

② “由于它们是权利而不是恩赐品,所以人们可以无偿地接受它们,而不必感到似乎是占了别人的便宜。”[美]A·奥肯著,王奔洲译:《平等与效率:重大的抉择》,华夏出版社1999年版,第15页。

是为民众谋福利的一种治本救助模式，其社会绩效定位于最大限度地克服贫困为边界，在某种意义上可以认为是以最终使社会救助局限于极小范围的人群为目标，而将社会救助行为和制度模式最终提升为社会福利行为和制度模式。

（七）社会救助由完全无偿向负担一定义务转变

在社会救助是一种统治者恩惠的时代，贫困者接受社会救助不需要承担什么义务，因为统治者的这种施舍是偶尔为之，其目的在于展现统治者的怜悯和同情，他们需要的是被救助者的感恩而已。接受救助者并没有被赋予相应的申请和索取的权利，给与不给社会救助完全是统治者单方面的意思表示。在社会救助成为一种民众权利的时代，国家需要面对民众权利的行使和诉求，社会救助工作成为一项常规性任务，所需要的物质财富数量也不断攀升。权利不受限制也会导致滥用。为保障总是相对有限的救助资源得到有效的利用，维护社会正常的生产生活秩序，对权利人赋以必要的义务负担成为一种理性选择。

（八）民间力量在社会救助中的作用普遍得到重视

作为不同于政府和市场的“第三种力量”，民间力量在社会救助这种物质再分配经济关系中能够发挥出独特的作用。其非营利性、充分自愿性等特点，使其在某种程度上能够成为政府进行社会救助的有益补充。其有效动员的救助资源及其运用和管理救助资源的能力往往能够成为一种模式示范，为社会救助事业提供巨大的支持。作为一种公益组织和公益事业，它们的带动效应是多方面的和系统化的，在其开展的社会救助活动中能够营造出一种良性互动的氛围。因此各国对民间力量参与社会救助事业都愈益持一种鼓励、支持的立场。

二、差异之处

（一）城乡分制模式选择不同

外国的社会救助法律制度设计一般都是统一的法律制度范式，不对城乡居民规定不同的待遇。即使民国时期和现在的台湾地区，也并不存在城乡分制的社会救助法律制度分野。当代中国的城乡分制模式却是共性选择。在某种意义上这是一种对农民的歧视待遇。更进一步的理解就是社会救助物质再分配实施的是一种城镇偏向模式,农村居民享受到的这种社会救助物质再分配的程度则相对比较小。这是由社会救助法律制度设计不统一造成的制度后果。现代文明呼唤无歧视的"国民待遇",无论是国际上,还是国内。

（二）社会救助内容侧重点有所不同

中国经历了漫长的封建社会体制,其社会救助的内容一般侧重于灾荒救助,即所谓的"特殊对象"救助;对一般对象生活救助的较大规模的展开,仅是近十余年间的事情。民国时期的《社会救济法》反映的还是对特殊对象的社会救济,直到台湾地区《社会救助法》中对一般贫困对象的生活扶助才成为社会救助的重点。外国社会救助的内容一般则侧重于生活救助,在发达国家更是如此,其社会救助的内容相当丰富,尤其是由于人口政策的大相径庭,它们对家庭补助、儿童补助、失业补助等一般生活救助十分重视。贫困线制度和家计调查制度在西方国家应用得十分广泛。以本文的视角分析之,以特殊救助为侧重点的社会救助制度,其社会再分配的强度就较小,在全社会影响的范围就较为有限,制度范式相对不持续;以一般救助为侧重点的社会救助制度,其社会再分配的强度就较大,在全社会影响的范围就较为普遍,制度范式相对更为持续。

（三）社会救助法制化程度不同

中国古代的济贫实践在传统上较为注重运用政府行政手段,没有采用立法手段。清朝末期引进西方法律概念,民国时期社会救助法律制度才有所制定和增加。当代中国在很长一段时期仍是人治社会,到了改革开放之后,尤其是建设社会主义市场经济体制确定以后,法制化和依法治国的取向才被确定,社会救助也才被逐渐纳入法律制度规范调整的范畴。现有的相关制度体系还十分不完整,制度分割的现象还十分普遍,其建设与完善尚需相当的重视和努力。外国社会救助的法制化程度则相对比较高,"法制化"本来就是西方的"舶来品"。英、美、德、日等国都有比较完整的社会救助法律制度框架体系,其规定也都比较全面和细致,能够更好地维护国民的受救助权利,并且也能够更好地开展社会救助工作。

(四)社会救助法律制度设计目的存在区别

"在儒家的济贫思想中,注重的是社会整体和国家控制,而较少强调个人权利和国家义务","制度的立足点还是在国家或政府这一边,而没有把得到国家和社会的救助看作是人民的基本权利"。[1] 即使在新中国成立后的较长一段时期内,社会救助法律制度设计目的仍没有摆脱这样的影响。最低生活保障制度出台的背景其实首先也是为了消解失业、下岗等贫困者的躁动抵抗心理,维持社会稳定的大局,是作为社会控制的一种对策探索、建立起来的。中国社会注重的是和谐,宣扬的是集体意识,是社会大于家庭、整体大于个人,而民众的权利意识却并没有那么浓厚和张扬,要不也不会将那些勇于维护自己合法权利的人作为新闻人物进行报道了。西方社会注重的是力量制衡,宣扬的是个体主义,强调的是个体权利,对于国家和政府压制民众权利的事情是作为新闻来加以报道的。其社会救助法律制度设计目的自然是为了确认民众接受社会救助的权利,使国家承担相应的义务,是个体权利的确认和国家义务的承担。

(五)社会救助法律制度设计指导思想不同

中国的济贫思想可谓是源远流长,其"原始形态即为天命主义之禳弭论",在实际政策中则表现为巫术之救荒。[2] 春秋战国时期诸子百家阐发了各种济贫思想。《尚书》论述道:"德惟善政,政在养民。"《礼记》论述有:"大道之行也,天下为公。……故人不独亲其亲,不独子其子。使老有所终,壮有所用,幼有所长,矜寡孤独废疾者皆有所养。"墨子的"兼爱"思想主张"兼相爱,交相利",提倡"有力者疾以助人,有财者勉以分人,有道者劝以教人。若此,则饥者得食,寒者得衣,乱者得治。若饥则得食,寒则得衣,乱则得治,此安生生"。这种思想主张的是建立在"爱心"基础上的互助互济,是最具"社会性"的济贫思想。最为著名的则是儒家的"民本"、"仁政"和"大同"思想。《孟子》中论述有:"恻隐之心,仁之端也","制民之产,必使仰足以事父母,俯足以蓄妻子,乐岁终身饱,凶年免于死亡","人饥己饥,人溺己溺","出

① 唐钧:《中国社会救助制度的变迁与评估》,http://www.social-policy.info/1009.htm,2003年9月12日。

② 参见邓云特著:《中国救荒史》,商务印书馆1993年影印版,第199页。

入相友,守望相助,疾病相扶持,则百姓亲睦"。儒家的这种思想主张政府积极介入和提倡民间互助互济。汉代"独尊儒术,罢黜百家"的政策确立之后,儒家思想一直处于中国社会的正统地位,其民本、仁政和大同思想就一直在社会生活的方方面面发挥着巨大作用。"虽然中国自古就有以政府性社会救济为主体的传统,但其思想基础却主要是儒家的仁政学说。"[①]时至今日,它们还在影响着国人及政策制定者的思想。西方的济贫思想主要是基督教的慈善、博爱思想。资产阶级革命之后,人权、民权等权利思想流播,随之成为社会救助的指导思想,官方承担起了保障民众权利实现的责任。例如英国,"虽一开始是在极不情愿的情况下由政府接手对人民的社会救济,但经过人民自下而上的不断争取,却从中导出近代民权思想,并最终确立了有法律基础的近代福利制度"。[②] 同时其基督教教义仍在民间组织中发挥着很大的作用,补充着官方救助的不足。

三、原因分析

中外社会救助法律制度之间历史考察视角所存在的这些共性和个性特征,首先表明社会救助现象作为人类社会所共同经历和发展起来的社会现象,是普遍存在于各个国家之中的,它反映出了对人类共同需求提供满足的一种社会表达方式。随着人类文明的演进,社会救助现象也愈益获得了制度化的表达,市民与国家之间因此而建立起来的法律关系也愈益具有人性化的特征,愈益契合大众的公共选择理性,并借此达成政治层面的共识。其共性特征的体现就是由于社会救助法律制度表达出了这种人类社会共同的愿望,对遭遇贫困而需要接受社会救助的人给予了理解和支持。尽管社会救助制度与机制并不是随着人类社会的形成就开始存在的,其发展也经历了较长的历史变迁,接受社会救助者的地位也是在逐渐得到提升,其权利的获得经历了历史的过滤和沉淀,但目前世界上对社会救助法律制度存在的合理性与合法性已达成了共识,虽然各国相关制度的完善和发展程度确有差别。决策者对贫困者遭遇贫困的原因、施与救助的方式、进行救助的内容、克服贫困的制度选择等方面都有了理性的认识,其共性特征正体现了决策者在社会救助法律制度设计和实施方面的持续尝试和努力。

---

① 张文著:《宋朝社会救济研究》,西南师范大学出版社 2001 年版,第 375 页。

② 张文著:《宋朝社会救济研究》,西南师范大学出版社 2001 年版,第 375 页。

其次表明社会救助现象是一个系统的制度化工程，其设计与实施由于各国具体国情不同，必将呈现出各自的一些特点。各国社会救助法律制度的设计、实施等制度化运作的进程中，都附着了该国政治、经济、文化等方面的深刻影响和限制，相对单一的社会救助法律制度的设计与实施等必将存在对相关制度的路径依赖，因此各国社会救助法律制度在共性的基础上也必将体现出由这种路径依赖所决定的一些个性特征。“一国的社会救助政策和运行结构是特定的，不同环境下可能是移橘为枳。”[①]例如中国社会救助法律制度设计和实施的约束条件就包括：政治体制方面，是社会主义制度国家，共产党执政；经济体制方面，是以公有制为主体的多种所有制并存；文化体制方面，是社会主义文化居于支配地位，舆论接受统一指导和审查；其他一些制约条件还有人口极多，经济发展水平还比较落后，各地经济发展水平非常不均衡，封建统治时代漫长，国家权力较大，民众法律意识淡漠，人治氛围传统深厚，法治氛围薄弱等等。外国尤其是西方发达国家社会救助法律制度设计和实施的约束条件包括：政治体制方面，都是资本主义国家，两党制或多党制；经济体制方面，是私有制体制；文化体制方面，是资本主义文化居于支配地位，舆论自由；其他一些制约条件还有人口相对较少，经济发展水平已经十分发达，各地的经济发展水平相对均衡，资本主义发展时间较长，国家权力受到制衡，民众法律意识很强，法治氛围浓厚等。这些社会制度系统的大背景在很大程度上决定了单一的社会救助法律制度构建和实施的具体路径依赖，并在很大程度上即构成了所谓的“国情”，这是任何一项具体制度在进行设计时都必须依赖的前提基础和条件。“各国间有地理环境之不同，历史背景上之互异，人民教育之差别，经济状况之高低，社会情形之悬殊，欲以抄袭式的方法施行，既无意义，又鲜成就，所谓‘移橘成枳’亦即此谓。”[②]同时，从社会救助法律制度本身设计和实施的历史变迁进程中，也可以洞察出一国的具体国情实况。社会救助法律制度的差异“不仅对依靠它们生活的人们有明显直接的影响，而且对于更广泛的普通公众也会产生显著影响，决定了他们关于贫困致因的理解和判断”。[③] 以本

---

① John Ditch, et al, *Comparative Social Assistance: Localisation and Discretion*, Aldershot, Brookfield USA, Singapore, Sydney: Ashgate, 1997, p. 3.

② 陈凌云著：《现代各国社会救济》，商务印书馆 1937 年版，序第 3 页。

③ Gerard William, Boychuk, *Patchworks of Purpose: the Development of Provincial Social Assistance Regimes in Canada*, Montreal & Kingston: McGill-Queen's University Press, 1998, p. 115.

文的视角分析之，中外社会救助法律制度历史变迁的事实各自反映出本国对贫困者的态度和立场选择，反映出各国对相关社会再分配经济关系干预的努力和程度的大小，以及对利用社会救助法律制度对相关社会再分配经济关系进行规制的认识迟早。

第二章 社会救助法律制度的理论基础

第1节 社会救助法律制度部门归属辨

社会救助法律制度的理论基础需要从其基本理念、理论支持及其价值等三个方面来进行分析。但首先需要解决的一个理论问题就是社会救助法律制度的部门归属问题。这个问题之所以重要，是因为具体法律制度的部门归属在很大程度上决定了以什么样的视角和方法对其展开进一步的研究。在我国传统的法学研究中，法律部门的划分与归属是一个重要的法学基本理论问题，为争取部门法的归属及相应部门法的独立，学界里曾有相应的激烈争吵，这曾被视为"法学幼稚"的表现。如今学界对法律部门划分和归属问题的争论归于平静，但这样的问题对于经济法的研究却仍然具有十分重要的意义。

经济法自诞生就伴随着部门归属与是否是独立部门法的争吵相依而行。虽然如今经济法的存在、发展与壮大已是客观的事实，但其稳定、巩固与成熟却还面临着许多现实问题。学界中还有不少学者并不承认经济法是一个独立的部门法,《中华人民共和国法库》[①]中就没有经济法卷[②];实务界令人记忆犹新的是上世纪末司法系统改革中将经济审判庭予以撤销,其业务被纳入民事审判庭中,直接导致经济法存在的现实基础坍塌,其存在的合理性及价值遭到质疑,主修经济法专业的学生就业受到严重挫折;商法逐渐做大,拉走了一部分内容,商法研究会旋即成立,宣告自己存在的合理合法性已不容置疑;经济法学界内部的声音也并不统一,财税法研究会已经成立,宣示着自己的独立性,社会保障法学者也证明着自己与经济法价值、理念等方面的差别,社会法学者也吵吵嚷嚷地要独立,甚至要将经济法纳为自己的下位法,竭力展示着其不同之处,经济法研究会的成立尚未能有效整合自己的力量,仍然不能形成一个强有力的拳头说话;经济法的基础理论研究尚很薄弱,自身的论证体系尚不具有充分的说服力。这些内忧外患有可能演变成颠覆经济法存在的合谋,经济法的生存与维持仍需不断地求证自己的合理合法性价值。

经济法的生存处于这样的环境之中,其中的许多具体制度成为不同势力争取、抢夺的对象。社会救助法律制度就面临着这样的困境。因此,不首先论证社会救助法律制度的部门归属问题,就无法确定是在哪一个部门法框架下对之展开论述。这一问题得到解决才能为其理论基础的挖掘提供前提和平台。目前社会救助法律制度的部门归属问题主要涉及与社会保障法、行政法、

---

① 肖杨总主编:《中华人民共和国法库》,人民法院出版社 2002 年版。该法库共计 16 卷,除第 16 卷是索引卷外,前 15 卷分别是宪法(第 1 卷)、民法(第 2 卷)、商法(第 3 卷)、行政法(第 4～9 卷)、社会法(第 10 卷)、刑法(第 11 卷)、程序法(第 12 卷)、国际法(第 13～15 卷)。

② 该《法库》编辑委员会认为:“民商法与经济法界限难分”,因此“将涉及经济法调整的纵向经济管理关系的内容划分到行政法中,将经济法所调整的涉及劳动关系和社会保障等方面的内容划分到社会法之中。民法和商法分列,经济法不单独成卷,是基于我国目前立法趋势以及法律体系框架建立的实际情况,符合我国司法审判格局确立的现实,便于司法审判法律适用的需要”。尽管立法机关和理论界“比较一致的意见认为,我国法律体系应当划分为七个法律部门,即宪法及宪法相关法、民法商法、行政法、经济法、社会法、刑法、诉讼与非诉讼程序法”,但“最高人民法院编辑出版的《法库》的总体思路是在充分考虑上述意见的基础上,从法院审判工作的实际需要出发,着重从法律适用的角度构建本书的框架体系,按八个法律部门进行编辑,即宪法、民法、商法、行政法、社会法、刑法、程序法、国际法(我国缔结或加入的国际条约及常用国际惯例)。”参见《中华人民共和国法库·宪法卷》,前言第 3～5 页。

民商法、社会法以及经济法的关系的辨别。

一、与社会保障法的关系

社会救助法是社会保障法的子部门法，这在学界还是达成一致共识的。社会保障法的教材和专著中都包含有社会救助法的内容。[①] 这首先是决定于社会保障制度就起源于社会救助制度的发展和演变，因此社会保障法律制度框架内就必然包含有社会救助法律制度的内容。在美国正式提出社会保障制度体系之前，社会救助和社会保险各自相对单独地存在和发挥作用；之后社会保障制度才整合了功能相同或相似的制度，社会救助法律制度理所当然地成为社会保障法律制度的有机组成部分。其他学科对社会保障制度的研究也都

---

① 如覃有土、樊启荣编著的《社会保障法》(法律出版社 1997 年版，第 11 章)、种明钊主编的《社会保障法律制度研究》(法律出版社 2000 年版，第 10 章)、史探径主编的《社会保障法研究》(法律出版社 2000 年版，第 15 章)、王益英主编的《社会保障法》(中国人民大学出版社 2000 年版，第 8 章)、林嘉著的《社会保障法的理念、实践与创新》(中国人民大学出版社 2002 年版，第 13 章)、蒋月著的《社会保障法概论》(法律出版社 1999 年版，第 3 章)、张艳著的《社会保障法导论》(重庆出版社 2002 年版，第 7 章)、方乐华编著的《社会保障法论》(上海世界图书出版公司 1999 年版，第 6 章)、赖达清主编的《社会保障法：保障公民生存权利的法律形式》(四川人民出版社 2003 年版，第 12 章)、[法]让-雅克·迪贝卢、爱克扎维尔·普列多著，蒋将元译的《社会保障法》(法律出版社 2002 年版，第 16 章)。

持有相同的观点。[①] 有社会保障法典的国家，社会救助法律制度都是其中的组成部分之一；社会救助单独立法的国家，也是与其他社会保障制度有机地组成该国社会保障法律制度的整体，以有效地为国民提供全面的社会保障。

二、与行政法的关系

社会救助法律制度与行政法的关系，主要表现为社会保障法律制度与行政法的关系。社会保障法是调整社会保障关系的法律规范的总称。[②] 社会保障关系是因社会保障活动而形成的社会关系，它只能产生于社会保障活动过程之中，其当事人一方必须是社会保障职能机构，主要表现为一种社会连带责任关系，是通过社会保障权利与社会保障义务将国家、法人团体、社会成员联系在一起，同时它又是一种人身关系属性和财产关系属性相结合的社会关系。从社会保障各类主体间的关系来考察，社会保障关系可以概括为国家或政府（通过一定的职能部门）、用人单位、社会成员个人在社会保障活动中所发生的各种社会经济关系。行政法是调整行政关系以及在此基础上产生的监督行政关系的法律规范和原则的总称，或者说是调整因行政主体行使其职权而发生

① 如郑功成著的《社会保障学：理念、制度、实践与思辨》（商务印书馆 2000 年版）、郑秉文主编的"当代社会保障制度研究丛书"（一套共 18 种，法律出版社出版，迄今已出版 12 种[2000—2002 年]，其论述中含有社会救助制度内容的书目包括：《社会保障分析导论》、《社会保障制度的国际比较》、《社会保障的起源、发展和道路选择》、《中国社会保障制度的改革与发展》、《当代英国瑞典社会保障制度》、《当代美国社会保障制度》、《当代德国社会保障制度》、《当代东亚国家地区社会保障制度》、《当代西亚非洲国家社会保障制度》、《社会保障法》[法文译著]）、侯文若著的《现代社会保障制度》（中国经济出版社 1994 年版）、穆怀中主编的《社会保障国际比较》（中国劳动社会保障出版社 2002 年版）、宋晓梧主笔的《中国社会保障体制改革与发展报告》（中国人民大学出版社 2001 年版）、宋晓梧主笔的《中国社会保障制度改革》（清华大学出版社 2001 年版）、陈佳贵主编的《中国社会保障发展报告（1997—2001）》（社会科学文献出版社 2001 年版）、时正新主编的《中国社会福利与社会进步报告（2001）》（社会科学文献出版社 2001 年版）、全根先主编的《中国民政工作全书》（中国广播电视出版社 1999 年版）、康士勇主编的《社会保障管理实务》（中国劳动社会保障出版社 1999 年版）、费梅萍编著的《社会保障概论》（华东理工大学出版社 1999 年版）、沈道权著的《土家族地区农村社会保障研究》（民族出版社 2001 年版）、陈国钧著的《社会政策与社会立法》（台北三民书局股份有限公司 1980 年版）、葛寿昌主编的《社会保障经济学》（上海财经大学出版社 1999 年版）等。绝大部分是社会学和社会工作的研究视角，只有最后一本是经济学的视角。

② 参见覃有土、樊启荣编著：《社会保障法》，法律出版社 1997 年版，第 69 页。

的各种社会关系的法律规范和原则的总称①。行政法调整的对象是行政关系和行政监督关系，而不是别的社会关系，是因国家行政机关及其他行政主体行使行政职权而发生的各种社会关系。与行政职权行使无关的社会关系，即使有行政机关为一方当事人，也不构成行政关系或监督行政关系。社会保障法调整的社会保障关系与行政法调整的行政关系和监督行政关系存在一定的联系，二者都有行政机关作为一方当事人，社会保障法在具体的实施过程中也体现为社会保障行政关系和监督社会保障行政关系，因此社会保障法与行政法关系密切，也即社会救助法与行政法存在密切关系。具体到我国，社会救助法的实施管理机构为民政管理机关，在具体的实施过程中形成了社会救助行政关系和监督社会救助行政关系，接受社会救助的人需要接受家计调查，其申请需要经过主管机关审查和批准，享受社会救助的同时需要接受主管机关的监督，接受社会救助的原因消失，还需要及时退出社会救助系统。同时申请人和享受社会救助人有权申请行政复议，或者提起行政诉讼以维护自己的社会救助权利，监督社会救助主管机关的活动。因此，"可以说，社会保障行政方面，往往适用行政法的基本原则和解释原理"。② 台湾地区的《社会救助法》在其《六法全书》中就被编入第六大类"行政法规"中"甲－内政"里面，明显地将之列为行政法的范畴。

我国的社会救济法传统上是属于行政法的范畴。但随着我国市场经济体制改革取向的选择以及推进，社会保障法作为市场经济建立和良性运行的重要组成部分，其地位日益重要和突出起来。市场是以效率为首选价值的，市场在促进了经济繁荣的同时，也使贫富差距加大，相对贫困现象凸显，市场失灵的其他一些负面效应都会显现出来，反过来影响市场的良性运作和发展。传统体制下政府是"一股独大"，市场体制下政府与市场互为制衡，也互为服务。市场要求政府依法行政，依法治国，政府则对市场进行有效管理和宏观调控，并对市场失灵所造成的负面效应进行纠正和弥补，以有效修补市场，保证市场的顺畅运作。在以经济建设为中心的今天，国家的力量需要被有效地动员到以市场为中心的任务中来，需要以市场为中心对有限的法律资源进行整合，而不再是以政府为中心来分配有限的法律资源。在新的经济体制背景下，法律资源整合和重新分配的结果表明，社会救助法已不能作为行政法的组成部分

① 参见罗豪才主编：《行政法学》，北京大学出版社 1996 年版，第 7 页。

② 方乐华编著：《社会保障法论》，上海世界图书出版公司 1999 年版，第 169 页。

来加以运用，而是必须将之作为国家干预社会再分配经济关系以对贫困者提供有效帮助、供给公平价值、补救市场缺陷的一种制度安排来加以理解和运用。这种社会救助法律关系已不仅仅是行政机关与行政相对方的行政管理关系，更主要的意义上是表现为一种权利诉求与权利满足的关系，国家这时是以社会救助法律制度来干预社会再分配经济关系，以维护贫困者的生存权利，更深层次上是补救市场缺陷和维护市场运行。因此，以市场为中心对有限法律资源的整合要求给社会救助法找到一个新的归属，社会救助法在新的时代背景下被赋予了新的特征，已经不适合继续呆在行政法的阵营里了。①

三、与民商法的关系

社会救助法律制度与民商法的关系，同样是表现为社会保障法与民商法的关系。二者关系的牵连由于国家教育部颁布的法学硕士专业目录而变得较为复杂起来。这一目录将劳动法学和社会保障法学列为民商法学专业下设的一个研究方向，直接导致了相关资源的重新流向和分配。虽然学界对此十分反对，持异议者甚众，但既成为客观事实，相关资源的分配也就被决定。因此目前的学科专业安排表明社会保障法是民商法的一个子部门法。

应该说在社会保障法产生之前，民法曾对社会成员的生存权利起过一定的保护和调整作用，主要反映在三个方面：②一是在亲属法中规定了家庭成员之间的抚养、扶养和赡养义务，适应了产业革命前家庭保障的需要，可以说是家庭保障的法制化；二是在侵权行为法领域规定了雇主对雇员伤残等事故的

① 例如，2003 年我国将实施 20 余年的《城市流浪乞讨人员收容遣送办法》予以废止，代之以《城市生活无着的流浪乞讨人员救助管理办法》，将强制性的收容遣送改为关爱性的救助管理，建立起以自愿受助、无偿救助为原则的新型社会救助制度。这种社会救助法律制度安排使得该项社会救助法律关系已经不再是一种行政法律关系，因为其建立不是以行政机关行政职权的行使为基础，而是以被救助者的意思表示为基础。“在新的制度下，生活无着的社会流浪乞讨人员可以提出申请，经证实后救助站应立即进行救助。这种申请是自愿的，不能强迫。同时，受助对象在救助站内的人身自由是有保障的，离站是自由的，救助站不能限制。”(《民政部有关负责人谈〈城市生活无着的流浪乞讨人员救助管理办法〉》，http://www.mca.gov.cn/news/news2003062501.html，2003 年 8 月 26 日）这种新型社会救助法律制度与传统体制下被纳入行政法范畴的收容遣送制度是存在本质区别的。

② 参见覃有土、樊启荣编著：《社会保障法》，法律出版社 1997 年版，第 85 页。

民事赔偿责任;三是在债权法中,将雇佣关系称为"劳动力租赁",要求雇佣者支付报酬并维护劳动者的安全。迄今民法中仍然存在将维护生存权利作为民法特别法的历史遗迹,民法中有关家庭抚养、扶养和赡养义务的规定依然是社会保障法的一种补充。日本学者认为民法规定的义务是一种"私的抚养",社会保障法规定的义务是一种"公的抚养",两者之间不但存在着替代和补充关系,而且始终存在着孰为优先的问题。[①] 在经济发展比较落后的时代,"私的抚养"居主要地位;在经济发展比较发达的时代,"公的抚养"处于主要地位。

但是,民法是以平等主体之间的财产关系和人身关系为调整对象,为"市民相互间私的经济关系"提供法律保护,通常被认为是典型的私法,是维持市场交易行为和秩序的基础法,多为任意性规范;社会保障法所调整的社会保障关系则发生于国家机关和社会保障对象之间,是为社会成员的生存权利提供法律保证,不是可以自愿、自由缔结的法律关系,多为强制性规范,是保持市场竞争秩序的支持法。随着市场经济的发展,社会成员的生存危机渐成社会问题,各国相继建立了以维持社会成员生存权为中心的社会保障法律制度,并逐渐整合为一个体系。民法的基本原则如主体平等、契约自由等并不能用来适用于社会保障法。与其说社会保障法属于民法的子部门法,还不如说其属于行政法的子部门法——何况其也已经从行政法阵营里游离出来了呢?因此,社会救助法不应该列入民法范畴进行研究。认真加以考量,以物权法、债权法、侵权法、婚姻法、继承法为研究对象和范围的民法,如何在其自身研究体系中安排社会救助法以及其他相关社会保障法的位置呢?"民法帝国主义"的思路和优越感也得有些自知之明才是。现代民法真的是可以通过自身的发展而无所不包了吗?它究竟有无自身的一些质的规定性?这值得学人深思。

四、与社会法的关系

社会救助法与社会法的关系,即社会保障法与社会法的关系,可能是目前更具争议的话题。因为这首先涉及社会法与经济法的关系问题。这在学界确实颇具异议。关于社会法与经济法的关系,有社会法包容经济法、二者并列和社会法包容于经济法三种观点,整个认识处于比较混乱的状态。对于社会法的认

---

① [日]崛胜洋著:《社会保障法总论》,日本东京大学出版会 1994 年版,第 119 页,转引自方乐华编著:《社会保障法论》,上海世界图书出版公司 1999 年版,第 168 页。

识，目前可以体会到的一些事实是：学界有一些专著出版，[①]也有一些学者著文或者在相关文献中论及社会法的独立性以及其与经济法的关系问题，[②]《中华人

① 如董保华等著的《社会法原论》，中国政法大学出版社2001年版。该书主张社会法是作为公法与私法相融合而产生的第三法域，既区别于公法，也区别于私法。私法以个人利益为本位，通过市场调节机制追求个人利益最大化以及交易安全；公法以国家利益为本位，通过政府调节机制追求国家利益最大化以及国家安全；社会法以社会利益为本位，通过社会调节机制追求社会公共利益最大化以及社会安全。参见第15页。

② 例如覃有土、樊启荣编著的《社会保障法》，法律出版社1997年版，第74～77页。该书认为作为一个法律部门的社会法，与公法和私法并非同一层次的概念，它仍不过是国家的社会职能在法律上的体现，国家和政府本身就是社会法的重要主体，因此社会法从传统的法律分类角度看，实质上仍属于公法，或曰在原则上属于公法的范畴，它的独立是在公法中的独立。"不管怎样，对于社会法在本质上属公法性质，它在法律体系中是一个独立的法律部门的观点，殊无异议。"并认为社会法与同期产生的、与现代社会相适应的经济法亦有不同，无论从调整对象，还是立法宗旨、任务、侧重点，两者均在一定程度上有所不同，两者在法律体系中同属于宪法之下与民商法、刑法、行政法并列的第二层次的部门法；但同时也承认在这些方面仍存在着许多有争议的问题，有待于进一步研究。该书作者认为"社会保障一直是社会政策和社会立法的核心内容，而狭义上的社会法在内容上等同于社会保障法，所以社会保障法是社会法的核心法，对此认识则无歧义"。(第76页)笔者也是一直感到奇怪，既然作者并不认为社会保障法属于经济法的范畴，为什么还将该书以"'九五'规划高等学校法学教材"的"经济法系列"名义出版？这不是有误视听么？还有方乐华编著的《社会保障法论》，上海世界图书出版公司1999年版，第160～164页。该书作者认为社会法就是介于公法和私法之间的第三部类法，其内容包括经济法、劳动法、社会保障法、环境保护法和教育法等，并认为社会保障法是社会法中的核心法。此外的相关文献还有王全兴、管斌：《经济法与社会法关系初探》，载《现代法学》2003年第2期，该文认为经济法具有广义社会法的基本属性，同时与狭义社会法之间各自所对应的国家干预在范围、宗旨和手段都不尽相同(第113页"摘要")；李昌麒等：《经济法与社会法关系考辨：兼与董保华先生商榷》，载《现代法学》2003年第5期，该文认为"经济法与社会法是同属于第三法域下的两个并行的法部门，二者是有区别的"，"社会法不是经济法的终极进路"，(第5～6、8页)；郑尚元：《社会法的定位和未来》，载《中国法学》2003年第5期，该文认为公法与私法的融合或交叉并不一定是社会法，社会法也不是泛义上公法与私法融合性法律的代名词，而是具有特定调整对象的、具有现代属性的一类法律，它们与宪法、民法、刑法、诉讼法、行政法、经济法一起构成中国特色的社会主义法律体系(第124页"内容摘要")；韩伟、谭喜祥：《经济法的社会法归位：刺破经济法的普洛透斯之面》，载《经济法学、劳动法学》2003年第9期，该文认为社会法分析路向是可供取舍的诸多视域中的较优选择，通过经济法的社会法回归，可以较为清晰地厘清其内在规定性，还经济法社会公共性之本原脸颊(第25页"摘要")。

民共和国法库》第 10 卷是《社会法卷》①,但普通高校法学教育 14 门核心课程里却没有社会法的位置,学位点设置中也没有社会法专业,仅有位于民商法专业下的社会保障法方向。所以从很大程度上来看,社会法主要是学理上进行研究和实务部门使用的概念,法学教育方面并没有显示社会法的存在和地位。

有学者认为社会法有广义和狭义之分。② 广义的社会法乃是一个概括的名词,是指为了解决许多社会问题而制定的有关各种社会法规的总称。它是依据国家既定的社会政策,经由立法的方式,制定为法律,用以保护某些特别需要扶助人群的经济生活安全,或是用以普遍促进社会大众的福利。因而在事实上,它不是只有一种的社会法规,乃是先后分别依照实际需要而制定的各种社会法规,把这许多有关的社会法规集合在一起,便被广泛地称作社会法或社会立法。③ 这是陈国钧先生对社会立法的定义,他并没有区分狭义的社会立法概念。大陆学者所提出的狭义社会法概念,实际上是转引陈国钧先生引用美国社会工作学者海伦·克拉克在 1940 年所著 *Social Legislation* 一书中

---

① 该《法库》编辑委员会认为:"社会法是社会保障制度的基本法律规范,包括对劳动者、失业者、丧失劳动能力和其他需要扶助的社会成员权益的保障制度。我国社会法律制度的形成经历了长期发展的过程。新中国成立以来,国家对社会保障工作始终予以高度重视,相继颁布了有关社会保险、社会福利、社会救济、社会优抚等法律和法规以及一系列政策性规定,在我国社会主义建设事业的进程中发挥了重要作用。坚持社会公平原则,维护社会公共利益,保护社会弱势群体利益,促进社会的全面进步与发展,是我国社会法的主要特点。《社会法卷》主要收录有劳动用工、工资福利、职业安全卫生、社会保障、社会救济、特殊社会保障方面的法律、法规、司法解释等内容。"参见《中华人民共和国法库·宪法卷》,"前言"第 4～5 页。《社会法卷》按内容分为两篇,即民政法篇与劳动和社会保障法篇,其中民政法篇中具体包括综合,社会团体管理,抚恤优待,军人离退休、转业、退役安置,移民安置、扶贫、救灾,特殊保障(残疾人保障、未成年人保障、妇女保障、老年人保障),社会福利,殡葬、公墓管理,收容遣送;劳动和社会保障法篇中具体包括综合、劳动用工、劳动合同、职业培训、工资福利(工资,探亲、婚育、丧事等待遇)、劳动保护(劳动安全卫生、矿山安全、锅炉压力及特种设备安全监察、工伤与事故处理、职业病防治与处理)、劳动争议、社会保障(综合,养老保险,失业保险,工伤保险,医疗、生育保险,基本生活保障)。参见《中华人民共和国法库·社会法卷》,"目录"。

② 参见覃有土、樊启荣编著:《社会保障法》,法律出版社 1997 年版,第 75～76 页;方乐华编著:《社会保障法论》,上海世界图书出版公司 1999 年版,第 163 页。

③ 参见陈国钧著:《社会政策与社会立法》,三民书局股份有限公司 1980 年版,第 110 页。

的一段话而引申出来的。[①] 海伦·克拉克认为："我们今天所谓的社会立法，其第一次使用系与俾斯麦的功业有关。在19世纪80年代德国立法规定为预防疾病、意外事故、残疾及年老提供社会保险。一些人限制其立法意义，认为这些法律是为处于不利状况下群体的利益而制定的，另外一些人则扩大其立法意义，认为它们是为大众的福利而制定的。我们应该在这两种意义上使用这个词。"因此，国内有学者认为狭义的社会法乃指由俾斯麦以来创建的社会保障立法，包括社会保险和社会福利立法，并认为广义社会法的概念及其体系只是各种与社会保障相关的法律、法规的综合，并不是从法学意义上严格的部门法规范角度来加以认识的，狭义的社会法体系则是在一定程度上"清理门户"的结果，"在内容上等同于社会保障法"。[②] 从这个推断上理解，则社会救助法律制度与社会法的关系，也就是其与社会保障法的关系，结论当然就已经十分明确了。[③]

由上述分析可以看出，赞成社会法存在的学者都同意社会保障法是社会法的核心，在很大程度上社会保障法就代表了社会法的主要内容和主要特点。最大认同时，认为社会法就是指社会保障法；最小认同时，认为社会保障法与经济法、劳动法、环境保护法和教育法等同属于社会法的内容。因此在所谓的社会法学者看来，社会救助法律制度自然是属于他们研究的对象和内容。

上文论及的是赞成社会法存在的学者观点。他们对于社会法与经济法关系的看法也并不一致：立场缓和点儿的认为二者关系并列，经济法的核心法是"宏观调控法"，其宗旨是关注经济增长和持续发展，社会法的核心法是"社会保障法"，其宗旨关注的是社会稳定和社会公平的实现；立场激烈点儿的认为

---

① 参见陈国钧著：《社会政策与社会立法》，三民书局股份有限公司1980年版，第111～112页。

② 参见覃有土、樊启荣编著：《社会保障法》，法律出版社1997年版，第75～76页；另参见林嘉：《社会保障法的理念、实践与创新》，中国人民大学出版社2002年版，第31页。

③ 对于社会法广义和狭义区分的具体内涵，学者的观点也并不完全一致。有学者认为："在外延上，最广义的社会法，即国家为解决各种社会问题而制定的有公法与私法相融合特点的第三法域，包括劳动法、社会保障法、经济法、环境法、公共事业法、科技法、教育法、卫生法、住宅法、农业法等。狭义的社会法指劳动法和社会保障法，如我国立法机关所设计的法律体系中的'社会法'"，同时还区分出所谓的中义社会法，其"居于上述两者之间"，"包含劳动法（含社会保障法）与经济法"，因而，"社会法只可能是一个模糊性概念"。参见王全兴、管斌：《经济法与社会法关系初探》，载《现代法学》2003年第2期。

经济法属于社会法下属的子部门法，是第三法域里一个独立的部门法，而所谓与公法、私法相并列的第三法域就是指社会法。这两种观点都还承认经济法作为一个独立部门法的存在价值。笔者的看法是，第三法域可以作为与公法、私法传统二分法经过现代社会生活发展后并列的一个概念，体现公法私法化和私法公法化的发展特征，其内容又包括社会法和经济法两部分：社会法的内容主要体现国家对社会特定弱势群体生活的保护，一般包括老年人生活保护法、儿童权益保护法、妇女权益保护法等；经济法的内容主要体现国家对由于市场失灵所导致的需要国家干预的经济关系的法律调整，一般包括市场主体法、市场规制法、宏观调控法以及社会分配法，其保护的是非特定弱势群体的利益，目的是维护以市场为中心的经济活动的正常运作和发展。社会保障法作为市场良性运行的支持法，其规制的是国家对一部分再分配经济关系进行干预的活动，目的是要保障市场的稳定，为参加市场活动的劳动者提供稳定的生存预期，并及时修复他们在遇到意外事件时受损害的生存能力，以为市场源源不断地注入活力。这一制度的设计与市场的健康运行是紧密联系在一起的。因此，社会法与经济法的规制内容存在分野，社会保障法作为市场运行的支持法，不应归入社会法的范畴，从而，社会救助法也不应归入社会法的研究范畴。

五、与经济法的关系

社会救助法与经济法的关系，同样体现为社会保障法与经济法的关系。经济法的诞生、发展与壮大，尤其在我国，是经历了一番艰难曲折的历程的。我国市场经济体制建立之前的经济法是幼稚的、不成熟的；之后经过市场经济体制的洗礼和整合，则逐渐成熟，其地位获得了国家和学者的承认，研究经济法的学术队伍也日益壮大，经济法学体系也逐渐稳定和明晰。社会保障作为我国社会主义市场经济体制建设的有机组成部分，在党的十四大报告里得到确认。我国经济法体系的重新构建以及经济法学科体系的重新定型，就是依据十四大报告为蓝本的，社会保障法理所当然地成为经济法的有机组成部分，并成为经济法学的研究对象。因此笔者认为社会救助法当然属于经济法的研究范畴。

但是经济法学界内部也并不是看法完全一致。前述“引言”里已经指出，北大版的《经济法》教材[①]是将“社会保障法”单独作为第五编而使其成为经济法体系一个有机组成部分的，“社会救助法律制度”是该编的独立一章、全书的第三十章。中国政法大学版的《经济法学》教材[②]是将“社会分配调控法律制度”单独作为第五编，“社会保障法律制度”是该编的独立一章、全书的第三十一章，但该章基于认为“由于各种社会保障关系的性质不同，所以与之相适应的社会保障法律制度也涉及众多的法律部门，比如宪法、行政法、经济法等”，因此“本章仅从经济法角度，主要阐述社会保障法律制度中的基本制度——社会保险法律制度，即国家通过强制干预建立的对劳动者在特定情况下给予物质帮助的制度”，[③]从而该书就未对社会救助、社会福利以及社会优抚法律制度进行专门论述，仅在第一节概述中简单论及一下，后面六节内容专门论述的是社会保险各类法律制度。著者言外之意是其他类型的社会保障法律制度就不属于经济法研究的范畴，包括社会救助法律制度在内。[④] 笔者也是为此感到奇怪：既然只论述社会保险法律制度，那么为什么却将“社会保障法律制度”作为一章的题目？按其论述的意图来看，把这一章的题目定为“社会保险法律制度”不是更好么？还有一种观点认为，社会保障法是以社会法属性为主要属性，同时兼有经济法属性。[⑤] 该观点认为将社会保障法作为经济法体系的一个组成部分，有一定的道理，因为社会法与经济法具有一定的同质性，二者都兼容公法和私法且以公法属性为主，都体现着国家干预的精神，都将社会公平、社会公益作为其宗旨内容，而且在现代市场经济中，社会保障具有明显的

---

① 参见杨紫烜主编：《经济法》，北京大学出版社、高等教育出版社 1999 年版，目录第 5 页。该书是面向 21 世纪课程教材中全国高等学校法学专业核心课程教材和普通高等教育“九五”国家级重点教材。

② 参见李昌麒主编：《经济法学》，中国政法大学出版社 1999 年版，目录第 6～7 页。该书是高等政法院校法学主干课程教材，由司法部法学教材编辑部审定。

③ 李昌麒主编：《经济法学》，中国政法大学出版社 1999 年版，第 770 页。

④ “以上这些社会保障层次（包括社会救济、优抚安置、社会福利、社会互助以及个人储蓄积累）与社会保险相比较，一个显著特点是接受社会保障的对象，大部分都与劳动关系不发生联系，因此，这些领域的保障关系，宜于纳入一个应当独立存在的法律部门即社会法部门进行调整，惟独在社会保障体系中的社会保险关系，由于它与某种劳动关系有直接或间接的联系，因而应当将其纳入经济法的调整范围较为符合法律的本旨要求。”李昌麒：《经济法：国家干预经济的基本法律形式》，四川人民出版社 1999 年版，第 450 页。

⑤ 王全兴、樊启荣：《社会保障法的若干基本问题探讨》，载杨紫烜主编：《经济法研究》，北京大学出版社 2000 年版，第 392～393 页。

经济职能，成为国家进行宏观调控的一种重要手段，并成为实现经济可持续发展的一种必要条件。例如，社会保障可以直接调节居民的消费水平，还可以通过影响居民的社会预期而间接调节市场需求的升降；社会保障基金也是投资的一种重要资本来源；社会保障能够保障和促进劳动力资源的开发和市场配置，为市场机制的正常运行提供安全的社会环境等。但同时二者又存在明显的区别，突出表现在社会保障在一定意义上虽然是一种国家干预，但这种干预是起始于近代市场经济(即自由竞争阶段)，仅限于干预分配领域，偏重于追求社会目标，干预手段较为单一和固定；与经济法对应的国家干预则起始于现代市场经济(即垄断阶段)，干预范围及于经济社会的各个领域，偏重于追求宏观经济目标，干预手段复杂多样且灵活多变。可见这两种国家干预并不相同，因此社会保障尽管就其经济职能而言具有经济法的属性，但就作为其主要职能或基本职能的社会职能而言，应归属于社会法，不宜作为经济法体系的组成部分。①

由于经济法和社会法关系的纠缠与厘定不能，②所以社会保障法及其里面包括社会救助法律制度在内的各个具体组成部分法律制度的归属难以得到完全明确的界定。综合前述各方观点，社会法现在似乎成了显学，其系“实在法存在而不是实在法属性”③的地位已经得到学界包括经济法学界的默认。

---

① 该文对于社会法的基本认识是，“从传统的法律分类的角度，在实质上仍属于公法，或曰在原则上属于公法的范畴，它的独立是在公法中的独立”。(第 387～388 页)但同时又说，“如果将社会法理解为与公法私法相对应的一个独立法域，就是既不同于私法也不同于公法，但介乎公法与私法之间，或者说兼容公法和私法且以公法属性为主的若干法律部门的统称，而不是一个独立法律部门。社会法虽不是一个独立的法律部门，而是一个独立法域，但这丝毫不会影响它的存在价值和地位”。(第 391 页)王全兴、樊启荣：《社会保障法的若干基本问题探讨》，载杨紫烜主编：《经济法研究》，北京大学出版社 2000 年版。对社会法、经济法或者所谓第三法域的认识，总也脱离不了原有对公法、私法认识的路径依赖和羁绊，一直在此认识基础上求证着自己结论的价值和合理性，这已经成为学界进行相关研究的普遍进路选择和展开范式。

② “当下学界对于经济法与社会法关系的认识非常混乱，主要表现为对社会法与经济法的关系认识上，两者是包容关系，还是等同关系，或是差别关系，存在着各不相同的看法。”李昌麒等：《经济法与社会法关系考辨：兼与董保华先生商榷》，载《现代法学》2003 年第 5 期。前面的阐述都表明了这一点。

③ 参见张守文：《社会法略论》，载《中外法学》1996 年第 6 期，转引自郑尚元：《社会法的定位和未来》，载《中国法学》2003 年第 5 期。

社会法论者要不以大社会法的观点[①]将经济法纳入其麾下，要不以中社会法的观点将社会保障法和劳动法拉走独立门户，与经济法分庭抗礼，甚至仍然将经济法包括于内，只有小社会法观点[②]才屈尊俯就，愿意与经济法并列为一个独立的法律部门。社会法论者的进攻态势是咄咄逼人，不断扩大地盘；经济法论者是节节防御，地盘零星散落，从不敢说自己就是第三法域，也没有不同意将自己与社会法并列，只稍微大胆点儿，是有论者将狭义上的小社会法内容（社会保障法）纳入经济法体系框架之内[③]，或有论者将劳动法和社会保险法律制度纳入经济法体系之中，社会保险法律制度之外的社会保障法律制度（包括社会救助法律制度在内）则"宜于纳入一个应当独立存在的法律部门即社会法部门进行调整"。[④]

其实，"严格地说，我国社会法产生的历史非常短暂，最多不过十几年，理论和实践都处于探索的历史时期，社会法理论不可能不幼稚"，"社会法实践走在理论的前面更具典型"，"甚至当社会法出现时（学者）也不清楚这类法律的性质，也不知上述法律在法律体系中的定位"，"在不少人眼里，这类法律规范是经济法还是行政法并不清楚"[⑤]。但是时下国家的立法机关和司法机关都已经承认了社会法的"实在法存在"，相比之下，经济法的"实在法存在"却屡屡

---

① 该观点认为社会法即与公法、私法相提并论的第三法域。

② 该观点也有两种，一种认为"狭义的社会法，通常是专指社会保障法"，林嘉：《论社会保障法的社会法本质——兼论劳动法与社会保障法的关系》，载《法学家》2002 年第 1 期，转引自郑尚元：《社会法的定位和未来》，载《中国法学》2003 年第 5 期；还可以参见覃有土、樊启荣编著：《社会保障法》，法律出版社 1997 年版，第 76 页。一种认为其包括劳动法和社会保障法，"如我国立法机关所设计的法律体系中的'社会法'"（2001 年 3 月 9 日，李鹏同志在第九届全国人大四次会议上所作的《全国人大常委会工作报告》指出，"根据立法工作的实际需要，初步将有中国特色社会主义法律体系划分为七个法律部门，即宪法及宪法相关法、民法商法、行政法、经济法、社会法、刑法、诉讼与非诉讼程序法"，并将社会法界定为"调整劳动关系、社会保障和社会福利关系的法律"。这是官方文件中第一次出现社会法的概念），参见王全兴、管斌：《经济法与社会法关系初探》，载《现代法学》2003 年第 2 期。

③ 杨紫烜主编：《经济法》，北京大学出版社、高等教育出版社 1999 年版，目录第 5 页。

④ 李昌麒主编：《经济法学》，中国政法大学出版社 1999 年版，目录第 6～7 页；李昌麒：《经济法：国家干预经济的基本法律形式》，四川人民出版社 1999 年版，第 450 页。

⑤ 王全兴、管斌：《经济法与社会法关系初探》，载《现代法学》2003 年第 2 期。

遭遇司法机关的质疑和拆分，实在是时移世易，让人感悟社会生活和理论研究的无情变迁。社会法论者乐观地认为："法律制度的建构决定于社会生活的规律告诉人们，一项法律制度或某一属性法律的产生是不以人的意志为转移的，今日中国之所以需要社会法，是由改革开放以来中国社会步入市场经济社会所决定的。"①其实，中国经济法的产生何尝不是由中国步入市场经济社会的实际所催生出来的一个新型法律部门？这些新型法律部门的出现及时回应了社会发展的现实需要，不断地重构着法律体系的内容，使法律体系的框架愈益丰腴和稳健。社会法的壮大和得到广泛的认可，不应该以经济法的式微与零落为代价，二者可以，也应该携手并进，共同为社会公共利益的实现出力。

具体到社会救助法律制度与经济法的关系，笔者根据以上的分析认为，社会救助法律制度作为社会保障法律制度的有机组成部分②，虽然社会法论者的观点是最低限度上社会法就是社会保障法，也即社会救助法律制度是属于社会法范畴的内容，但社会保障法作为市场经济良性运转的支持法，其反映出来的是一种国家对这部分需要干预的社会再分配经济关系的法律规制，经济关系的流动和规制贯穿于各具体社会保障法律制度的全部，经济性在社会保障法律关系中体现得十分明显。国家通过给予接受社会保障的对象以合法的经济补偿与支持，不仅可以保证社会稳定和社会安全，维护公民的生存权，而且能够弥补市场机制对社会保障对象及其家庭造成的损害，促使人们认识和利用市场机制，重新参与到市场机制的物质流创造与运转中去，努力实现创造财富和通过市场机制获得财富的目的。这一支持法的功用主要在于不断修复参与市场经济活动最活跃的生产力要素——人——在遇到意外事件而导致社会财富经济流在其身上缩小、停滞甚至是倒贴时的不利局面，由国家提供制度化的措施来恢复当事人重新参与市场竞争的能力，从而不断地维持市场的持续运转。这里运用经济法所实施的国家干预不仅以经济性为手段，而且也是以经济性为目的——即使这些接受社会保障的个人及其家庭尽快地渡过难关，重新投入到经济流的创造中去，为社会物质财富的增进继续付出自己的劳

---

① 郑尚元：《社会法的定位和未来》，载《中国法学》2003 年第 5 期。

② 笔者不同意将社会保障法律制度分解，一部分划入经济法体系研究，其余部分归入社会法范畴的观点。社会保障法律制度作为一个整体，里边的内容可以或多或少，不同国家或地区可以不同，但在一国范围内的法律体系框架中，只能将之作为一个整体安排其在法律体系中的地位，不能对之进行拆分后分别归类。

动和努力,同时获得和增加自己对物质财富分配的占有份额。因此,从社会分配法的角度和经济性的维度分析,包括社会救助法律制度在内的社会保障法律制度作为经济法中强制性分配法的有机组成部分之一①,是可以获得其正当性的理由与根据的。本学位论文的论证正是以此为逻辑基点进行展开的。

第2节 社会救助法律制度的基本理念剖析

社会救助法律制度的基本理念,即该法律制度设计的本质出发点和追求目标。基本理念的阐析可以解释社会救助法律制度供给的现实需求动因。因为法律制度作为一种理论架构,导源于回应现实社会生活中的实际需求。客观社会生活的实际决定了社会救助法律制度基本理念的选择和定位。基本理念的选择和定位同时也决定了社会救助法律制度存在的目的和价值。本文认为,社会救助法律制度的基本理念应该从公民权利张扬和保护的视角加以理解,依赖于公民权利张扬和保护的制度需求,国家对这部分再分配经济关系的规制才有了自己的合法性和合理性基础。应该说,社会救助法律制度也主要是为了维护和回应公民的这种权利诉求才应运而生,并逐渐现代化的。根据笔者的理解,社会救助法律制度产生并随着社会发展而变迁的历史演进轨迹中所信守的基本理念主要包括两层内容:一是生存权理念的基本支撑,二是发展权理念的渐进扩张。

一、生存权理念的基本支撑

"生存权是一切人权的起点","作为第一人权,是贯穿着基本人权发展始终的人权,它随着人类的进步和社会的发展,随着人类同自然界斗争的不断胜利而不断丰富和发展"。② 在最早的人权思想中,生存几乎是它唯一的内容。"有什么权利比生存的权利更为神圣呢?"③近代资产阶级自然法学派把人的生存权看作是天赋人权中最高、最基本的权利。霍布斯和斯宾诺莎认为,生存

① 李昌麒、应飞虎:《论需要干预的分配关系——基于公平最佳保障的考虑》,载《法商研究》2002年第3期。

② 韩德培主编:《人权的理论与实践》,武汉大学出版社1995年版,第364、380页。

③ [法]泰·德萨米著,黄建华等译:《公有法典》,商务印书馆1982年版,第15页。

权是来自人的自我保存本性或人的欲望，自然界的每种动物都在竭力保持自己的存在，而作为理性动物的人类当然也不例外。霍布斯说，由于人的本性是自我保存，所以生存权是人的首要权利，它包括获得维持生命所需要的东西如食物、运动的权利，也包括自卫救济的权利。人们可以“利用一切可能的办法来保卫我们自己”。① 斯宾诺莎认为，自我保存是一切事物的本性，也是人的本性与权利。“每个个体应竭力以保存自身，不顾一切，只有自己，这是自然的最高律法与权利。”②洛克说，生命权是指与生俱来的生存权利，人不能把支配自己生命的权利交给别人，“因为一个人既然没有创造自己生命的能力，就不能用契约或通过同意把自己交给任何人奴役，或置身于别人的绝对的、任意的权力之下，任其夺去生命”。③ 卢梭也认为，生命是“人类主要的天然禀赋”，④是自然赋予人类的宝贵权利，无论以任何代价抛弃生命，都是既违反自然同时也违反理性的。作为明确的法的概念，“生存权”最早见于奥地利具有空想社会主义思想倾向的法学家安东·门格尔 1886 年写成的《全部劳动权史论》⑤。该书认为劳动权、劳动收益权、生存权是造成新一代人权群——经济基本权的基础。生存权此时被揭示为在人的所有欲望中，生存的欲望具有优先地位。社会财富的分配应确立一个使所有人都能获得与其生存条件相适应的基本份额的一般客观标准，“社会成员根据这一标准具有向国家提出比其他具有超越生存欲望的人优先的、为维持自己生存而必须获得的物和劳动的要求的权利”，这种由个人按照生存标准提出而靠国家提供物质条件保障的权利就是生存权。⑥ 生存权概念的出现引发了人权理论上的一场革命。如果说人权体系近代与现代的分期是以其核心内容是否发展变化为标准的话，那么在生存权的地位被抬高到自由权之上的见解在理论上得到阐明的时候，人权观念上的自由权本位向生存权本位的换代实际上已经开始。“第二代人权的孕育即以

---

① [英]霍布斯著，黎思夏、黎廷弼译：《利维坦》，商务印书馆 1985 年版，第 98 页。

② [荷兰]斯宾诺莎著，温锡增译：《神学政治论》，商务印书馆 1963 年版，第 212 页。

③ [英]洛克著，叶启芳、瞿菊农译：《政府论》(下篇)，商务印书馆 1964 年版，第 17 页。

④ [法]卢梭著，李常山译：《论人类不平等的起源和基础》，商务印书馆 1962 年版，第 137 页。

⑤ 参见[日]杉原泰雄编：《宪法学的基本概念》，劲草书房 1983 年版，转引于韩德培主编：《人权的理论与实践》，武汉大学出版社 1995 年版，第 381 页。

⑥ 其实，这里的“生存权”概念不就是现代“社会救助权”概念的前身吗？

安东·门格尔的创见为胎盘。”[①]这种现象与人权规范确立之初是由思想家们对人权进行论证而后才有人权法的规定一样，现代人权的出现也经历了一个理论上的说明早于法的规定的过程。生存权的规范于安东·门格尔提出概念30年后才出现。

(一)生存权的历史考察

1. 生存权的思想萌芽

从保证使获得了生命形式的人能够活下去的最低要求考察，生存权的内容其实远在人类认识了自身不同于动物的社会价值之后就已经存在了。生存作为一种原始的愿望，是与人学会了怎样向自然界索取并如何从共同劳动成果中分得一份的方法一起产生的。“在任何有机体内，最基本的冲动都是为生存的冲动。”[②]最初的财富匮乏是影响人类生存的根本因素。正因为财富对人的生命有决定性的作用，所以才有在原始的常规被打破之后，掌管财富分配的少数人为了自己的生存而聚敛财富，进而将人划分为阶级的历史。私有制的确立使关心集体能否生存下去的意识仅存在于失去了生存条件的那部分人当中。神学政治统治建立之后，此前的一部分人把另一部分人不当作人而当作物的观念开始受到以神的名义的挑战，随时都可能被剥夺生命的那部分人开始受到“神”的保护。神学家托马斯·阿奎那不但认为生存条件不全的人与生存条件齐备的人在神的面前有同等的地位，而且认为根据神法而产生的人法在确定财产秩序的时候也不得违背自然的原则。他在《神学大全》里说：“由人法产生的划分财产并据为已有的行为，不应当妨碍人们对这种财富需要的满足……如果存在着迫切而明显的需要，因而对于必要的粮食有着显然迫不及待的要求，——例如，如果一个人面临着迫在眉睫的物质匮乏的危险，而又没有其他办法满足他的需要，——那么，他就可以公开地或者用偷窃的办法从另一个人的财产中取得所需要的东西。”[③]托马斯·阿奎那的重定财产秩序以解除人所面临的贫困的思想后来得到了被称为“自然法理论之父”的格劳秀斯的

---

① 韩德培主编：《人权的理论与实践》，武汉大学出版社1995年版，第381页。

② [美]夏洛特·托尔著，郗庆华、王慧荣译：《社会救助学》，生活·读书·新知三联书店1992年版，第53页。

③ [意]阿奎那著，马清槐译：《阿奎那政治著作选》，商务印书馆1963年版，第142～143页。

赞同。格劳秀斯认为："在极度必须的时候，关于诸物的使用的原理可复活为原始权利，这时候物的状态是共有的。为何？因为根据人类法派生的一切财产法都是把极贫穷状态排除在外的。"①换言之，人在生存受到威胁的时候，这种威胁应由有财产的人与其共同承担，人为解除生存威胁而拿别人的物是他的权利。格劳秀斯的观点证明了生存是人的自然权利。与其论见一脉相承的还有卢梭在《论人类不平等的起源》、威廉·葛德文在《政治正义论》中所阐明的思想。② 从中世纪的托马斯到近代的启蒙思想家揭示了生存的共同原理：与人的生存联系最紧密的因素是财产。他们一致的观点是，人在极度穷苦中为求得生存而获取社会上富人的财产不仅不是犯罪，反而是应有的权利。人权学者认为这些思想播下了现代才开花结果的人权的种子——生存权，还有学者认为这些思想还停留在道德的领域而未变为人权规范，因而只是生存权思想的萌芽。

2. 生存权的自然权形式

在近代自然法思想家中，洛克的观点曾在最初被直接纳为人权规范。他的关于人的生命与人的自由、财产一样归个人所有的思想被早期的两部人权法全面吸收。在1776年美国独立战争中诞生的《弗吉尼亚人权法案》是人权史上最早的人权规范，其第1条明显地带有洛克的思想痕迹："一切人生来享有平等的自由权、自立权以及一定的固有权利；在其进入社会时，其生命和自由不得以任何契约而丧失或剥夺，并且有权获得和占有财产，有权追求和得到幸福与安全。"③这条规定在《独立宣言》中被提炼为："人人生而平等，他们都从他们的'造物主'那边被赋予了某些不可转让的权利，其中包括生命权、自由

① 参见[日]河部照哉、池田政章：《宪法(3)》，有斐阁双书1983年版，第26页，转引自韩德培主编：《人权的理论与实践》，武汉大学出版社1995年版，第382页。

② 参见[法]卢梭著，李常山译：《论人类不平等的起源和基础》，商务印书馆1962年版，第127页；[英]威廉·葛德文著，何慕李译：《政治正义论》第2、3卷，商务印书馆1980年版，第590页。需要指出的是，在其他场合，一些思想家也曾对自己歌颂的权利给予过否定的说明。如威廉·葛德文指出："人据说有生存和个人自由的权利，如果承认这一命题，也必须附有很大的保留。在他的义务要求他舍弃生命时，他就没有生存的权利。"(《政治正义论》第113页)这无疑又等于推翻了他们自己已求证的结论。判断上的矛盾是思想不成熟的表现，但其中内含的合理性价值仍具有一定的启迪作用。

③ [日]高木八尺等编：《人权宣言集》，岩波书店1957年版，第109页，转引自韩德培主编：《人权的理论与实践》，武汉大学出版社1995年版，第383页。

权和追求幸福的权利。"[①]早期的另一人权规范是对后世产生过巨大影响并被人们当作"人权的古典正文"而模仿和照搬的法国《人权与公民权利宣言》,其第2条规定:"任何政治结合的目的都在于保护人的自然的和不可动摇的权利。这些权利就是自由、财产、安全和反抗压迫。"[②]这条规定的根据直接来自洛克的《政府论》。这两个早期的人权规范显示出作为人的自然权利首要内容的生命权在美国和法国有着不同的对待方式:美国将它置于人权首位明言予以保障,法国则在规范中没有出现它的概念而将其融会于其他权利中予以保障。但它们的共同点在于:其一,无论规范中是否出现生命权的概念,生命权的内容都是存在的。没有生命权概念的法国人权宣言在明示自然权利之前首先假定了一个前提:"在权利方面,人生来是而且始终是自由平等的",这其中有"生"的含义。其二,生命作为权利,其实现的必备条件是国家负有保障之责。作为人权的生命权第一次具有了为国家活动划定界限的意义。美国的规范中有"为了保障这些权利,所以才在人们中间成立政府"、"如果遇有任何一种形式的政府变成损害这些目的的,那么,人民就有权利来改变它或废除它,以建立新政府"的原则;法国的规范中则更简练地以一句话表明了国家的价值:"任何政治结合的目的都在于保护人的自然的和不可动摇的权利。"其三,早期的人权规范都把生命权作为生存的基本形式,在处理生命权与其他人权关系的时候,总是把其他权利作为个人实现生命权的手段,而其中主要的手段是财产权,财产权这时被赋予了绝对不受限制的神圣性。其四,国家担负保障人的生存权之责的方式是间接的,即通过保障人的自然权利而使人得以生存。国家对个人权利领域的态度是抑制自己,不予干涉。这四点作为人权规范最早肯定生存权的共同内容,在人人都有财产可实行生存的自我保障条件下,确能使处于朦胧状态的生存权得到顺利实现。但问题恰恰在于,社会上尚有大量无财产权可以行使的人业已存在或正在出生,他们的生命却处于危险之中。人权规范虽然肯定了这些人的生存权,却无法保障他们的生存。这样的现实对以生命权这种自然权为表现形式的尚不定型的生存权提出了改进要求。

3. 生存权的社会权形式

社会权在人权法上随之出现,回应了这种改进要求。这标志着古典的自然权思想在人权史上的终结。人的权利一旦超出了"与生俱来"的范围,其权

---

① 冯林主编:《中国公民人权读本》,经济日报出版社 1998 年版,第 454 页。

② 冯林主编:《中国公民人权读本》,经济日报出版社 1998 年版,第 459 页。

利的性质就不再是自然的或不证自明的。1791年法国宪法最早设定了不同于自然权的社会权。该宪法中有如下规定:"应设立或组织一个公共救济的总机构,以便养育弃儿,援助贫苦的残疾人,并对未能获得工作的壮健的贫困者供给工作。"1793年该规定在人权宣言中又进一步发展为"公共救济是神圣的义务。社会对于不幸的公民负有维持其生活之责,或者对不能劳动的人供给生活资料"。作为人权的特殊主体——不幸的公民,他们有从社会(这时还未明确为国家)获取救助的权利。这种权利因以社会救济机构为相对义务主体,因而可以称之为社会权。很显然,社会权已不再是孤立的自然权,而是发展了自然权的一种新权利,其意义在于维持一部分不具有生存条件的人的生存。社会救济条款的出现对巩固刚刚取得革命胜利的资产阶级政权有着极大的意义。大批在原始资本积累过程中被驱赶到贫困边沿的人因此看到了一线生机,很快就团结在资产阶级民主派的周围。对生存救济条款的政治意义认识得最深刻的是罗伯斯庇尔。他在1793年的国民公会上第一次批评了1789年的《人权宣言》,认为宣言所保护的财产权原则是"许多灾难和犯罪的根源",主张"财产平等对于个人幸福还不如对于社会福利那么需要",因而建议对人权宣言进行修改。他为此还提出了自己的人权法案,①该法案的突出特点是主张以社会权的方式保障人的生存。作为世界人权史上第一次提出对所有权和经济自由进行法律限制,他的思想虽未被当时立法所接受,但却对垄断资本主义时反垄断法和社会法的制定产生过巨大的影响。以法国1848年"二月革命"为契机,"社会权"首次被规定为国家的义务。"二月革命"后成立的包括两名工人在内的临时政府决定设置"国立劳动场"以保障失业工人享有劳动权,与劳动权配套的其他措施,如准许工人建立劳工组织、限制过长的劳动时间、改善劳动条件等随后也进入了立法范围。这些革命成果后来甚至在有明显倒退痕迹的法兰西第二共和国宪法中也仍然得到了肯定,并由此确立了该宪法在解决生存的社会问题上由近代向现代过渡的性质,以及它第一次把贫困、失业等问题作为生存权问题加以解决的进步意义。这表现为如下几个特点:其一,它改变了由资产阶级革命初期对市民社会每个人作等质对待的认识,开始承认在劳动关系上工人与资方的不平等,对人权的保护随这种认识而有了原则性变化,即改变过去无差别地保护所有的人为有差别地对失去生存条件的

① [法]罗伯斯庇尔著,赵涵舆译:《革命法制和审判》,商务印书馆1965年版,第136~137页。

人予以特殊保护。其二,它确立了人权内容的两个重心,一方面它继续承认所有权的自由性,另一方面又有开创性地肯定劳动权的自由性,在人权体系上设计了二元体制。这一特点可以视为近代人权向以生存权为核心的现代人权转换的尝试。其三,它第一次确立了社会保障制度,被保障的主体由 1793 年宪法中"不幸的市民"具体化为失业者、弃儿、病弱者、老人等,保障方法由 1793 年宪法中"社会救济机构"履行义务变为国家履行义务。这一特点与现代宪法关于社会保障的特点极其相似,可以说是它初步设计了现代宪法中的社会保障方案。社会权的主要内容是劳动权和救济权。法兰西第二共和国集中解决了社会权的问题,在世界人权史上具有承前启后的地位。自由资本主义向垄断资本主义发展时期的社会弱者正是依靠争取劳动权和社会救济权才得以生存的。该时期的生存权就是以社会权为表现形式的一种权利。

4. 生存权的定型化

纵观自《人权宣言》问世至 20 世纪初的资本主义发展历史,可以看出为解决人的生存问题,资产阶级国家大致采用了如下几种方法:其一是在资本主义自由竞争体制内部设立人的自我救济制度,国家对此不承担义务,它的救济物资来源是富有者的施舍,获得救助的人不限于产业工人,其他"不幸"的人也有机会从救济机构那里领取所需的一部分。其二是为保证劳动力有出卖劳动的机会,法律上承认工人享有劳动自由。以法国 1848 年宪法为开端,劳动者的诸种权利如组织劳工团体的权利、罢工自由等开始形成,这些权利重新调整了工人与国家及资本家的关系。工人团体权利的获得被认为是工人对国家在刑事处罚关系上的解放,同时也被认为是工人对资本家在民事补偿关系上的解放。劳动权登上人权舞台,实质上等于宣布一切以契约为自由形式的制度已被修正。国家可因劳动时间过长、劳动条件过差、劳动报酬过低等有效干预资本家的活动,从而为劳动者的生存提供一点支持的力量。其三是国家直接插手生存问题的解决,即把保障社会弱者生存作为自己的义务。自 19 世纪末开始迅速推进的技术革命,使大批不适应新技术要求的体力型劳动者失业;公害的出现衍生了许多非人的自然免疫力所能避免的疾病;垄断的形成进一步导致结构性工厂倒闭和大批失业。这些凸显的社会问题呼吁国家进行制度变迁和创新。国家一方面以强制性保险制度替代原来任意性的相互扶助制度,另一方面增加了以妇女、儿童、残疾人、老人为特殊保护对象的人权立法。上述三种方法与资本主义发展的不同阶段相适应,具有先后的递进性。"当第三种办法被普遍使用的时候，生存权的定型化已具备了充分的条件。”[①]一战的爆发为生存权规范的问世起了催生的作用，它的两个后果——苏俄《被剥削劳动人民权利宣言》的问世和资本主义经济危机的产生，从正反两个方面为生存权的诞生开启了大门。《被剥削劳动人民权利宣言》继承了全部有益于劳动者的资本主义人权立法经验，从根本上消除了不利于劳动者生存的资本主义基础，从而成为一部最彻底、最典型的生存权法案。“生存权在世界上首次受到宪法明文保障的是德国的《魏玛宪法》。”[②]《魏玛宪法》第二编第五章“经济生活”中规定了生存权的有关内容，经济目的被设定为：“经济生活秩序必须与公平原则及维持人类生存目的相适应”(第 151 条第 1 款)。该目的即是资产阶级人权学者所称的人权换代的原始规范，生存权的法律根据皆出自于它。“这里虽然不能明确称之为权利，但是，它却明示了生存权是一种靠国家的积极干预来实现人‘像人那样生存’的权利，而且，这与通过要求国家权力的完全不干预来确保国民自由(即国民的自律性领域)的自由权，在基本权利的内容上，两者是相异的。因而，生存权是在近代市民宪法所保障的人权宣言体系中前所未有的崭新的基本人权”，[③]呈现出与以往所有资本主义人权规范不同的三大特点：其一，公开承认了社会内部劳动阶级与资产阶级的阶级对立，为使这种对立趋于缓和，该法调整了人权的重心，即对生存权作了概括性设立。尽管从实质意义上分析，规定这种全新的人权不在于为劳动阶级建造天堂而在于使资本主义剥削制度生存下去，但其进步意义还是较大的。其二，以生存权为目的重新调整经济秩序是该法最突出的特点。在生存目的的制约下，经济活动从自由转向不自由，所有权被附带有义务，这等于承认自由资本主义的历史已经终结，在新的资本主义时期，人们有权依据生存原理对抗对自己生存不利的所

① 韩德培主编：《人权的理论与实践》，武汉大学出版社 1995 年版，第 385 页。[日]大须贺明著，林浩译：《生存权论》，北京：法律出版社 2001 年版，第 3 页。

② 韩德培主编：《人权的理论与实践》，武汉大学出版社 1995 年版，第 385 页。[日]大须贺明著，林浩译：《生存权论》，法律出版社 2001 年版，第 3 页。

③ [日]大须贺明著，林浩译：《生存权论》，法律出版社 2001 年版，第 3 页。

有经济活动，生存权被推上了体现全部经济秩序最高价值的地位。① 表现现代资产阶级国家外部特征的所谓福利政策就是依据“生存目的”而制定的。其三，随着生存目的被解释为生存的人权规范，国家从消极转为积极，开始全面介入垄断资本主义固有矛盾——财富急剧集中于少数人手中和社会多数人迅速贫困化——的解决。《魏玛宪法》关于国家以公益的名义强制组建公共经济组织并以税收方式实现社会财富的二次分配、把集中的社会财富分割出一部分施于贫困者的规定，使国家获得了前所未有的力量。《魏玛宪法》的制定标志着生存权的全面定型化。人的生存问题从此再也不像以前的人权规范那样只是作为个别人的问题，以该宪法关于生存的三个规范群为开端，生存权具有了主体、内容、客体等法定要素，从而成为与所有人都密切相关的问题。穷人的生存联系着富人的义务，国家成为生存权的保障人。在此意义上，“生存权重新规范了个人与国家、社会弱者与强者、劳动者与剥削者的关系，开启了具

① 作为“经济目的”出现在宪法中的“生存”是否可以被作为人权规范直接适用，在德国人权学者中是存有分歧的。一种观点认为它不过是关于人权的原则和纲领（纲领说），另一种观点则认为它是不需补充即成立的法的规范，具有一般适用的人权效力（规范说）。大须贺明在书中阐述道，据德国安许茨等学者的一般性见解，该第 151 条第 1 款在《魏玛宪法》中多被理解为“纲领性规定”，也就是说所谓“保障像人那样的生存”的规定，只不过是显示了国家和州的政策性方针而已，并没有赋予国民可以直接向国家和州请求生活保障的具体性权利。换言之，就是说即使国家和州违反了该条规定，对国民的生存不进行保障，国民也不能通过法院等追究其法律上的责任。另一位学者莱曼则对“纲领说”表明了些许否定性的见解。但在积极地保障国民像人那样生存的社会权的侧面上，莱曼依然主张该段规定只不过是表明了立法方针的纲领性规定而已，仅仅在自由权的侧面上，才承认其具有法的效力，而且只有在明显地违反了“正义原则”之时，才承认其违宪性，因而实际上其法的效力范围也是非常有限的。大须贺明的观点是：“尽管法的效力尚未能获得承认，但是由于《魏玛宪法》高扬起福利国家的理念，宣示把实现对生存权的保障当作国家的政治性义务，因而对人类生活的进步具有重大的意义。”[日]大须贺明著，林浩译：《生存权论》，法律出版社 2001 年版，第 4 页。但我国有学者认为“规范说”后来被普遍接受。韩德培主编：《人权的理论与实践》，武汉大学出版社 1995 年版，第 386 页注①。

为达成“经济目的”的第一规范群可概括为劳动者的各项权利，这些权利的实现方法是由国家设立不因劳动者疾病老弱而影响生活的保险制度，保障这种制度的主体不是社会而是国家；第二规范群是关于所有权与经济自由权的规定；第三规范群是关于对从事农业、商业等活动的独立的中间阶层给予生活保障的规定。这些规范群“对生存权性质侧面的基本权甚至对社会权性质侧面的基本权，均作了丰富多彩的保障”。[日]大须贺明著，林浩译：《生存权论》，法律出版社 2001 年版，第 3 页。

有连带特征的人权新时代"。①

(二)当代生存权的内容

生存权在世界范围内的普遍化始于上世纪30年代资本主义经济大萧条之后。特别是二战以后,几乎所有制定宪法的国家都在其人权规范中增加了生存权的内容。综合起来看生存权在现代各国有着如下几方面的理解:第一,生命权仍是生存权的自然形式。与早期人权规范中作为自然权的生命权不同,现代作为生存权的生命权已增加了尊严权的内容。生命与尊严的结合可以理解为人"体面地生存的权利"。尊严权是二战后新出现的人权子族,在生存权理论上被认为是人的生命的外围屏障。如果一个人的生命是在屈辱状态中被保全,那么他的生命至多也只是表现为奴隶式的动物形式,其生存的价值不在自己而在屈辱施加者。尊严权是从法西斯主义践踏人的尊严的教训中反刍出来的人权。人权体系中有无它的规定是判断一国人权是否现代化的根据之一,也是判断一国保障人的生存权是否全面的标准之一,其意义可与生命权并列。第二,财产是生存权实现的物质条件。与近代人权规范不同,为求生存而获得财产不以生存者履行义务为前提,反以财产所有人履行义务为前提,国家具有接受生存请求的义务和责任。失去生存能力的人有向国家提出获得必需物质帮助的权利,国家通过强制财产所有人履行义务实现自己向生存请求者提供物质帮助的义务。在现阶段,发展中国家以解决人民温饱问题为解决生存权的首要问题,发达国家多已超越这一标准而实施福利国家政策。第三,劳动是实现生存权的一般手段。生存权问题最早是由劳动者引起的,解决了劳动权问题就在很大程度上解决了社会多数人的生存权问题。劳动是财富的源泉,保障劳动者劳动权的实现,不仅使劳动者本人在创造财富的过程中享有取得劳动报酬的资格,而且也为不能参与财富创造的人准备了提留后的份额。劳动权的内涵较之过去丰富了很多,劳动就业权、职业选择权、报酬权、劳动保护权、休息权、交涉权、争议权、管理决定权、劳动保险权等正随着劳动者价值的提高而成为劳动权族中日益重要的组成部分。第四,社会保障是生存权的救济方式。一部分生存者是通过"劳动—财产—维持生存"的方式完成生存权的自我实现的,另有一部分人则是通过"物质请求—国家帮助—维持生存"的方式完成生存权的保障的。后一种方式适用于具有生存障碍的社会弱者。分

① 韩德培主编:《人权的理论与实践》,武汉大学出版社1995年版,第387页。

析一个国家生存权制度是否完备,在现代具有三个尺度:一是看生存的保障义务是否由国家履行,二是看国家是否制定了与其经济状况相一致的生存标准,三是看国家是否有使低于生存标准的人达到这一标准的具体措施。它们联系着的共同内容就是社会保障制度。在现代社会化大生产过程中,即使有生存能力的劳动者也避免不了随时都可能发生意外灾难,社会保障制度对他们具有生存的救济预备意义。而对于老弱病残妇幼等社会弱者来说,社会保障是他们须臾不可离开的护身符,社会保障制度无时无刻不在消除他们的生存障碍。从社会保障与弱者生存的关系考察,可以认为接受社会保障就是社会弱者的生存权,尤其是社会救助制度所体现出来的与社会弱者之间的关系。这种形式的生存权对于社会强者而言,只是在他还是强者时才不需要,一旦其沦为弱者,受社会保障就成为他原来生存权的自然延伸。第五,发展成为生存权的必然要求。生存权的设立解决了适者生存、不适者也生存的问题,但是生存权中并无限制适者生存得更好的平均因素。生存权可以确定生存的最低标准,但却并不反对社会弱者为适应社会发展的更高追求。在没有上限的生存欲求中发展个人并使之与社会进步相一致,因为适应了社会要求而成为一种必然。例如,在一些新技术产业中,劳动者要么成为新技术的掌握者,要么被新技术淘汰而另就他业或失业。一旦出现后一种情况,其生存问题就随之产生。为防止类似的个人与社会差距拉大的问题出现,发展自己的权利开始被列入生存权的范围。个人发展的主要途径是享有教育权。人自幼开始接受一般智能教育,国家承担培养高素质劳动后备军的义务。正是从保证人的生存角度考虑,"接受教育"才具有既是权利又是义务的双重性质。发展权中不限于受教育权一种,还包括个人为显示自己能力所进行的各种自由追求,如公职竞争自由、兼职自由、职级晋升权等。生存权中包含发展权的内容,首先是社会发展的需要,其次也是人权中必须承认人的先天差别的需要。生存权中只确定生存的最低标准,本身就蕴涵了对人的发展权的肯定。第六,环境、健康、和平是生存权的当代内容。生存权是发展变化着的权利。在温饱问题解决之后,财富贫乏对人的生存威胁已降为次要地位,而人类在创造财富过程中对自然环境的破坏以及由此而引起的各种疾病开始对人的所为进行报复。它们的肆虐导致了一些现代病的出现,因此创造良好的自然环境和保持身心的健康就成为替代人类对衣食住行要求的新要求。这种要求在生存权上的表现就是环境与健康权,诸如净气权、阳光权、净水权、远眺权等都是它们的内容。另外一种生存权的当代内容是把和平作为生存的首要问题,这是以第二次世界大战给人类制造的惨祸为背景而增加的内容。人们深刻体会到战争是人类生存的最大威胁，因而有了在和平环境中生存的要求，反战权、反核权、免除核威胁权等成为和平生存权的重要内容。第七，国家职能的转换是生存权的保障。近代国家对公民的生存权只以旁观者的身份出现，现代国家则把自己变成了生存权的关系人。二战之后重新修订宪法的西方各国都另行标定自己的性质，德国标榜自己是“社会联邦国家”，法国自称是“社会共和国”，意大利定性为“以劳动为基础的民主共和国”。国家性质的重新表述表明以保障生存权的名义全面干预经济成为现代国家的新职能。

（三）生存权的保障机理

生存权在人权体系中的核心地位确立之后，人权制度随之发生了三个方面的根本性变化。在人权内容上，传统的以自由权为构成基础的近代人权让位于以生存权为构成基础的现代人权。在人权目的上，传统的以社会成员对个人自由、幸福的追求变换为社会整体对平等、生存的追求，人权主体也因人权价值取向的转移而由有生命的个人扩展为具有复合性质的人的某类，集体的权利开始登上人权舞台。[①] 在人权保障方法上，传统的只对人权侵害加以预防和在预防失灵时对侵害加以排除的消极保障方式开始变换为国家直接向人权主体提供人权实现条件和清除人权实现障碍的积极保障方式。公民对国家的抵抗和国家所必须保持的抑制被公民对国家的依赖和国家必须进行的介入所取代，国家从不惊扰个人权利行使的守夜人变成了应公民请求而行的奉事者。这些变化表明，作为现代人权标识而确立的生存权，其性质已不同于作为起始的人的解放符号的自由权。自由权强调的是人的个性的充分实现，生存权强调的是所有人的共性的一般实现。国家对于生存权的实现具有决定性的意义。公民通过人权的中介同国家结成四种权利义务关系并形成四种地位。第一种是公民对国家的服从关系。在这种关系中，公民处于被动地位，对来自国家的法律、政府的自由裁量、司法的裁决只有尊奉的义务而无讨价还价的权利。如果说在服从关系中公民有不可侵犯利益的话，那至多是公民对超量义务的拒绝权，这种拒绝权恰恰说明公民对国家履

---

① 在国际人权法中，集体权利又称集体人权，最早出现于第一次世界大战中国与国之间关于少数民族保护的双边条约，其形态表现为民族的权利。二战后，集体人权概念开始广为流行，现已成为国际人权法的基本范畴。

行了法定量的义务。第二种是公民对国家的抵抗关系。在这种关系中，公民处于消极地位。人权自产生那天起即以国家为防御对象，限制国家干涉公民生活的权力。在抵抗关系中，公民获得的是各种形式的自由。第三种是公民对国家的决定关系。在这种关系中，公民处于主动地位。只要承认主权在民是人权制度的基本原则，就必须承认公民有决定国家一切的权利，公民因这种地位而获得广泛的政治权利。第四种是公民对国家的请求关系。在这种关系中，公民处于积极地位。国家应公民的请求为当为的行为而使公民受益，国家活动的内容受公民的请求所支配。公民的请求一旦得到满足，其结果就是实在化的权利。国家负有满足公民请求的法定义务，这种性质的权利就是生存权。生存权所表明的公民对国家的积极关系，显示出生存权的实现方式已不同于公民处在其他地位上获得其他人权的方式。国家是否允许公民拥有提出请求的人权地位、允许公民居于请求者地位而请求是否被国家接受、国家不接受公民请求是否为不作为违法、国家的不作为行为最终能否被公民纠正过来，这一系列问题的解决就构成了生存权有无切实可行制度保障的机理所在。

生存权的保障机理在历史上存在几种形态。一是是否赋予公民在生存遇到来自自身或社会困难的时候有向国家提出帮助请求的地位，直接决定着公民能否成为生存权的主体。依据部分德国人权学者早期对《魏玛宪法》关于生存条款所作的解释，只是把“共同生存”理解为国家活动的原则和纲领，生存的保障问题则只不过是国家政治和道义上的责任，它的表现形态是政治规范而不是基本人权。纲领说直接否定了生存条款的权利性，同时也否定了国家所应承担的法律责任。公民处在不能提出请求的地位，其对生存的希望只能是消极的等待。在国家遵循道义的纲领而实施仁政的时候，公民的生存问题可能被国家的具体措施所顾及；一旦国家背弃政治原则，公民的生存问题又有可能受到忽视。这样，即使国家有基本定型的福利制度，公民的受惠也带有很大的偶然性。这种状态的生存权，与其称其为基本的人权，不如称为特权更合适，因为它无法成为人人平等享有的权利，偶尔的享有只是恩惠式的例外。二是确认公民有向国家提出生存请求权的法律地位，但同时又准许国家对公民的请求持自由态度——既可以接受，又可以不接受。这种性质的生存权仍是缺乏强制性义务作为保障的生存权。在上世纪 30 年代的德国和 50 年代末期的日本，人权理论界曾将有请求权的生存权解释为抽象的权利，其含义是公民有权向立法机关提出补救生存保障立法不足和向行政机关提出纠正生存保障措施不当之请求，但不能把请求转化为对物或劳动机会的索取。这种请求权不是具体的，而是带有政治色彩，故称其为抽象的权利。抽象权利说比纲领说有两个明显的进步：一方面是承认生存请求权是公民普遍享有的权利，比纲领说的特权论更接近平等的人权原则；另一方面是赋予了公民生存权的主体资格，保障生存的责任不再是国家的道德义务而是法律责任。同时该说也存在不足：一方面是它所承认的公民请求权缺乏可操作性，公民排除生存障碍的请求得不到司法的保护；另一方面是公民的请求只被当作国家了解社会的渠道，公民请求解决的问题只有在具有社会普遍意义的时候才可能得到重视，而对于因人而异的个别请求，国家则可予以否定。这种情况说明生存权此时正处于抽象地被肯定和具体地被否定的矛盾之中。该说曾在很长一段时间内被国家作为规避具体义务的根据。三是法律是否允许公民对国家不接受公民具体生存请求权认为不作为违法，是生存权向制度化保障靠拢的重要转折。理论上对这种靠拢作出强有力说明的是超越抽象权利说的具体权利说。具体权利说产生的背景，在于上世纪 60 年代开始的各国社会保障法的普遍化和依据社会保障法而作出的诸多生存权判例。该说把生存权当成了违宪审查的标准，从而迈出了国家对保障生存权实现负有法律义务的关键一步。该说对国家行政机关所提出的制约甚至远远大于对立法机关的制约。在生存保障有法可依的前提下，如果负有社会保障法实施之责的行政机关也以不作为的方式漠视公民的请求权，公民则可以直接将行政机关作为诉讼上的控告对象。生存权是行政不作为行为被司法审查的基本标准。具体权利说赋予了生存权对立法、行政的约束力，使生存权成为当代立法的本源和行政措施的出发点之一。四是公民的请求权能否转化为属于自己的生存利益或生存条件，是生存权是否具有法定性格的标志。比具体权利说更现实化的生存权理论是法定权利说。该说认为生存权只有成为决定当事人利益的审判规范时，生存权才是在终极意义上能够实现的人权，其法定权利的表现形态是在司法上获得救济。依据人权保障的一般原理，哪项权利不能提起诉讼，哪项权利就没有护卫屏障。司法上对生存权的救济是生存权保障的最后环节。渐进获得法律效力的生存权，其保障机理变迁最终在于强调国家的作用，从而规制国家在法律上和物质条件上向生存权主体提供双重支持，消除国家的不作为因素并使公民能够获得由司法裁判命令支付的来自国家方面的物质利益支持。

（四）生存权的界限

生存权界限的原理在于辨别国家对公民生存请求权满足积极与不积极的作为程度。国家在为生存权确定界限的时候，一般以一部分主体与另一部分主体所享权利的差距作为观察点，所以生存权在法律上只有下限而无上限，这个下限就是国家在综合了全体成员的经济情况后为生存权主体确定的国民最低限度的生活标准，也就是社会救助法律制度里面所涉及的“贫困线标准”。维持生存权的最一般条件是经济条件，但仅把建立在由经济条件所决定的最低限度的生活标准理解为生物式的生存是不够的。人的文化欲求与人的生物式需求有着相互渗透的关联性。经济与文化都是确定生存标准的内在要素。最低限度的生活标准既是抽象的又是相对的概念。抽象产生于对具体经济、文化生活的一般概括，相对则预示着标准的流动性变化，国家负有适应国民各种生活水平提高而不断修改标准的责任。下述六个方面是国家确定生存权界限的主要根据：国家的财政状况——不是根据预算来确定生存权，而是根据生存权决定国家预算；国家的平均生活水平——不是强调生存权的平均主义，而是强调低于平均值的国民具有受保障的优先地位；城乡生活差距——不是用同一标准适用一切人，而是用两个标准适用于不同的人；国民生活感情与劳动倾向——不是鼓励人们争做懒惰者，而是鼓励公民积极自立；强制保障受益对象——不是建立生存权的特惠制度，而是建立全民皆保障的保障体制；国家对救助申请的满足程度——不是使请求人生活水平高于不曾提出申请者，而是使请求者获得生存的最低条件。这些方面被国家通过技术处理为数字指标时，生存权的下限就是具体和明确的。国家根据不同时期变化着的经济文化等情况定期上调这个下限，因此生存权的界限又总是相对的。总之，既保障有生存自救能力的人不断创造出适于自己的生存环境，又保障生存弱者不断依据国家确立的生活水平最低限度提出帮助请求并满足其请求。生存权的界限以其两重性向国家提出了不同的要求：对前者的界限国家以“合理性界限”对待之，对后者的界限，国家需以“明白性界限”对待之。

（五）生存权的国际性保障

1945年制定的《联合国宪章》宣示把促进人权的国际性保障作为联合国的重要任务。关于生存权问题，其序言中宣称把促进人民生活水平的提高作为联合国的目的，第55条又将这一规定具体化，规定必须进一步提高生活的水平，促进完全雇用，以推动经济与社会的进步与发展。最早使联合国的这项精神得以具体化的是1948年的《世界人权宣言》，该宣言由根据《联合国宪章》第68条设立的人权委员会起草，得到联合国大会的采纳。不过由于其对加盟国并没有法的约束力，因此只是一项纲领性规定而已。但是由于在宣言中所有类型的基本人权都受到了广泛的保障，所以作为国际性规模的权利宣言，其还是具有划时代意义的。例如其第22条规定公民享有社会保障的权利，第25条规定所有公民都享有保持和保障充分的生活水准的权利，以此保障生存权。此外作为生存权性质侧面的相关权利，第23条、第24条规定了劳动的权利，第26条规定了教育的权利，第27条规定了文化生活的权利。1966年联合国大会又通过了《国际人权公约》，该公约由三个部分组成，即关于经济、社会和文化等各种权利的A公约、关于公民权利和各种政治权利的B公约以及关于B公约的议定书。在A公约中与生存权相关的各种权利受到了广泛的保障。其第11条第1款规定，"本公约缔约各国承认人人有权为他自己的家庭获得相当的生活水准，包括足够的食物、衣着和住房，并能不断改进生活条件"，以此对生存权进行保障。与此相关的规定还有，第6条至第8条规定了劳动的权利，第9条规定了社会保障的权利，第10条规定了保护家庭、母亲和儿童的权利，第12条规定了健康权，第13条、第14条规定了教育权，第15条规定了文化性生活的权利。该公约自第35件批准书或加入书交存联合国秘书长之日起3个月生效。[①] 该公约强化了人权的国际保障内容，对缔约国和加入国具有法的约束力。但是，"关于生存权性质侧面的相关权利，一般认为仅仅是作为纲领性规定性质上的权利来进行保障的"。[②] 当今世界上生存权原理已被普遍接受，"不论对立着的东西方或南北方各国在实际上是否认真对

---

① 该公约已于1976年1月3日正式生效，至今有100余个国家批准和加入。1997年10月27日，中国驻联合国代表秦华孙代表中国政府在纽约联合国总部签署了该公约，同时指出台湾当局于1967年10月5日盗用中国名义对公约的签署是非法的和无效的。

② [日]大须贺明著，林浩译：《生存权论》，法律出版社2001年版，第6页。

待了生存权，但还没有一个国家不承认生存权是人民的首要人权”。[①] 社会救助法律制度设计的最原始立足点和出发点就是基于这种生存权理念的基本驱动和支撑。

二、发展权理念的渐进扩张

在前文关于当代生存权内容的阐述中，已经指出“发展是生存权的必然要求”，生存权中包含发展权的内容是社会发展的需要，生存权中只确定生存的最低标准本身即蕴涵了对发展权的肯定。发展权作为一项独立的人权，最初由发展中国家塞内加尔第一任最高法院院长、联合国人权委员会委员凯巴·姆巴耶于 1970 年正式提出。它随着战后亚、非等一些发展中国家迫切要求打破旧的国际经济秩序，彻底摆脱帝国主义的“新殖民主义”统治体系，积极争取政治、经济、文化和社会全面发展的民族民主运动而逐步形成和发展起来。战后帝国主义对民族独立国家的控制和操纵，使争取平等的发展机会和发展权利成为历史发展的必然要求。中国对于发展权的基本立场是：发展权是最基本人权之一，是人权概念在现代社会不合理的国际关系下滋生出来的新概念；生存权与发展权是人权的核心之所在；发展权是个人人权与集体人权的结合物，既是个人人权，又是国家和民族、集体享有的不可剥夺的人权，而且发展权首先是一项集体人权；发展权不仅仅是经济目标，其内涵要比经济目标丰富和充实得多，它强调的是各种人权和基本自由的相互依存和不可分性；发展权与国际政治经济新秩序是一个问题的两个方面。虽然发展权首先是一项集体人

---

① 韩德培主编：《人权的理论与实践》，武汉大学出版社 1995 年版，第 392 页。《中国的人权状况白皮书》(1991 年 11 月)中指出生存权是中国人民长期争取的首要人权。《中国人权事业的进展白皮书》(1995 年 12 月)中指出，将人民的生存权和发展权摆在首位，是符合新时期中国国情和全国人民根本利益的。《中华人民共和国宪法》对人民的生存权保障更是作出了具体的规定：“中华人民共和国公民在年老、疾病或者丧失劳动能力的情况下，有从国家和社会获得物质帮助的权利。国家发展为公民享受这些权利所需要的社会保险、社会救济和医疗卫生事业。国家和社会保障残废军人的生活，抚恤烈士家属，优待军人家属。国家和社会帮助安排盲、聋、哑和其他有残疾的公民的劳动、生活和教育。”2004 年通过的宪法修正案中，有“国家建立健全同经济发展水平相适应的社会保障制度”以及“国家尊重和保障人权”的条款，“人权入宪”一度成为媒体宣传的热点，生存权和发展权保障理所当然地成为其中的必然内涵，其受保障的立法层次也得到了提升。这在我国历史上具有重大而深远的意义。

权，但它同时也体现为个人人权。结合本论文的视角需要，笔者仅从个人人权的角度来对发展权作一考察，从而探究发展权理念是如何在社会救助法律制度中得到渐进扩张的。

（一）发展权的形成过程

1. 发展权思想的萌芽

"发展"一词最早出现于古希腊罗马时代的古典文明之中，指通过教育促使人的才能得到全面发展。经过文艺复兴时期人文主义者对"多才多艺的人"或"全才"这种人性全面解放的人格典范的倡导，人的发展便成了一种崇高的社会理想，认为实现人的身心和谐发展，达到"灵肉一致"、"精神完美"，以及"人们能够完成他们想做的事情"等多方面的发展是在神面前的应有权利，也是人与兽区别的标志。这里所讲的发展实质上还只是抽象"人性"、"理性"的发展，但已经提出了发展是人性对抗神性的一种自由的主张。18 世纪的启蒙思想家们发展了这一思想。洛克指出，个性的自由发展，必须依赖于"自然人"彻底摆脱"社会人"的束缚，而当时所有支持人生活的职业中，"最近于自然状态的是手工业的劳动"，所有的职位"最能独立不依赖于命运的就是工匠"，工匠只依赖自己的劳动生活，"他是一个自由人"。这就强调了消除社会对个人发展的制约，从社会中获取个人发展自由的必要性，隐含了发展自由权的思想。此后法国资产阶级革命家罗伯斯庇尔也指出，"维持自然的不可剥夺的人权和发展人的一切才能是一切政治团体的目的"，"社会不但不破坏这一平等而且保障不滥用暴力来使平等变成幻想"，①把人的全面发展与人权联系起来进行考察。空想社会主义者也有关于发展的系列论述，试图从批判旧分工制度给人造成的畸变来呼唤人的全面发展。这些理论的特点包括：一是片面夸大教育对人的发展的影响，二是认为近代工业文明中的分工是扼杀人的全面发展的原因，主张回到理想的古代原始状态，三是把人仅仅看成是"单数"的人、"经济人"、"自然人"这些孤立的个体，忽视了人的集体存在形式。在近代社会历史发展过程中，一直都是将所有人权一概视之为个人人权，强烈呼吁个性解放，集体的发展权并没有形成。

集体人权起源于种族权、民族权。一战前后为保护少数民族和被奴役的

① ［法］罗伯斯庇尔著，赵涵舆译：《革命法制和审判》，商务印书馆 1965 年版，第 136～137 页。

人们，制定了诸如《保护少数民族公约》、《废奴公约》等最早的“集体人权法”，被称为集体人权概念的发源。二战后社会主义国家和民族独立国家在与帝国主义的斗争中，一直把突破“个人人权”概念和确立“集体人权”概念作为自己的奋斗目标。以《联合国宪章》为核心的一系列国际人权保护文件不仅抽象地肯定了集体人权的地位，而且先后从集体人权的混沌状态中分化出了国家的独立权、自然资源永久主权和种族平等权、民族自决权这些集体人权的具体形式，发展权正是在这一分化过程中演化而来的一项新型人权。从 1945 年《联合国宪章》颁布到 1969 年《社会进步与发展宣言》通过的这段时间里，“发展权”虽然还不被认为是一个人权概念，但发展权的思想内容已经得到了国际社会的普遍认可。应该说在《联合国宪章》中就已经包含了发展权思想，它指出促成国际合作，以解决国际间属于经济、社会、文化及人类福利性质之国际问题是联合国的一大宗旨，联合国应促进“较高之生活程度、全民就业及经济与社会发展”，并要求联合国各会员国对非自治领土，应“在充分尊重关系人民之文化下，保证其政治经济社会及教育之进展”。《世界人权宣言》第 22 条指出：“每个人作为社会的一员有权享受社会保障，并有权享受他的个人尊严和人格自由发展所必需的经济、社会和文化方面各种权利的实现。”1952 年联大《关于人民与民族的自决权的决议》重点指明了对非自治领土的“政治发展”予以保护的必要性，要求关注其“政治进展”、“发展其政治能力、满足其政治愿望及提倡逐渐发展其自由政治制度”。这时就已经产生了在经济、社会、政治方面的发展权萌芽。其后 1960 年联大通过了《给予殖民地国家和人民独立宣言》，1962 年联大发布《关于天然资源之永久主权宣言》，1973 年联大通过《对自然资源的永久主权的决议》，1966 年通过了著名的“联合国人权公约”（即《经济、社会、文化权利国际公约》、《公民权利和政治权利国际公约》和《公民权利和政治权利国际公约任择议定书》），宣布“所有人民都有自决权，他们凭这种权利自由决定他们的政治地位，并自由谋求他们的经济、社会和文化的发展”。1968 年国际人权会议通过的《德黑兰宣言》指出，要达成人权的长久进展，有赖于国内和国际的健全有效的经济和社会发展政策，从某种程度上开始尝试把发展问题与人权保护直接结合起来进行规定。首次全面、系统地对发展内容进行规定的文件是 1969 年联大通过的《社会进步与发展宣言》，其集历来有关发展权思想成就之大成，从发展原则、发展目标、发展方法和手段三大方面全面阐明了发展的要义，强调指出各会员国应有责任采取各种旨在促进整个世界社会进步，特别是帮助发展中国家加速其经济发展的对内对外措施，以缩短和消除发达国家与发展中国家之间生活水平的差距。

2."发展权"概念的提出和确认

前一阶段人们还没有明确使用"发展权"概念,没有直接赋予发展权以人权的性质。最早提出发展权利主张的是非洲阿尔及利亚的正义与和平委员会于1969年发表的关于"不发达国家发展权利"的报告,其中首次使用了"发展权利"一词。第一次明确提出"发展权"概念并尝试加以定义的,则是前述的凯巴·姆巴耶。1970年他在斯特拉斯堡人权国际协会开幕式上发表题为《作为一项人权的发展权》的演讲,指出发展权是一项人权,因为人类没有发展就不能生存,所有的基本权利和自由必然与生存权、不断提高生活水平权相联系,也就是与发展权相联系。发展权的概念这才正式诞生。很快该概念及其所包含的思想迅速得到了国际社会的承认和联合国大会人权约法的保护。1977年联大教科文组织主持编辑的《信使》上刊载《三十年的斗争》一文,将发展权归入一种新的人权,称为人权的第三代。该文认为人权的第一代主要指"某些政治和公民权利",即个人的自由权利;第二代人权"主要指那些需要国家积极参与来实现的社会、经济和文化权利";第三代人权则包括"和平权、争取一个健康的生态平衡的环境的权利以及共有人类共同继承的财产的权利"和"发展权",其实质是赋予发展权以集体共享性和先进性。1977年人权委员会通过相应决议,第一次在联大人权委员会系统内承认发展权是一项人权。此后发展权问题正式被提上联大的议事日程。同年联大通过了《关于人权新概念的决议案》,根据发展权的精神扩充和完善了人权概念,决定把有关政治、经济及社会发展,促进人的充分尊严和社会发展作为人权相互依存的不可分割的内容,当作决定联合国系统内以后处理有关人权问题工作办法时应考虑的一种新概念。联合国人权委员会1979年通过的一项决议中重申发展权是一项人权,指出:"发展机会均等,既是国家的权利,也是国家内个人的权利",明确地把发展权的主体包含进了国家及其组成成员个人两部分,扩展了发展权概念的认识。其后联大在1979年又通过了《关于发展权的决议》,明确"强调发展权利是一项人权,平等的发展机会既是各个国家的特权,也是各国国内个人的特权","发展权"概念首次出现在联大决议中,标志着国际社会对发展权的确定和认可。上世纪整个70年代成为"发展权"概念的形成时期。

3. 发展权的正式形成

上世纪80年代是发展权思想体系逐步走向成熟的时期,其标志是1986年联大通过的《发展权利宣言》。当时国际上对发展权的态度主要有四种:第一种是否认发展权是一项人权；第二种是只承认发展权是一项个人人权，否认其是一项集体权利，认为集体的发展不是人权；第三种是认为发展是一项不可剥夺的国家的权利，不能将它视为是一项抽象的个人人权；第四种是认为发展权是全人类包括个人和集体、民族和国家共有的权利，它旨在促进和保护人格的充分发展和各民族的福利。《发展权利宣言》指出，发展权利是一项不可剥夺的人权，由于这项权利，每个人和所有各国人民均有权参与、促进并享受经济、社会、文化和政治发展，在这种发展中，所有人权和基本自由都能获得充分实现，并全面阐释了发展权的主体、内涵、地位、保护方式和实现途径等基本内容。

(二)发展权的内容

从宏观上看，对发展权的规定应该把握三个方面：一是发展权是各国尤其是发展中国家及其国民享有的发展自由。因为任何权利都是对现存经济结构的反映和对社会关系的调节，正是由于普遍存在着富与贫、先进与落后的悬殊，才更显发展的紧迫与必需，并应上升为发展权形式以对不平等社会关系进行矫正，所以在全人类共同发展基础上的贫穷落后主体的发展权利应引起特别的关注和优先保护。二是发展权本身就意味着人在各个领域、各个方面的全面发展。因为每一权利都表明主体在该权利领域内拥有最广泛、最深刻的自由，任何层次和任何方面发展的不健全势必导致片面畸形的发展以致最终窒息发展。三是发展权还应被视作是一种具有可操作性的动态行为权。因为任何权利都是主体对权利义务关系的反映和实践，这就需要理解发展权主体行使发展权的行为方式或参与方式及参与程度、参与结果。基于上述考量，发展权的内涵一般包括：发展权是一项不可剥夺的基本人权，是建立在民族自决权基础之上的国家、民族、集体和个人享有的经济、政治、文化和社会各方面全面发展权利的总和，是主体获得全面发展的参与权、促进权和享受者三者的有机统一。从权利主体看，其既包括个体主体，又包括集体主体。《发展权利宣言》指出："人是发展的主体，因此，人应成为发展权利的积极参与者和受益者"，所有人的个体和人的集体都有发展的权利和义务。从权利内容看，发展权是政治、经济、文化和社会发展权的统一。"发展"的概念不仅仅是经济学家认为的工业化、富裕化，或者仅仅是政治家认定的西方化、一体化，而是以民族历史、环境、资源等自身条件为基础，包括环境、生物、社会、生活、文化、政治、科学等多方面因素的综合。其中经济发展权是发展权的核心，政治发展权是基础和前提，社会、文化发展权则是经济发展权得以实现的必然延伸和标志。从权利行使看，行使发展权的行为方式是多方面的统一，是参与发展、促进发展和享受发展三行为的总和，只有当主体真正地从最广泛的意义和最大限度地投入发展事业的实现并占有实践活动的成果，才谈得上已经具备了发展权。

从微观上看，发展权包括经济发展权、政治发展权、文化发展权、社会发展权以及由此而抽象的生存发展权五方面的内容。经济发展权是主体自主决定其发展方向和道路、获得发展所必需的物质技术手段以及运用所获得的物质技术手段去创造并享受满足发展需要的物质资料的权利的总和，在发展权中居于主导地位，最终制约着其他发展权的实现。对个人主体而言，就是指社会的每一个成员都享有通过自己的劳动，积极参与本国、本民族及世界范围的经济发展活动并获取经济发展所带来的物质利益的权利，是劳动权利和享受劳动成果权利的统一。政治发展权是主体享有充分行使独立主权，决定政治发展道路、方向和政治发展模式以及获得一般政治权利的充分实现的权利的总和。就个人而言，指公民个人在法定范围内关于政治方面的发展权利，是公民政治自由平等权利的展开和进化，实质意味着公民一般政治权利的充分、完整的实现。文化发展权指权利主体通过发扬、强化、吸收等方式发展本国家、本民族特有的文化内蕴和文化形态的权利。从广义上讲，它是精神思想文化发展权、教育发展权和科技发展权的结合物，其中思想文化发展权又称为狭义的文化发展权，是指在以政治、法律思想、道德、宗教、哲学、艺术等社会意识形态为内容的各领域里的发展权。就个人而言，表现为个体主体享有参与并不断丰富文化、体育、娱乐生活的权利以及享有因从事文学艺术创作活动而在社会价值与经济利益上的更充分、有效的保护权等。社会发展权指人类通过社会发展而享有的医疗、卫生、保健、劳动保障、环境保护、宗教信仰等方面得以充分发展的权利。以个人主体而论，要求社会集体把社会事业和福利事业作为任何社会进步所必需的职责，积极为个人或团体服务，使之可以最好地发展而有所成就，主要包括获得良好医疗卫生保障权，老人、儿童、孤儿、复员退伍军人、移民、灾民享有物质帮助权和物质保障权，发展社会保险事业，个人家庭享有生活质量提高权，工会有充分发挥职能保障工人利益的权利以及享受美化的自然环境的权利等。生存发展权是指有生命的自然人都有生存下去并不断发展自己的肉体组织和精神组织的权利，以及各国和各民族拥有在本生存时空范围内发展本国和本民族生存能力并提高生存质量的发展权利，是生存权发展进程必然演化出的一种发展权。

生存发展权的存在首先是因为生存权只确定生存的最低标准，这本身即蕴涵着对人的发展权的肯定，同时也是社会发展的必然结果。因为在社会发展到了已经满足了人得以生存的一般条件之后，人们又产生了获取更大生存能力的需要，使生存需要不再停留在“求生”的层次而上是进化到“生存质量”上来。这时社会发展导致对生存权仅从“生存”意义上保护已经不够，人类需要对“生存质量”进行人权保护，从而形成了生存发展权产生的可能性。社会历史原因和人的先天差异带来的主体事实上不平等的生存状态，促成社会有必要对这种不平等的悬殊加以干预、调节和援助，保障人人平等享受社会发展使生存水平提高的物质成果，从而在生存权之外就产生了独立的生存发展权。生存发展权具体体现为“人人有权为他自己和家庭获得相当的生活水准，包括足够的食物、衣着和住房，并能不断改进生活条件”，各国应保障“人人有权享有能达到的最高体质和心理健康的标准”，①“为一切人，特别是为低收入的各部分人和人口多的家庭提供足够的住房和社会服务”。② 这些方面的要求与规定正契合了社会救助法律制度的功能追求。

(三)发展权的保障机制

与生存权等其他基本人权相比，发展权与众不同的重要特征就在于其权利义务主体呈现出了特有的复杂性。对国际社会而言，国家是权利主体，其他一切不特定的国家及其组织是相对义务人；就国家内部而言，国家成了义务主体，人民则是权利享受者。国家兼具权利主体和义务主体的双重身份。国内个体主体发展权的实现直接依赖于国家义务主体所提供的国内法律保障和物质保障，但置身于国内保障系统之内的发展权又必须以国家和民族发展权的实现为基础才能获得生命的源泉。国家作为义务主体对国内人民履行义务的行为能力取决于其作为权利主体时所享有发展权的实现程度。因此，保障发展权利从根本上讲，是首先要保护以国家作为国际社会中的权利主体地位，实现发展权的国际保障制度，即指以联合国及有关国际组织通过的关于发展的国际文件为依据，国家主体通过要求不特定的所有其他国履行对自己发展的国际义务来保障发展权的实现，主要是指以发展权的国际保障机制即国际发展法予以保障。所谓国际发展法是指以实现国际社会尤其是发展中国家和不

① 《经济、社会和文化权利国际公约》(1966 年)第 11 条、第 12 条。

② 《社会进步与发展宣言》(1969 年)第 10 条。

发达国家的发展为目的，调整国家间有关发展的各种关系的法规、制度和原则的总和，一般体现为联大通过的《为经济不发达国家的发展而采取联合行为》(1960 年)、《建立新的国际经济秩序宣言》和《各国经济权利和义务宪章》(1974 年)以及《发展权利宣言》(1986 年)等。国家权利主体地位的实现才能保障其义务主体地位的确立。“当然，迄今为止，主权国家在发展权保障方面普遍承担的国际法义务仍然是十分有限的，还需要依赖国内立法、行政措施和社会道义力量共同构成发展权的保障体系来推进发展权的实现。”①

总之，通过上述的分析，笔者的结论是生存权理念构成了社会救助法律制度的基本支撑，②发展权理念则随着经济发展和社会进步在社会救助法律制度中得到了渐进扩张。它们两者共同反映和表达出了社会救助法律制度基本理念的层次架构。

第 3 节　社会救助法律制度的理论支持

社会救助法律制度理论支持论证的展开，主要是从相关学科和专业视角来对社会救助法律制度的合理性与稳定性寻找更为广泛的理论基础，从而证成社会救助法律制度存在的自洽性。笔者准备从法哲学的正义理论、经济学的边际效用理论、社会学的社会控制理论以及市民社会与政治国家理论等角度来寻求社会救助法律制度的理论支持，尝试为社会救助法律制度的存在与建构夯实根基。

一、法哲学的正义理论

社会救助法律制度作为一项法律制度，首先要能够在法哲学上找到其相应的理论支持。法哲学的正义理论可以为社会救助法律制度的存在与建构提供这方面的支持。“正是正义观念，把我们的注意力转到了作为规范大厦组成

---

① 韩德培主编:《人权的理论与实践》，武汉大学出版社 1995 年版，第 431 页。

② “人有继续维持生存的权利，对于这一点，社会的信念是极强烈而又坚定的。因此，随着时间的推移，有关的法律条款不是减少而是越来越多了。”[美]夏洛特·托尔著，郁庆华、王慧荣译:《社会救助学》，生活·读书·新知三联书店 1992 年版，引言第 1～2 页。

部分的规则、原则和标准的公正性与合理性之上。”[①]正义所关注的是法律规范制度性安排的内容、它们对人类的影响以及它们在增进人类幸福与文明建设方面的价值。从最广泛的和最为一般的意义上讲，正义的关注点可以被认为是一个群体的秩序或一个社会的制度是否适合于实现其基本的目标。在某种程度上可以认为：“满足个人的合理需要和主张，并与此同时促进生产进步和提高社会内聚性的程度——这是维持文明的社会生活所必需的——就是正义的目标。”[②]

（一）对正义理论的认识

“正义有着一张普洛透斯似的脸，变幻无常，随时可呈不同形状并具有极不相同的面貌。当我们仔细查看这张脸并试图解开隐藏其表面背后的秘密时，我们往往会深感迷惑。”[③]查士丁尼《民法大全》提出的并被认为是古罗马法学家乌尔庇安首创的一个著名的正义定义是：“正义乃是使每个人获得其应得的东西的永恒不变的意志。”在罗马历史早期，西塞罗也曾把正义描述为“使每个人获得其应得的东西的人类精神取向”。这两个定义都着重强调了正义的主观向度，正义被认为是人类精神上的某种态度、一种公平的意愿和一种承认他人要求和想法的意向。给予每个人以其应得的东西的意愿乃是正义概念的一个重要的和普遍有效的组成部分。柏拉图在其《理想国》中提出了一个有关正义共和国的学说，他认为正义存在于社会有机体各个部分间的和谐关系之中，每个公民必须在其所属的地位上尽自己的义务，做与其本性最相适合的事情。柏拉图所提出的国家是一个阶级国家，他将这些阶级划分为统治阶级、辅助阶级和生产阶级，所以柏拉图的正义就是每个阶级的成员必须专心致力于本阶级的工作，且不应干涉其他阶级的成员所干的工作。亚里士多德认为，正义乃是一种关注人与人之间关系的社会美德，正义本身乃是“他者之善”或“他者之利益”，因为它所为的恰是有益于他者的事情。正义呼吁人们从那些唯一只顾自己利益的冲动中解放出来。亚里士多德强调平等是正义的尺度，

---

① ［美］E·博登海默著，邓正来译：《法理学：法律哲学与法律方法》，中国政法大学出版社1999年版，第252页。

② ［美］E·博登海默著，邓正来译：《法理学：法律哲学与法律方法》，中国政法大学出版社1999年版，第252页。

③ ［美］E·博登海默著，邓正来译：《法理学：法律哲学与法律方法》，中国政法大学出版社1999年版，第252页。

他认为正义寓于“某种平等”之中,从正义这一概念的分配含义来看,它要求按照比例平等原则把这个世界上的事物公平地分配给社会成员。亚里士多德关于分配正义和矫正正义的范畴,为各人应得的归于各人的原则在政治行动和社会行动中进行检验指出了主要的检验场域。分配正义所主要关注的是在社会成员或群体成员之间进行权利、权力、义务与责任配置的问题,分配正义的满足通常是由享有立法性权力的当局来处理的。当一条分配正义的规范被一个社会成员违反时,矫正正义便开始介入。矫正正义通常是由法院或其他被赋予了司法或准司法权力的机关来执行的,其主要适用范围乃是合同、侵权和刑事犯罪等领域。推行正义的善意还必须通过旨在实现正义社会目标的实际措施和制度性手段来加以实施。圣·托马斯·阿奎那把正义描述为“一种习惯,依据这种习惯,一个人以一种永恒不变的意志使每个人获得其应得的东西”。正义概念关系到权利、要求和义务,因此它与法律观念有着密切的联系。社会正义观的改进和变化,通常是法律改革的先兆。正义乃是法律应当与其相协调的一个标准。虽然正义是衡量法律之善的尺度,但在确定某一特定法规是可欲的还是不可欲的时候,它并不是唯一可适用的标准。建构一个法律制度会遇到许多必须加以解决的专门问题,这些问题的解决主要是依据权宜、功利和可行性等标准来进行的。赫伯特·斯宾塞认为同正义观念相联系的最高价值并不是平等,而是自由。他认为每个个人都有权利享有任何他能从其本性与能力中得到的利益,每个人的自由同时应当只受限于所有人都平等享有的自由。他的正义观可以表述为“每个人都可以自由地干他所想干的事,但这是以他没有侵犯任何其他人所享有的相同的自由为条件的”。

约翰·罗尔斯所提出的正义理论尝试将自由与平等这两种价值结合起来。他给出的关于制度的两个正义原则为:第一个原则,每个人对与所有人所拥有的最广泛平等的基本自由体系相容的类似自由体系都应有一种平等的权利;第二个原则,社会和经济的不平等应该这样安排,使它们首先在与正义的储存原则一致的情况下,适合于最少受惠者的最大利益,并且依系于在机会公平平等的条件下职务和地位向所有人开放。同时又提出两个优先规则,第一个优先规则是关于自由的优先性问题,指出两个正义原则应以词典式次序排列,自由只能为了自由的缘故而被限制,包括两种情况,一是一种不够广泛的自由必须加强由所有人分享的完整自由体系,二是一种不够平等的自由必须可以为那些拥有较少自由的公民所接受;第二个优先规则是关于正义对效率和福利的优先性问题,指出第二个正义原则以一种词典式次序优先于效率原则和最大限度追求利益总额的原则，公平的机会优先于差别原则，其中仍分为两种情况，一是一种机会的不平等必须扩展那些机会较少者的机会，二是一种过高的储存率必须最终减轻承受这一重负的人们的负担。罗尔斯所认为的一般观念是所有的社会基本善——自由和机会、收入和财富及自尊的基础——都应被平等地分配，除非对一些或所有社会基本善的一种不平等分配有利于最不利者。[①] 罗尔斯所谈的正义指的是社会基本结构的正义。在亚里士多德那里，正义主要用于人的行为，在近现代西方思想家那里，正义概念越来越多地被专门用作评价社会制度的一种道德标准，被看作社会制度的首要价值。罗尔斯明确地规定，正义的对象是社会的基本结构——即用来分配公民基本权利和义务、划分由社会合作产生的利益和负担的主要制度。他认为人们的不同生活前景受到政治体制和一般的经济、社会条件的限制和影响，也受到人们出生伊始所具有的不平等的社会地位和自然禀赋的深刻而持久的影响，这种不平等是个人无法自我选择的。因此这些最初的不平等就成为正义原则最初应用的对象。正义原则要通过调节主要的社会制度，从全社会的角度处理这种出发点方面的不平等，尽量排除社会历史和自然方面的偶然任意因素对人们生活前景的影响。罗尔斯的平等自由原则涉及的是基本自由的分配问题，它包括两个主张，一是每个人都有平等权利拥有同样数量的基本自由，二是这些基本自由应尽可能广泛。基本自由如参与政治程序的自由（选举权、竞选权等）、言论和出版自由及其他表达自由、信仰和宗教自由、人身自由等等。尽可能广泛的自由意味着如果大家都能得到十分的自由，就不该只能得到九分的自由。差别原则就涉及物质和社会地位的分配问题，其实质在于要求社会基本结构应以这样一种方式安排，即在获得基本物品的指望方面的任何不平等，必须促进处于最不利条件的人获得最大可能的利益。机会的公正平等原则要求越出形式的机会均等，以保证具有相似技能、力量和动机的人享有平等的机会。为此要求社会提供制度上的财政资助安排，以保证出生于低收入家庭的个人同出生于富裕家庭的个人有平等的获得某项利益的机会。罗尔斯的正义理论反映了一种对“最少受惠者”的偏爱。在他的一般正义观的陈述中，其使用的是“合乎每一个人的利益”，而其两个正义原则和一般正义观的最后陈述却被转换成“适合最少受惠者的最大利益”、“为那些拥有较少自由的公

① 参见[美]约翰·罗尔斯著，何怀宏等译：《正义论》，中国社会科学出版社 1988 年版，第 302～303 页。

民所接受”、“扩展那些机会较少者的机会”、“有利于最不利者”。罗尔斯实际上总是从最少受惠者的地位来看待和衡量任何一种不平等，他的理论反映出一种对社会弱者的偏爱，一种尽力想通过某种补偿或再分配使每一个社会成员都处于一种平等地位的愿望。在很大程度上，社会救助法律制度所奉行的正义理念正是这样的一种价值诉求。

诺齐克的正义理论将个人权利放到了绝对神圣的地位。他认为：“个人拥有权利。有些事情是任何他人或团体都不能对他们做的，做了就要侵犯到他们的权利。这些权利如此强有力和广泛，以致引出了国家及其官员能做些什么事情的问题。”[①]个人权利是衡量国家正义与否的标准，国家是为保护个人权利而产生的，国家的职能范围也是以个人权利是否受到侵犯来划分。他认为只有最弱意义上的国家即守夜人式的国家才是最理想的国家：“最弱意义上的国家把我们看作是不可侵犯的个人——即不可被别人以某种方式用作手段、工具、器械或资源的个人；它把我们看作是拥有个人权利及尊严的人，通过尊重我们的权利来尊重我们；它允许我们个别地，或者与我们愿意与之联合的人一起地——来选择我们的生活，实现我们的目标，以及我们对自己的观念。有什么国家或个人联合体敢比这做得更多呢？它们不是比这做得更少吗？”[②]个人权利贯穿于诺齐克正义理论的始终，他的整个理论体系都是建立在对个人权利绝对化的基础之上的，对权利的保障就意味着正义，对权利的最轻微的侵犯也是道德上不允许的。诺齐克对罗尔斯的差别原则进行了全面的抨击，他坚持把自由优先、权利至上的原则继续贯穿于社会和经济利益分配领域，提出了含有持有正义三原则的权利理论来反对罗尔斯的差别原则及其他主张扩大国家功能至分配领域的观点。诺齐克认为“分配的正义”并非一个中性词，一说到它就意味着已隐含地承认一种集中的分配，人们会想到由某个体系或机制使用某个原则或标准来提供某些东西，并且认为以前的分配有错误，需要进行再分配，其结果会导致对个人权利的侵犯。因此他使用了他认为显然是中性的术语“持有的正义”来代替“分配的正义”。其持有正义的三原则包括：“(1)一个符合获取的正义原则，获得一个持有的人，对那个持有是有权利的；

---

① ［美］诺齐克著，何怀宏等译：《无政府、国家与乌托邦》，中国社会科学出版社 1991 年版，第 1 页。

② ［美］诺齐克著，何怀宏等译：《无政府、国家与乌托邦》，中国社会科学出版社 1991 年版，第 330 页。

(2)一个符合转让的正义原则,从别的对持有拥有权利的人那里获得一个持有的人,对这个持有是有权利的;(3)除非是通过上述'(1)'与'(2)'的(重复)应用,无人对一个持有拥有权利。分配正义的整个原则只是说:如果所有人对分配在其份下的持有都是有权利的,那么这个分配就是公正的。"[①]诺齐克持有正义的主题包括三方面的内容:第一个方面是持有的最初获得,或对无主物的获取,即第一个正义原则的范围,也可以称为获取的正义原则;第二个方面涉及从一个人到另一个人的持有的转让,即第二个原则的范围,也可以被称为转让的正义原则;第三个方面涉及的是对过去不正义持有的存在,即过去的持有违反了前两个正义原则,或不正义地原始获取,或不正义地转让,于是便发生正义的第三个原则,即矫正不正义的原则。但对于第三个原则,诺齐克认为历史是本糊涂账,很难判明其中是否正义的问题,导致该原则不易实行,因此没有进行阐述。实际上这是一个二难选择:如果不承认历史上不正义的存在,就没有正义的第三原则,其理论就不完整;如果承认历史上不正义的存在,就会出现现在的持有不正义的结论而实行矫正原则或差别原则,就走到诺齐克理论的反面。所以在诺齐克所表达出来的持有正义的第三个原则中,仅仅指出不符合获取和转让正义原则的持有是没有权利的持有,并没有提出对这种没有权利的持有的解决办法。诺齐克对持有正义理论的概括为:"持有正义的理论的一般纲要是:如果一个人按获取和转让的正义原则,或者按矫正不正义的原则(这种不正义是由前两个原则确认的)对其持有是有权利的,那么,他的持有就是正义的。[②] 如果每个人的持有都是正义的,那么持有的总体(分配)就是正义的。"这是诺齐克权利理论的基本立场。因此他认为罗尔斯的差别原则在实践上会造成对个人权利的侵犯,任何旨在追求平等目的的分配都不可避免地侵犯个人权利,真正正义的分配是从合法的过程中产生的分配,这个过程应以持有的权利为根据,通过正当的获取和正当的转让才能达到持有的正义。在此基础上,诺齐克认为,任何平等的主张都忽视了供分配的物品从何而来的问题。如果要被分配的物品是从天而降,非人力所为,无人对其有持有的权利,则采用平等的原则进行原始的分配似乎还算可行(虽然还有按需要或按等

① [美]诺齐克著,何怀宏等译:《无政府、国家与乌托邦》,中国社会科学出版社 1991 年版,第 157 页。

② [美]诺齐克著,何怀宏等译:《无政府、国家与乌托邦》,中国社会科学出版社 1991 年版,第 159 页。

级的分配办法)。但是在当今社会几乎所有可以利用的东西都已经是有主的,你可以追问这一有主是否合理或正当,物主是否真的对此物拥有权利,但不可不搞清这一点就贸然和简单化地根据某种自认为正义的标准(如平等)就进行集中统一的平等分配,这样的话就可能会侵犯某些人的正当持有权利。这里的关键是可分配的利益并不是从天而降的东西,它们已经是有主的。如果说这种有主的状态是正当地形成的,那么即使这种状态是贫富不均、差距悬殊的,对这种不平等也不需要提出另外的理由来证明,而要打破它以实现平等却反而要提出另外的可靠理由。这些物主当然可以自己自觉自愿地决定把其持有物分给穷人和匮乏者,但不可以由国家来强迫这样做。诺齐克还认为,机会较差确实是一种不幸,但并不是不公正;如果削弱机会较好的人的持有去帮助机会较差的人,反而会侵犯机会较好的人的权利,这更是一种不公正。

德沃金则不是在自由与平等的冲突中来论证正义理论,他赋予了自由以新的涵义,使其与平等完全融合。德沃金认为公民享有的自由权是作为平等者得到对待的权利。这种平等的自由权概念表明,并不存在普遍的自由权,而只有较强意义的平等自由权。因为只有这些平等的自由权才是政府所致力于保护的,不可限制和取消的。而那些所谓大量的、旨在削减人们自由的法律,正如边沁所说的每一条法律都在限制人们的自由,实际上并没有剥夺人们有权享受的任何东西,它其实只能取消或违背那种弱意上的权利,即强意的自由权是人们本身有权享有的自由,而不是人们要求得到的自由,而人们本身享有的那些自由来自于人们与生俱来的作为平等的人所应该享有的自然权利。一旦确定了这一强意的自由权,就确立了平等与自由妥协的一种合理的依据,因为这一概念否定了所谓的普遍自由权,承认只有平等的自由权。因此不能用所谓的普遍的自由权去对抗平等。这样自由与平等的关系就在平等的基点上得到了妥协。德沃金坚信:“经济平等和传统的个人权利都起源于独立意义上的平等这一根本概念,平等是自由主义的原动力,捍卫自由主义也就是捍卫平等。”①

总之,构成西方社会正义论主题的,正是自由与平等的矛盾,即是不惜牺牲某些人的个人权利以达到较大的社会经济平等,还是宁可让某种不平等现象存在也要全面捍卫每个人的自由权利。当西方资产阶级革命兴起时,“自

---

① 转引自[英]麦基编,周穗明、翁寒松译:《思想家——当代哲学的创造者们》,三联书店 1987 年版,第 395 页。

由"与"平等"可以作为一个统一的要求而成为其革命的口号,因为当时自由是与专制构成一对矛盾的,而平等也首先是具有政治的含义——摧毁封建贵族的等级制,求得平等的政治参与权和决策权。随着资产阶级革命的胜利和巩固,随着普选权的争得和言论、信仰、人身、财产尤其是各种经济自由权的扩大,财富分配方面的不平等状况便日益令人注目,自由与平等的矛盾也就日益凸现,平等也越来越具有经济的含义——即如何缩小差距,达到财富和利益的平等分配。国家干预是补救不平等结果的措施,国家通过立法征收所得税和遗产税,一方面限制富有者的财富数量,另一方面为实施福利计划提供资金,这种干预在一定程度上矫正了严重的不平等现象,扩大了那些处境较差的人的自由。但是国家干预是以牺牲一部分人的个人自由为代价的。一方面没有国家干预就没有平等,没有平等的自由;另一方面国家干预恰恰是对自由的限制。罗尔斯试图通过区分两个领域来调和矛盾,认为基本自由优先,但这些基本自由只是大多数人所说的"自由"的一部分,那些非基本自由一旦与寻求平等的第二个正义原则——平等原则相冲突时,则按平等原则加以解决,同时社会经济利益的分配应该奉行差异原则,改善处境最差者的状况从而达到相对的平等,这是一种中间派的观点,赞成国家有限干预,即国家不得干预和限制人们的基本自由,但可以对其他自由采取限制措施以达到平等的目的;诺齐克则持强硬的右派观点,认为在任何情况下,即使是以扩大权利为目的,都不能对个人的自由权利作丝毫的侵犯,强烈反对国家为了社会平等的目的而参与财富和权利的分配,主张政府越小越好,认为重新分配利益和负担以及为着社会福利的目的而实行的税收制度是不公正的;德沃金则持左派观点,认为平等应该是首要的,为了实现社会平等,政府和社会应当给予穷人、黑人、没有接受过教育的人和没有能力的人更多的关怀和尊重,甚至赞成采取某些特殊的措施,例如华盛顿大学的"优先入学方案"。[①]"实行优先入学方案而受到影响的白人学生的不利处境是为了实现一个更大的利益——社会平等而必须付出的代价。"[②]

因此,对正义理论的认识,"古往今来的哲学家和法律思想家不过是提出了种种令人颇感混乱的正义理论。当我们从那些论者的蓝图与思辨转向政治行动和社会行动的历史舞台时,那种混乱状况的强度也不可能有所减小。对不同国家、不同时期的社会建构曾产生过影响的种种正义观念,也具有着令人迷惑的多相性"。[③] 甚至有人们认为,帝国和民族国家的缔造者都是受权力意志而不是受正义考虑所驱使的。怀疑论者认为正义观念完全是一个个人取向或瞬变的社会舆论问题。阿尔夫·罗斯认为,一个大意说某个规范或社会制度是"正义的"或是"非正义的"陈述,根本就不具有说明意义。"诉求正义无异于砰砰敲桌子:一种将个人要求变成一个绝对公理的感情表达。"[④]当然,我们也不应当忽视这样一个事实,即不同的社会经济制度都得到了各自著名的代言人的强有力的辩护,而且也都得到了大多数人的接受。自由资本主义时代将增进自由视为是政府政策的首要任务,社会主义国家曾试图消灭收入和财产地位上的差别,目的是要平等满足人们的需要。

正义理论所具有的普洛透斯似的特性导致现代法律哲学家认为各种正义

---

① 该方案是华盛顿大学法学院为了缩小种族差别而实行的优先录取黑人学生的方案。根据这个方案,不仅在分数相同的情况下优先录取黑人,而且要降分录取黑人,而不录取分数相同或稍高的白人考生。德沃金十分赞赏这一方案,认为任何人都有受教育的基本权利,但大学有权根据许多因素——包括智力、缓和种族的紧张状态和补救历史上的不公平等等——决定本校录取学生的政策。他认为"优先入学方案将推动平等目标的实现:它将培养更多的黑人律师为黑人社会服务;它将减少当下存在于不同种族之间的财富和权力方面的差别;黑人学生既将开阔白人学生的眼界,又将为他们自己种族的学生树立角色典范"。([美]罗纳德·德沃金著,信春鹰、吴玉章译:《认真对待权利》,中国大百科全书出版社 1998 年版,第 301 页。)

② [美]罗纳德·德沃金著,信春鹰、吴玉章译:《认真对待权利》,中国大百科全书出版社 1998 年版,第 301 页。

③ [美]E·博登海默著,邓正来译:《法理学:法律哲学与法律方法》,中国政法大学出版社 1999 年版,第 257 页。

④ Alf Ross, *Law and Justice*, Berkeley and Los Angeles, 1959, p. 274,转引自[美]E·博登海默著,邓正来译:《法理学:法律哲学与法律方法》,中国政法大学出版社 1999 年版,第 259 页。

理论不过是反映了其各自倡导者所具有的非理性偏爱的一个原因。"说正义概念具有很高程度的相对性而且这种相对性要求我们把各种正义制度置于其各自的历史、经济和社会环境的语境中进行解释和评价，这无疑是正确的。"① 但这并不意味着某一特定时期的正义理想只不过是专断的社会习俗的一种产物，也不意味着这些习俗之所以为人们所接受，只是统治阶级力图证实该现存社会制度的永恒合理性所作的宣传所致。我们需要达成共识的是，"的确存在着一些最低限度的正义要求，这些要求独立于实在法制定者的意志而存在，并且需要在任何可行的社会秩序中予以承认"，同时，"对于一个有效可行的法律制度所必需的最低限度的正义要求，在发达与不发达的社会中并非完全相同"。② 从正义的角度出发，决定承认对自由权利的要求乃是植根于人的自然倾向之中的，即使是这样，也不能把这种权利看作是一种绝对的和无限制的权利。任何自由都容易为肆无忌惮的个人和群体所滥用，为了社会的福利，自由就必须受到某些限制，这是自由社会的经验。如果对自由不加限制，任何人都会成为滥用自由的潜在受害者。无限制的经济自由会导致垄断的产生，无政府主义的政治自由会转化为依赖篡权者个人的状况。人们出于种种的原因，通常都乐意使他们的自由受到某些对社会有益的控制。他们愿意接受约束乃是同他们要求行动自由的欲望一样都是自然的，前者源于人性的社会倾向，后者则植根于人格自我肯定的一面。从正义的角度看待平等，实际上在许多情形下都是为了消除一种法律上的或为习惯所赞同的不平等安排而展开的所谓正义斗争。"自从有文字记载的历史以来，所有重大的社会斗争和改革运动都是高举正义大旗反对实在法中某些被认为需要纠正的不平等规定的"，尽管"从未能实现人与人之间的完全平等"，因为绝对平等状况"在人类社会——不论其政治、经济和社会制度的形态为何——中从未得到实现"。③ 在这样最低限度共识的基础上，我们才可以理解为什么不同时代的人们都对正义理念孜孜以求，而且在很大程度上，往往是处于弱势地位的人们，其对正义的呼吁和要求就更为迫切和强烈。其实

---

① [美]E·博登海默著，邓正来译：《法理学：法律哲学与法律方法》，中国政法大学出版社 1999 年版，第 290 页。

② [美]E·博登海默著，邓正来译：《法理学：法律哲学与法律方法》，中国政法大学出版社 1999 年版，第 273、277 页。

③ [美]E·博登海默著，邓正来译：《法理学：法律哲学与法律方法》，中国政法大学出版社 1999 年版，第 291～292 页。

笔者如是认为，正义理念往往是为弱势群体提供争取利益的武器；强势群体哪里需要理由——他们本就占据着种种利益，垄断着“正义”的话语权——他们认为自己就是正义的！

(二)正义理论与社会救助法律制度

社会救助法律制度关注的是弱势群体的利益满足问题，他们需要的是平等的自由。在这样一个现代化大生产社会里，人们彼此之间的联系不是疏远了，而是更为紧密了。弱者的生存在很大程度上与强者的生存也有着很大的关联性。经济上的不平等甚至贫富悬殊的加剧，到某种程度上就会导致聚变，经济利益分配结构的非正常改变也并不是不可能的。与其到那时不能控制地使财富发生非正常的转移，还不如进行能够控制的社会再分配，以保证这些弱势群体基本的生存权和发展权，积极回应弱势群体的正义呼声。[①] 强势群体一般都是既得利益者阶层，他们当然不会去呐喊平等的正义，他们需要的是财富持续增加的自由的正义。但在一个社会中，富裕的总是少数人，他们的正义诉求当然也应该得到尊重，然而大多数人的正义呼唤更有其合理性的一面，尤其是作为需要接受社会救助的弱势群体，他们所

① 美国社会中的一些社会精英，在自由经济制度秩序下富了起来，但他们深知贫富差距过大会对社会造成多么大的危害。他们将自己的巨额财富捐献给社会，主要用于发展中国家人民以及本国贫困人民的教育、医疗和生活扶贫救济事业，意图尽可能地熨平一些贫富差距的鸿沟。美国媒体帝国——三角出版公司总裁沃尔特·休伯格·安嫩伯格(2002 年 10 月 1 日已过世)立遗嘱捐赠财产时说，他的家人已经生活得很好了，而“财富不应该集中在少数人手里”。比尔·盖茨有 400 多亿美元的资产，他立遗嘱说只留给他 3 个孩子每人 1000 万美元以及 1 亿美元的家族住宅，其余 98%的财产都将捐赠给社会，现已捐出 256 亿美元，单单其名下的慈善基金会注册资金就有 240 亿美元，是世界上最大的慈善基金会，为亚非发展中国家和本国贫困家庭提供捐助以及全球疾病的防治提供捐助。沃伦·巴菲特将其财产 305 亿美元的 99%捐献给慈善事业，提供贫困学生奖学金等方面的捐助。这些富翁被人们称为“贤富”，认为他们前半生聚财，后半生散财，具有“富裕的良心”。在美国，这种现象不是特例，反倒是一种规律。参见左四方:《比尔·盖茨的遗嘱》，载《南方周末》2003 年 11 月 20 日，A9 版。比尔·盖茨的父亲老比尔·盖茨就反对取消遗产税，他认为取消的话就降低了财富社会再分配的力度，对穷人不利。他们甚至对政府的社会再分配并不放心，而是自己奉行渐进改良主义的态度，设立自己的慈善基金会，以确保这些财富能够被较好地分配到需要它们的人们手中。他们认识并深深体会到社会正义的呼声，并身体力行地为社会正义注入了新的内涵和韵味。

需要的基本生存和基本发展的维持与保障，并不是需要进行大规模的社会再分配才可以满足的，他们的正义诉求也并不是需要付出极大的努力才可以实现的——何况即使需要付出相当大的努力也是必须要予以保障的。这些弱势群体的生存权和发展权应该得到国家和社会的保障。从正义理论的视角分析，尽管正义具有一张普洛透斯似的脸孔，但它还是具有一些最基本的质的规定性，而且在一个具体的时代背景中，它的含义也是具有时代大多数人的共识。关注弱势群体的利益保障已经成为文明社会发展中的正义内涵。社会物质财富的积聚也使得满足弱势群体的利益诉求和回应其正义呼声成为可能。在现代社会，不关心弱势群体利益诉求反倒是十分难以理解的事情了。社会救助法律制度的设计和完善正是可以从法哲学的正义理论中寻找到自己的理论支持之一。

二、经济学的边际效用理论

运用经济学的知识对法律现象进行分析，是近几年的一个流行现象。各种法律经济分析之类的著作和文章如雨后春笋般地层出不穷。应该承认运用经济分析的办法来对法学理论进行解剖，确实有其较强说服力的一面。边际效用理论就给社会救助法律制度提供了较为有力的经济学理论支持。

（一）对边际效用理论的认识

边际效用理论即 the theory of marginal utility，是一种用主观心理分析方法来说明价值形成过程的理论，又可以称为主观价值论。该理论认为，经济理论的核心——价值——是孤立的个人现象，而不是社会现象，是人对财物效用的感觉与评价，而不是财物的客观物质属性，因此认为整个价值论或者说整个经济理论应从人的需要及满足人的需要的效用出发来研究。该理论认为，人对某种财物的需要随其逐渐得到满足而逐渐减小，直到最后达到需要的"饱和点"，也就是需要递减到零，这时对这种财物的愿望就没有了，甚至会走到它的反面，即变为厌恶。[①] 但是像这样供给充分的财物是世界上少有的，一般地说，绝大多数财物都是具有稀少性的，不是供给无限，不能充分满足人的每一种需要，人必须在需要还不曾达到完全"饱和"的那一点就放弃自己需要的满足，处于这一点的需要就是"边际需要"，财物满足边际需要的能力就是"边际效用"。[②] 效用是价值的来源，效用和财物的稀少性相结合而形成的边际效用就是价值形成的条件，就是价值的尺度。[③] 简单地说，边际效用就是消费者个人主观心理上所感觉到的某一财物随着数量递增而递减的一系列效用中最后一个单位的效用，这个效用决定这一财物的价值。[④] 维塞尔认为这一原理还适用于对整批财物的评价，即在一批同类的财物中，任何一件财物都具有最后效用或边际效用的价值。如果需求不变，供给量愈大，边际效用的价值就愈小，反之就愈大；如果供给量不变，需求愈大，边际效用的价值就愈大，反之就愈小。不仅许多件财物之一具有最后效用或边际效用的价值，而且这许多件财物中的每一件都具有这个价值。这样一批同类财物的价值就等于它的件数

---

① 此即"需要饱和定律"，维塞尔称之为戈申定律。其完整表述为：人人晓得对食物的欲望随着需要的满足而减低，直至最后达到我们可以称之为"饱和点"的时候，在一定时间内欲望就完全消失，而且还可能变为它的反面，构成伤食或作呕。人人晓得许许多多其他的欲望也有类似的情况，满足减弱着强烈的欲望，最终把它消灭或使之转变。参见［奥］弗·冯·维塞尔著，陈国庆译：《自然价值》，商务印书馆 1982 年版，第 56 页。维塞尔认为这个定律"适用于一切需要而无所例外"，"无疑是适用于那些周期地反复发生的比较粗俗的物质需要的，例如对食物的欲望"。该书第 57 页。"如果我们观察需要的满足过程，并把每一次满足行为所带来的价值标示出来，我们就会得到一种递减的尺度，其零点正好是完全满足或'饱和'，而其较高的一点则相当于满足的第一次行为。"该书第 59 页。其实谚语中说的"饱了肉也酸，饿了糠也甜"表达出的也是这样一种道理。

② 维塞尔认为"'边际效用'一词则系我的建议（见《价值的来源》，第 128 页），随后为大家所普遍接受了"。参见［奥］弗·冯·维塞尔著，陈国庆译：《自然价值》，商务印书馆 1982 年版，第 61 页。其具体含义是指尽最大可能利用财物的情况下所能得到的最小效用。戈申谓之"最后原子的价值"，杰文斯谓之"最后一度效用"或"终极效用"，瓦尔拉谓之"已满足的最后一个需要的强度（稀罕）"，门格尔没有使用特别的标志。

③ 参见［奥］弗·冯·维塞尔著，陈国庆译：《自然价值》，商务印书馆 1982 年版，"译者前言"第 1～2 页。

④ 弗·冯·维塞尔（1861—1926）是奥地利资产阶级经济学家，《自然价值》是他的代表作。他与他的老师门格尔以及庞巴维克共同创建了奥地利学派（亦称维也纳学派），其理论的核心是主观价值论，亦称"边际效用价值论"。维塞尔对完成这一学派的理论结构，即完成较为完整的"边际效用价值论"，起了重要的作用。

乘边际效用之积。这就是说，边际效用定律是价值的一般定律。因此他认为劳动价值论和剩余价值理论是错误的。尽管维塞尔的边际效用价值论“企图用主观心理分析代替客观经济规律，使资产阶级经济学进一步庸俗化”，①是用来反对马克思主义的经济理论，尤其是反对劳动价值论和剩余价值论的，但维塞尔的边际原理不仅系统化了奥地利学派的理论结构，也为后来形形色色的资产阶级经济学派所接受，并构成资产阶级微观经济学的理论基础，“边际革命”成为资产阶级经济学发展的一个重要里程碑，在“经济学说史上具有划时代意义”。②

此后发展起来的福利经济学主要回答在每个人能够对自己的幸福或痛苦作出判断的情况下，社会如何评判和如何实现社会作为一个整体的幸福和痛苦。这种福利理论是建立在“基数效用论”基础之上的，其特点在于：一是认为每个人可以用某种确定的基数单位来衡量、比较和表示消费满足（如 3 单位的效用满足大于 2 单位的效用满足），二是假定在不同的人之间是可以进行效用比较的，可以用某种统一的单位来衡量不同的人所获得的效用满足的大小——它们是可以“通约”的。在这种理论基础上，每个个人的效用函数都假定为连续的和边际递减的，社会福利函数就也是连续的和边际递减的，从而社会面临的问题便是如何在给定的资源约束和生产条件下最大化这一社会福利函数。这种理论可以较为容易地对收入分配问题进行分析。究竟什么样的收入分配才是能使“最大多数人获得最大满足”的分配？由于可以相互比较的个人边际效用是递减的，所以富人消费多，其收入的边际效用必然较小，而穷人因消费量少，其边际效用必然较高，因此如果减少富人收入、增加穷人收入，这种收入转移的结果必然是社会福利增大——穷人新增一单位消费引起的边际满足的增加，必然大于富人因减少一单位消费引起的边际效用损失。收入均等化和收入转移理论都是以此为基础的。③ 该理论的最大缺陷在于“假定个人的效用是可以比较的，这是极不现实的”。④ 比如在现有知识和心理测试手

① 参见［奥］弗·冯·维塞尔著，陈国庆译：《自然价值》，商务印书馆 1982 年版，“译者前言”第 4 页。

② 朱绍文、俞品根主编：《现代西方微观经济分析》，商务印书馆 1996 年版，第 1 页。

③ 参见张东江、聂和兴主编：《当代军人社会保障制度》，法律出版社 2001 年版，第 29～30 页。

④ 朱绍文、俞品根主编：《现代西方微观经济分析》，商务印书馆 1996 年版，第 302 页。

段条件下，对两个同样吃一个苹果的人所获得的效用满足是无法用同一标准进行衡量和比较的，因此也就很难断定一个新增的苹果如何分配才能够最大限度地提高社会福利。这种社会福利函数理论虽然粗糙，存在缺陷，但作为一种简捷的思考问题的方法仍是有一定价值，以后的理论尽管有了很多发展，但在有些问题上，人们在明确了各种假定之后仍回到这种方法上来处理问题。

后来人们又寻找其他福利标准来对经济状态进行评价，提出了所谓“最能普遍适用、所含价值判断最少的一个标准”——帕累托标准或称为帕累托原则，①并

① 其基本内容可以描述为：设存在 A、B 两种经济状态，若经济中某甲认为 A 好于 B，而其他一切人至少认为 B 不比 A 更坏，则可以说“社会偏好顺序”中 A 好于 B。从变动中考察，这一原则的内容就是若从 B 转变为 A，使至少一个人获益，而其他一切人都至少没有受什么损失，则 A 好于 B，作此改进导致社会福利的增进。该原则本身也是一种价值判断，它作出的关于社会福利的判断，又是以另一个价值判断为基础的，即“个人主义”，就是认为只有个人才能够知道自己的满足程度和偏好顺序，别人不能“越俎代庖”。该原则的一个基本含义就是社会偏好必须建立在个人偏好的基础上，只要经济中有一个人蒙受损失，便不能说一项经济变动按照帕累托标准来说是有益的。比如认为消除垄断虽然能使许多人获益，但一定使垄断者本人受损，因此根据该原则就不能认为消除垄断是有益的。从这一意义上看，该原则是一个限制性很强的假定。但同时它又是价值判断很弱的一个原则，因为它根本无法对许多事情进行判断，而是只告诉人们“馅饼”增大是好事，却根本不能告诉人们应该如何分配一张既定大小的馅饼。所以帕累托原则在分析效率问题（馅饼增大）时十分有用，但对有关社会福利的其他问题并没有直接的用处。

又以补偿原则①和一般社会福利函数②来加以补充。这些补充内容仍然没有提出令人信服的答案。社会福利函数明确首先表明,社会福利是建立在个人的价值判断基础之上的,好与坏的评价必须依赖于个人对自己幸福和痛苦的判断,社会的偏好顺序取决于每个人的偏好顺序,"个人主义"是社会福利函数中所包含的最基本的价值判断。其次还表明如果社会生产没有增长,任何经济变动都只是一种利益再分配,而在这种再分配过程中一方受益,另一方必然受损,这时就很难对总福利水平是否提高作出判断。但给定收入分配方式,总收入增长必然导致福利水平提高。同时,给定社会生产能力和效率,福利最大化问题就取决于收入分配的方式和比例。而社会究竟采取什么样的收入分配方案,就要引入进一步的价值判断标准才能加以说明。这就是社会福利函数中所包含的又一层价值判断,即关于收入分配的"道德原则"或"平等"标准。正是在这里,经济学遇到了自己的边界。人们承认经济学只能分析出不同的分配方案会导致怎样的经济后果(最优点的确定),但社会采用什么分配方案则必须由经济学以外的"道德准则"来决定,而不能由经济学本身决定,③即经

---

① 补偿原则提出的目的是为了在帕累托原则基础上扩大福利经济学的适用范围,其基本内容是:如果从状态 A 转变到状态 B,获得好处的人愿意将其新增收益的部分拿出来补偿那些在此过程中蒙受损失的人,使其达到至少不比以前差并因此不再反对这一改变,就可以说在社会偏好顺序中,B 优于 A。该原则不可避免地也涉及了不同人之间的效用比较问题,因为在"补偿"过程中必须明确同样一笔钱(补偿金)对双方的意义。如果对受损失的人来说金钱补偿的效用很低,那么受益者即使拿出很大一笔钱,也还是不能"买通"对方;同时该原则在实践中应用也是很困难的,因为要想使人们在报告自己的收益和损失的时候"说实话",是极为困难的。经济人总是有缩小自己收益和放大自己损失情况的强烈偏好,所以双方当事人是很难达成协议的。

② 在有关补偿原则理论争论的基础上,又有经济学家利用"序数效用理论"发展起了所谓福利经济学和"一般社会福利函数"。这一社会福利函数被假定至少具有以下三个性质:一是社会福利可以在"效用空间"中加以定义;二是它满足帕累托原则,即若其他人的效用水平不变,任何一个人效用水平的提高都引起社会福利水平的提高;三是社会福利函数是严格"外凸"的,即两个人对于社会福利来说的"边际替代率"是递减的,一个人的收入相对增长过多,导致社会福利水平的增长程度迅速下降,就意味着收入分配不平等不是件好事。从基本内容上看,该函数并没有比帕累托原则或补偿原则回答更多的问题,只是表达了帕累托原则的内容而已,并且仍然没有解决个人之间的效用比较问题。

③ 一般认为,经济学作为一门科学的特征在于它的各种命题是可以根据事实判断其真伪的,而"价值判断"或"道德准则"只取决于人们主观上的想法,不能以事实为依据来对其进行真伪判断。

济学分析必须以“既定的收入分配方案”为前提和基础，而这一“既定的收入分配方案”则由当时社会上通行的道德准则决定，或者说就是当时条件下社会上普遍接受的一种分配方案。经济分析事实上都不可避免地包含着价值判断，以一定的价值判断为前提，但经济学本身并不能科学地推导出价值判断标准，价值判断标准是社会选择的结果，是由道德伦理学给出的，这种价值标准对经济学来说属于一种“外生给定的约束条件”。因此“经济学本身对于如何改进收入分配制度，说不出任何东西，而只能把社会中现存的，当作‘既定的’、合理的”。①

是否存在一种机制，既能确定出社会福利函数，又不违反社会普遍接受的道德准则？阿罗的“不可能性定理”就是回答。阿罗假定每个个人能够对于“一切可能的社会经济安排”（如收入分配方案、经济体制、经济发展计划等）根据自己的偏好标准进行优劣排序，则社会福利函数便是在一切个别人排序基础上对这“一切可能的社会经济安排”进行“社会排序”的机制。同时在进行这种社会排序的过程中，必须加进更多的价值判断，其根据便是当时社会上普遍接受的道德准则，但阿罗指出“社会排序”与“普遍接受”的若干道德准则是不能完全兼容的。一个民主社会“普遍接受的”、“合理的”道德准则一般包括：一是无限制选择，即个人有权进行“自由选择”，而无论个人偏好如何（即使个人要“吸毒”）都应成为社会选择的基础；二是帕累托原则，即个人效用与社会福利正相关，若所有人都认为 A 好于 B，那么社会偏好也应是 A 好于 B；三是“独立选择”原则，即对三件事 A、B、C 进行的选择和排序，不取决于是否还存在另一些不相关的事件 D 或 E，也不取决于人们对于 D 或 E 的态度；四是“不存在独裁”，即任何一个人的偏好不能自动地占据统治地位成为社会偏好。阿罗认为如果一个社会满足以上所有这四个条件，就存在着无法从个人偏好顺序出发进行社会排序的可能性，因此在一些可能的情况下，社会福利函数的形成必然意味着要违背以上各条件中的至少一条。阿罗提出的问题导致人们对福利经济学科学性的怀疑，甚至是对“民主”本身的怀疑。但有经济学家认为在分析问题时只要有一个“给定的”社会福利函数，而不必去管它是如何由社会给定的；另有一些经济学家则尝试“放松假定”和“绕开不可能性定理”，把人们带回到有关个人效用偏好的“信息要求”上去，研究效用的“可度量性”和“可

① 朱绍文、俞品根主编：《现代西方微观经济分析》，商务印书馆 1996 年版，第 306 页。

比较性”,即如果个人的效用是可以用某种方式度量和比较的,就有可能对互相矛盾的个人偏好进行社会排序,也可以根据“补偿原则”让人们通过“购买选票”即“买通”其他投票者的办法建立起某种可接受的社会福利函数。但这里面都有一个社会成本问题,也是很难达到边际成本等于边际效益的那一最佳契合点的。而福利经济学第二基本定理①告诉我们:第一,市场竞争均衡的结果取决于禀赋分配或收入索取权的分配②;第二,帕累托最优③的“福利涵义”必须由特定的收入分配方案加以说明,脱离了财富分配和收入分配④,市场均衡以及它所实现的那种帕累托最优的社会意义就不能得到说明;第三,一种市场均衡和帕累托最优对应着一种特殊的财富分配方案,可以通过改变财富分配方案,改变市场运行的结果,改变帕累托最优的位置,取得预期想要得到的

---

① 该定理的基本内容为:在若干假定下(同“第一定理”),任何一种帕累托最优状态,都可以通过适当地选定的收入索取权的分配方案,由市场的竞争均衡加以实现。第一基本定理一般被表述为:如果(X*,P*)为一种瓦尔拉斯均衡,则配置X*是有帕累托效率的;其中(X*,P*)表示一符合假定条件的市场的一般均衡状态,X*为各消费者在均衡时的消费集,P*为一组均衡价格,使得各市场供求平衡,(X*,P*)就称为“瓦尔拉斯均衡”。

② 所谓“收入索取权”,指的就是个人所拥有的“禀赋”——物质资源(劳动力、生产资料)和资本所有权(即利润分配权)——凭借它们,一个人可以获得收入,无论是出卖资源(如劳动或厂房或土地),还是在生产利润中分得一份。也可以称为“收入源泉”或者就称为“财富”。所谓收入索取权的分配,就是收入源泉的分配或财富的分配。

③ 也被称为帕累托效率,其指的是这样一种情况:这时所考察的经济已不可能通过改变产品和资源的配置,在其他人的效用水平至少不下降的情况下,使任何个别人的效用水平有所提高。与之对应的是“帕累托无效率”或“经济无效率”,指一个经济还可能在其他人效用水平不变的情况下,通过重新配置资源和产品,使得一个或一些人的效用水平有所提高。在这种情况下,若进行了资源重新配置,确实使得某些人的效用水平在其他人的效用不变情况下有所提高,这种“重新配置”被称为“帕累托改进”。这种改进由于没有一个人状况变坏,只有某些人状况变好,从而意味着社会福利“毫不含糊”地增进。而若经济已经处在帕累托最优状态,一种重新配置导致某些人状况变好、另一些人状况变坏,由于个人之间的效用无法比较,就无法确定总社会福利水平是提高还是降低。

④ 在市场经济中,财富的分配与收入的分配具有一致性:给定各种禀赋的数量和价格,给定生产技术或生产函数的性状,从而给定利润额的大小,一定的财富就与一定的收入相对应。因此在这种情况下财富分配与收入分配是一回事。当然,收入分配和再分配也可以不以财富分配的方式进行,也可以与财富分配比例无关,但对于纯粹的市场经济而言,收入的分配就由财富的分配所决定,市场交换只是在一定财富分配的基础上“完成”收入分配的过程。

某种结果。

（二）边际效用理论与社会救助法律制度

边际效用理论当然有其局限性的一面。但不可否认的是，主观价值论在某种程度上也确实反映出了人作为一种客观实在，对事物价值的判断必然有其独特偏好的规定性。人除了具有自然属性以外，更重要的是其社会属性，而社会属性本身就是属于一种主观感情控制的范畴。事物本身也是主客观属性的统一。因此，边际效用理论的存在和应用必然也有其合理性的一面。“朱门酒肉臭，路有冻死骨”，“朱门”中人对酒肉的需要就符合“戈申定律”，这些酒肉甚至会对“朱门”中人产生负效用——肥胖、疾病、腻食等，而路边冻死的人假如能有其中的一些食物，则可能不至于失去自己的性命。社会救助法律制度所关注的那些需要接受救助的弱势群体，他们所需要的仅仅是生存和适当发展的权利，正因为那是这些弱势群体的最低需要，所以满足他们那些最低需要的物品，其边际效用当然就要比这些最低需要已经得到满足甚至是大大满足的人们大得多。正如前面已经阐述的道理：由于可以相互比较的个人的边际效用[①]是递减的，因此富人消费多，其收入的边际效用必然较小，而穷人因消费量少，其边际效用必然较高，从而减少富人收入，增加穷人收入，其转移的结果必然是社会福利的增大——穷人新增一单位消费引起的边际满足的增加，必然大于富人因减少一单位消费而引起的边际效用损失。社会救助法律制度关注的正是这些穷人的利益。在一个可以接受的控制线范围之内（一般是以贫困线为标准），通过社会救助法律制度的社会再分配，给那些需要救助的人——总是穷人——以基本的物质需要保障，是可以在整体上增加社会的总福利。这应该是一个清楚明白的事实，任何有理智的人都可以区分得出来。只要不是分配得过当，不再是“均贫富”的理想冲动，就不至于遏止了创造财富的动力，导致社会财富源泉的枯竭，那只会是“扳倒树捉老鸦”，舍本逐末了。这在某种意义和程度上，也是主观放大社会财富的一种效应了——现实生活中也确实是存在着这样的状况。试想在沙漠中跋涉的人对于一瓶水的需要，同在日常生活中人们对于一瓶水的需要，同样一瓶水，其实际的价值又该会有多大的区别——沙漠中人可能愿意以 200 元现金换回它而不一定如愿，日常

---

① 尤其是对于生活必需品而言——如满足温饱的衣服和食物等，其需求弹性系数小于 1。

生活中人可能连1元现金的对价都不愿意支付！要不人们怎么会讲“水贵如油”——虽然这并不是常态，因为就整个资源的分布来判断（囿于目前人类的知识范围之内），水多于油的储量才是客观事实，但同样的一些资源对于那些急需社会救助的人就是具有那么大的价值——这不也是现实生活中的实际情况吗？经济学的边际效用理论在此可以为社会救助法律制度的创建和合理构架提供有力的理论支持。

三、社会学的社会控制理论

法律本身是一种社会现象，也是社会控制的一种有效手段。社会救助法律制度的理论基础也可以从社会学的社会控制理论中找到自己的基础支撑之一。由于社会救助法律制度关注的主要对象是需要社会救助的人群或个体，他们构成社会中所谓的“贫困者”，也即社会中的无产者或恒产很少者。他们的存在由于缺乏足够的物质基础，并且由于贫穷的原因导致也很难找到可以有固定收入的职位，因此一直游离于社会的边缘。他们由于人数的增长和几乎共同背景的原因，很容易走到一起，相处时间久了，会产生共同的意识，会有一些共同的行为方式，并对社会产生敌对情绪或仇视情绪。这些人的生存权利和简单的发展权利得不到一定的保障，就容易产生过激行为，对抗社会，报复社会。[①] 他们正因为无恒产或少恒产，所以后顾之忧几乎没有，在与社会对抗中很容易失去控制，酿成较为严重的后果。无论在什么样的社会中都会存在这样的一种群体，有数目大小的区别，而并无其他实质的区别，唯其都存在，所以也成为了一种正常的社会现象，从而使针对解决或缓解这种社会现象的对策在各国都成为其社会政策的重要内容，在法律制度上表现出来就是社会救助法律制度的设计和完善。该类法律制度承担着对由于各种原因陷入贫困的人进行有效社会控制的主要责任。

（一）对社会控制理论的认识

社会控制理论是社会学研究的重要内容之一。社会秩序是社会运行与发展的重要条件，良好的社会秩序有赖于有效的社会控制。社会学强调通过社

① 世界银行行长沃尔芬森向中国发出了不同寻常、直言不讳的警告：“与穷人分享财富，否则一大批找不到合法途径发泄怒火的穷人，会作出对抗性反应。”参见《参考消息》2004年6月29日，第16版。

会控制以保障社会秩序的维持。1901 年美国社会学家罗斯最早提出了“社会控制”的概念。他认为在人性中存在着一种“自然秩序”，它能自行调节人们的行为，使得人类社会处于自然的有序状态。工业化、城市化破坏了人性中的“自然秩序”，导致了社会失序的发生。因此社会控制是社会统治的手段，必须用这种新的机制来维护社会秩序。其后美国社会学家派克和伯吉斯发展了这一概念，认为一切社会问题都是社会控制问题。今天的社会学者都把社会控制作为实现社会秩序的重要社会机制。社会控制有广义和狭义之分，广义的社会控制泛指社会组织采取一切手段约束社会成员行为的过程；狭义的社会控制则指针对越轨行为[①]所采取的制约措施和过程。社会控制针对的是社会行为，要么是规定、引导、促使人们按照一定的社会规范去行为，要么是防范、制约乃至制裁、惩处越轨行为。社会控制的目的是正常维持社会秩序的良性运行，并在出现社会问题时能及时加以排除和补救，消除社会运行中的障碍。社会控制的手段有多种[②]，通过法律的社会控制是当今许多国家的普遍选择。“在现代社会，法律是社会控制最有效、最重要的方式。”[③]社会救助法律制度作为一种有效的社会控制工具，其瞄准的主要问题就是社会中贫困者所面临困境的缓解和解决。以社会学的视角看待，一般将社会救助法律制度归为社会立法的范畴。“社会政策是现代国家解决社会问题所采取的一种方针，而社会立法则以法律的条文实施社会政策，故社会政策在先，社会立法在后，两者

① 又称偏离行为、离轨行为，指违反或者背离了公认的社会规范的行为，就是与一个群体或者社会的标准行为或者社会期待行为相违背的行为。“轨”即指社会常规和传统模式。只要一种行为不是“常态”、“正常”的，一概可以被称为越轨行为。

② 社会控制对社会秩序的维护，是运用多种控制方式和控制手段的过程。这些控制方式和控制手段作用于各个社会层面和社会领域，同时又互相联系、互相补充，构成一个整合的社会控制系统。在社会控制体系中常见的控制方式包括政权、法律、纪律、道德、习俗、信仰和信念、社会舆论以及社会心理等。参见赵泽洪、周绍宾主编:《现代社会学》，重庆大学出版社 2003 年版，第 331～337 页。

③ 赵泽洪、周绍宾主编:《现代社会学》，重庆大学出版社 2003 年版，第 332 页。

关系密切。"①"任何一种社会政策,都是以社会问题②为对象。"③社会问题缓解和解决的目的正是为了更好地实现社会控制。"当社会安全于19世纪90年代在德国第一次被介绍出来之时,其中心目标是保护国家以免于政治骚动,团结无产阶级于社会中,以防止他们受革命号召的影响。同样的考虑也发生在20世纪30年代许多国家的制定政策者的心中。假如用这些标准去评价社会安全在过去80年的发展的话,它们可以说是已经成功。"④社会问题影响社会政策,如社会问题常因时间和空间而异,问题不同政策也有差别,问题变迁政策也须变迁;新问题新政策,问题解决政策就取消。同时,社会政策也直接制约着社会问题的解决,如社会政策可以减少社会问题的严重性,甚至可以完全解决社会问题;有的社会政策虽然实施了,对于所应付的问题虽然并无效果,却可以使问题转移了方向;也有一些社会政策实施之后反而增加了社会问题的严重性或引发新问题的发生;正确的社会政策还可以预防社会问题的发生——这也是制定社会政策的一个主要目的,更是社会政策的一个重大作用。"要使社会政策有效地实施,必须先制定法律。这样的法律就称为社会立法。"⑤就其先后程序来说,社会立法是社会政策的具体体现,即用法律的手续和条文,把它们详细规定出来,并以法律的力量付诸实施。所以社会政策总是在先,社会立法在后,社会立法即系本着社会政策所主张的原则。

贫困就是人类社会中所普遍存在的社会问题之一。虽然对贫困的认识标

---

① 陈国钧著:《社会政策与社会立法》,三民书局股份有限公司1980年版,自序。

② 广义的社会问题是指人们在共同的社会生活、社会活动中所面临的一切矛盾,既包括那些正常的、人们时常都会面对和不断处理的普通问题,如生产、工作等,也包括经济发展、环境保护等问题以及社会秩序的维护问题;还包括那些非正常的、较少出现的特殊问题,或者特指社会的病态与失调现象,如灾荒、骚乱、大量失业、吸毒等。狭义的社会问题仅指后一种,社会学关注的社会问题也主要是从这一角度出发的。美国学者认为公认的社会问题一般具备以下4个要素:(1)它们对个人或社会造成物质或精神损害;(2)它们触犯了社会里一些权力集团的价值观或准则;(3)它们持续很长时间;(4)由于处于不同社会地位的群体会作出不同评判,对它们的解决方案也往往多种多样,因而在如何解决问题上难以达成一致。参见[美]文森特·帕里罗等著,周兵等译:《当代社会问题》(第4版),华夏出版社2002年版,第6~7页。

③ 陈国钧著:《社会政策与社会立法》,三民书局股份有限公司1980年版,第17页。

④ 金高德著,覃怡辉译:《比较社会政策与社会安全》,黎明文化事业股份有限公司1979年版,第46页。

⑤ 陈国钧著:《社会政策与社会立法》,三民书局股份有限公司1980年版,第20页。

准并不能统一，但现代各国毫无疑问都存在着贫困问题，仅是发达国家与发展中国家严重的程度有所差别。贫困对当事人造成了巨大的物质和精神压抑，导致他们对社会产生敌视情绪。“经济贫困能影响个人正常生活的其他方面。”①贫困范围的扩大和人数的增多就容易形成相应的群体意识和行为模式，对社会秩序造成危害，如果不能及时地加以缓解和治理，会导致社会控制的失效，对正常社会秩序造成冲击。“贫穷是最容易造成其他社会病态的”，内乱、疾病、死亡、犯罪、娼妓等差不多与贫穷都有极密切的关系。② 有学者在对我国城市绝对贫困现象进行的研究中发现，这些绝对贫困阶层怀旧意识加强，社会不满意程度上升，群体意识显露，明显的相对剥夺感、分配不公感以及对立情绪、逆反心理和群体意识等，很容易导致社会风险程度的提高，影响社会稳定。③ “社会控制是确保社会稳定的重要手段，强调社会稳定的极端重要性，就是强调社会控制在社会生活中的极端重要性。”④贫困导致产生的社会问题与社会控制理论有密切联系。

(二)社会控制理论与社会救助法律制度

社会控制理论主要强调对社会问题的缓解和克服，贫困作为一个普遍存在的社会问题，需要社会控制理论提供相应的制度化对策。社会政策是进行

① [美]夏洛特·托尔著，郗庆华、王慧荣译：《社会救助学》，生活·读书·新知三联书店 1992 年版，前言第 1 页。

② 参见柯象峰编著：《中国贫穷问题》，正中书局 1947 年版，第 289 页。

③ 参见周沛：《一个不容忽视的事实：城市绝对贫困现象研究》，载《社会保障制度》2001 年第 4 期。该研究指出，绝对贫困阶层中 50 岁以上的人大都有较为强烈的怀旧感，对计划经济时代的社会环境、分配方式等评价甚高。这一阶层的人在计划经济时代大都为全民或集体企业的职工，“生老病死都有依靠”，现在巨大的生活压力、较大的贫富悬殊、分配不公、贪污腐败等不良社会现象引起了他们强烈不满与心理失衡，很容易勾起对往日的回顾，并把注意力集中在社会上一些阴暗的方面，在很大程度上影响了他们对改革开放的认同和支持。这种怀旧意识在一定程度上反映出转型时期的社会嬗变和部分人的社会不适。同时这些贫困者个人往往把个人的贫困与社会的不良现象联系在一起，巨大的生活和心理压力使得他们对社会上的某些“富裕阶层”、普遍的腐败现象极为反感，他们身上有着强烈的社会不满意感，认为自己是改革的受损者，共同的感觉和心理使部分绝对贫困者产生了一些共同的群体意识和群体行为，一方面赞成对社会环境的综合治理，另一方面又容易形成对社会的对立情绪和逆反心理，形成集体对抗行为。

④ 赵泽洪、周绍宾主编：《现代社会学》，重庆大学出版社 2003 年版，第 346 页。

社会控制的有效工具和手段，是解决社会问题或是从事社会改进所采行的基本原则和方针，是经由国家的立法与行政手段，以提高国民生活，增进社会利益，促使经济社会的平衡发展。社会立法是社会政策的法律化，其内容有狭义和广义两种，狭义的着眼于解决社会问题，指为保护处于经济劣势下的一群人生活安全所制定的社会安全立法，例如工业革命以前的济贫法、之后的劳动法，二战后的社会安全法、社会保险法、社会救助法等；广义的则着眼于增进社会福利，凡以改善大众生活状况、促进社会一般福利而制定的有关法律都属于，例如公共保健法、人民团体法、就业服务法以及其他社会福利法规等。19世纪时各国基于保护劳工观念所为的社会立法大都属于前一方面，20世纪以后经济结构逐渐变化，分配趋向于社会化，社会立法逐渐扩及后一方面。社会救助法律制度是社会救助政策的法律化，其被设计和不断完善，正是回应对贫困这一社会问题进行有效社会控制的需要。"社会救济也是一种社会控制，一种软性社会控制。"①"自20世纪60年代以来，对社会中被边缘化群体和社会问题理论研究的关注，使德国和其他地方的研究者们愈益确认社会工作和社会救助的社会控制作用。"②"社会救助政策的主要目标就是防止那些失去生活来源的人陷入极端困境，同时尽可能减少社会边缘化和社会排斥发生。"③通过社会救助法律制度的安排，为社会贫困者建立起一种对社会财富的再分配机制和对贫困者的利益补偿机制，从而保障他们的基本生活需要和适当的发展需要，稳定他们的心理预期，保障他们的生存权利，使他们能够支持社会的发展，并形成健康的心理，努力通过自身的进取提高自己的生活水平，增加社会财富的分配份额。同时"社会救助并不仅仅是一种特别的紧急援助形式，它还可以型塑人们的生活方向"。④ 社会救助法律制度的合理构建和良好运行，可以实现对贫困这一社会问题的社会控制目标，促进社会的稳

---

① 张文著：《宋朝社会救济研究》，西南师范大学出版社2001年版，第381页。

② Lutz Leisering and Stephan Leibfried, *Time and Poverty in Western Welfare States: United Germany in Perspective*, Cambridge: Cambridge University Press, 1999, p. 123.

③ See OECD, *The Battle against Exclusion: Social Assistance in Australia, Finland, Sweden, and the United Kingdom*, Paris: OECD, 1998, p. 9.

④ Lutz Leisering and Stephan Leibfried, *Time and Poverty in Western Welfare States: United Germany in Perspective*, Cambridge: Cambridge University Press, 1999, p. 255.

定和协调发展。

四、市民社会和政治国家理论

市民社会与政治国家理论是近些年来学者进行研究时用得比较多的一个思维路径。其实它们首先是作为一个社会学的论题，其次也渐渐成为了一个政治学和法学的论题。作为一种理论范式的国家与社会关系，“既是对现实的一种反应，同时也是对现实的一种塑造”。① 从法学视角考察，它们构成了一国具体法律制度生成的背景性路径依赖。社会救助法律制度的创设也从市民社会和政治国家理论中获得相应的理论支持。

（一）对市民社会和政治国家理论的认识

“无论是市民社会与政治国家这对范畴的真正确立，还是市民社会与政治国家在现实中的真正分离与对立发展，都是近代西方历史发展的产物。但是，这一对分析范畴一旦从现实中升华出来，就因其对特殊利益与普遍利益、个人权利与国家权力、私人领域与公共领域、个体价值与整体价值等等人类历史轴心脉动的深层关怀和广角涵摄，而赋有了超越于东方与西方、传统与现代的历史反思性和整体关照性。”②市民社会无论是作为一种社会存在，还是作为一种观念，都是欧洲或西方文明的产物，其形成乃是与西方“近代国家”或所谓“民族国家”的出现密切相关联的。从人类社会发展的复杂性和多样性角度看，市民社会在不同的历史阶段以及不同的文化背景和国别，其含义、构成、作用和性质也会有所不同。因此应将市民社会放到特定的历史环境中加以考察。同时，市民社会又具有众多的共同特性，如以市场经济为基础、以契约性关系为中轴、以尊重和保护社会成员的基本权利为前提等等。第一个真正将市民社会作为政治社会相对概念进而与国家作出学理区分的是黑格尔。“可以说在黑格尔之前，并不存在现代意义的市民社会概念。因此，黑格尔对市民社会这一传统术语之含义的修正，乃是政治哲学中自博丹创撰‘主权’概念、卢

① 邓正来著:《市民社会理论的研究》，中国政法大学出版社 2002 年版，第 291 页。

② 马长山:《市民社会与政治国家:法治的基础和界限》，载《法学研究》2001 年第 3 期。

梭发明'公意'概念以降的最富有创意的革新。"[1]黑格尔认为"市民社会"是处于家庭与国家之间的地带,它不再是只与野蛮或不安全的自然状态相对的概念,更准确地说,它是同时与自然社会(家庭)和政治社会(国家)相对的概念。市民社会作为人类伦理生活逻辑展开中的一个阶段,是一种现代现象,是现代世界的成就。其出现导致现代世界与古代世界发生了质的区别,是长期复杂的历史变革过程的结果。市民社会与政治国家的学理分野,在黑格尔的政治理论中得到了完成。市民社会与国家的区别说到底不是它们的构造特征,而是它们各自所具有的内在规定性以及由此而产生的不同的终极目标。市民社会的所有活动追求的是以个人私欲为目的的特殊利益,是人们依凭契约性规则进行活动的私欲,个人于此间的身份乃是市民。而国家关心的则是公共的普遍利益,是人们依凭法律和政策进行活动的公域,个人于其间的身份是公民。二者学理分野的完成,一方面表明原本只能在政治领域中加以解决的事务,现在因其性质之不同而可以在社会领域中获得原则上的解决,即通过对国家权力的划定或对市民社会领域的界定,市民社会获得了非政治的生命;从另一方面看,自近代民族国家诞生开始,作为公共权威的政治国家与构成其相对面的市民社会之间反复出现诸如和谐与反目、妥协与抵触、镇压与反叛等各种形态的制衡关系,以及由此产生的政治发展与社会变化的核心问题。关于市民社会和政治国家的关系问题,理论上一般区分为两大派别,即"国家高于社会说"和"社会高于国家说",前者以黑格尔为代表,强调国家塑造社会的作用,否定社会型塑国家的功能,社会被认为是附属于国家的;后者则以洛克为代表,认为社会优先于国家而存在,国家是人们为了维护自身安全和利益而建立的政治组织,它只是实现社会福祉的工具,对于社会来说,国家是一种"必要之恶",国家的干预越少越好,政府的规模越小越好。这两种关系架构对不同侧面的强调,即洛克通过对国家权力疆域的限定而对市民社会的肯定以及黑格尔通过对市民社会的低评价而对国家至上的基本肯定,构成了它们之间的区别,在历史中又表现为彼此间的互动。这两种架构相对于对方都具有某种制衡性的因素,并在历史和现实中,彼此构成相互制约的关系。

从国家的角度看,其对市民社会的作用主要应表现在两个方面:一是国家承认市民社会的独立性,并为市民社会提供制度性的法律保障,使其具有一个

① 邓正来著:《市民社会理论的研究》,中国政法大学出版社 2002 年版,第 36～37 页。

合法的活动空间;二是国家对市民社会应进行必要的干预和调节,不仅表现为国家运用抽象的立法行为为市民社会的活动确立人人普遍适用的规则,而且表现为国家对市民社会自身无力解决的利益方面的矛盾和冲突进行具体的处理。市民社会更多表现的是特殊利益,其内部存在着各种不同利益和不同价值取向的复杂关系,如收入分配、财产权力等可能是极为不均等的,它常常无力自觉维护社会的普遍利益,国家对市民社会的适度干预就获得合理性根源。确定这种干预限度的原则是:国家的干预不是通过政治手段,而是通过法律手段和经济手段来进行;国家干预的领域不是市民社会能够自行按照契约性法规予以管理的领域,而是市民社会无力自行调节的领域,如社会宏观调节和涉及社会总体利益的领域。从市民社会的角度看,其对国家的作用也主要表现在两个方面:从消极意义上说,市民社会具有制衡国家的力量,即市民社会在维护其独立自主性时力争自由并捍卫自由,使自己免受国家的超常干预和侵犯。正是在这个意义上,可以说市民社会是保障自由和防止权威倒退至极权政制的最后屏障。从积极意义上看,市民社会的发展培育了多元利益集团,这些在经济和其他领域中成长起来的利益集团发展到一定的阶段,便会以各种不同方式要求在政治上表达他们的利益主张,这种愿望和活动乃是建立民主政治的强大动力。在这一意义上,市民社会为民主政治奠定了坚实的社会基础。在民主政治尚未确立之前,市民社会可以通过各种非官方安排的渠道对国家的各种决策予以重大的影响,进而逼近民主决策的目标。

(二)市民社会和政治国家理论与社会救助法律制度

市民社会和政治国家理论同样为社会救助法律制度的创设和构建提供了相应的理论支持。"市民社会与国家互动关系的变化,决定着法治的走向和模式","市民社会与国家的互动发展关系,设定了法治运行的边际或界限"。① 因此,"只有市民社会与国家二元并立的矛盾发展,才构成法治的基础和根据",② 从而社会救助法律制度也才得以诞生并良好运行。市民社会张扬的是权利和自由,政治国家主张的则是权力和约束,市民的生存权问题在其不能自己维系和保障时,他有权利要求国家予以保障。政治国家的诞生本来就是人们为了更好地维系自己的生存才出让自己的一些权利使之得以形成的,虽然

① 马长山著:《国家、市民社会与法治》,商务印书馆 2002 年版,第 195 页。
② 马长山著:《国家、市民社会与法治》,商务印书馆 2002 年版,第 192 页。

政治国家一经诞生，便逐渐成长为一个异于市民社会自身的力量，但其合法性根据则不能脱离其最原始的动因。政治国家作为一种异于市民社会的力量凸显出来以后，与市民社会的较量便一直在进行。“大”市民社会和“小”国家、“大”国家和“小”市民社会以及“国家社会化”和“社会国家化”的关系状态都在人类历史的进程中有所展现，市民社会和国家的二元矛盾发展贯穿于人类的发展史。古近代西欧是市民社会与国家相复合、国家监护市民社会或国家吞并市民社会的不同形态，东方社会则一直是国家吞并市民社会的状态。在自由资本主义时期，过度利己主义的“大”市民社会与守夜人角色的“小”国家处于“对抗”的状态，导致贫富分化的加剧。在垄断资本主义时期，西方国家强调国家干预和建立福利国家，力图通过推行社会正义原则来解决“大”市民社会所出现的社会问题，例如贫富差距、贫困等。市民社会的基调是个人主义的，它只会在有限度的范围内关注他人的状况，并竭力维持权利的主张，其内部的和谐是暂时的，有些社会问题仅仅依靠主张自己的权利，或是企图内部协商解决是走不通的。政治国家的基调则是国家主义的，它能够合法地依靠强制力，关注整体公民的各方面状况，有效地维持稳定的社会秩序，并能较长期地保持社会的稳定，对于社会问题的解决可以动用国家的公权力来予以有效的干预和解决。市民社会里的市民当然可以主张自己的生存权，但私力救济常常是十分有限，甚至是无济于事的，这时其生存权主张必须得到政治国家的回应和救济，社会救助法律制度从而得以生成，以有效地规范市民社会市民生存权利主张和政治国家回应主张义务及限度。其实政治国家最基本的功能本就是回应市民社会生存权等基本安全需要，也正是在社会救助法律制度的创设和安排上才真正规范了市民社会和政治国家之间最基本的关系层面，社会救助法律制度明晰了市民社会和政治国家在市民生存权遇到障碍时各自的权利与义务。

第4节　社会救助法律制度的价值分析

价值分析是在论证具体法律制度时必然涉及的一个论题。价值其实是人们主观评价的一种抽象共识。社会救助法律制度的价值主要体现在其公平价值和安全价值方面。

一、公平价值

什么是公平？“公平(equity,fairness,justice)是一个使人激动的概念，因此，它在唤起人类对理想社会不懈追求的同时也成了理论家们和思想家们争相探讨的话题。”①在西方有关公平的争论主要是围绕着平等与效率的关系展开的，而在我国公平与效率这两个概念则往往混淆在一起。② 实际上“公平就是一个能够被普遍接受的平等和效率的组合”。③ “对效率的追求不可避免地产生出各种不平等。因此在平等与效率之间，社会面临着一种选择”，“这是最大的社会经济抉择，而且它在社会政策的各个方面困扰着我们。我们无法在保留市场效率这块蛋糕的同时又平等地分享它”④：或是以效率为代价的稍微多一点的平等，或是以平等为代价的稍多一点的效率。

公平取决于每个人的倾向和价值判断，人们几乎可以对它作出任何解释。平等(equality)主要包括法律面前平等、机会平等和结果平等三方面的含义。法律面前平等是指规范的或合法的行动限制仅仅取决于行为的性质，而不是行为主体的身份，即法律同样地对待处于同样地位的人，而不会按照与行动无关的一些特征对谁实行歧视。机会平等即经济制度中机遇的平等，它是指人们为最终取得地位而必须经历的过程给予所有人同样的机会，这意味着国家要进行干预，以确保一代人遇到的不平等不致延续到以后几代，儿辈的机会不致受到他们父辈存在的不平等的影响。结果平等即收入平等，是指给予每个人所占有的地位(职位)的报酬是相同的，不受其活动的影响。结果平等意味着国家不断地或定期地进行干预和再分配，以确保日常生活中出现的不平等

---

① 赖德胜编著：《先富！共富？——中国转型期的收入分配》，湖北人民出版社 1999 年版，第 191 页。

② 国内许多学术文献和官方文件都把效率优先与兼顾公平相提并论，实际上是混淆了平等与公平的概念。参见蔡继明主笔：《中国三大阶层的收入分配》，中国青年出版社 1999 年版，第 246 页注①。

③ 蔡继明主笔：《中国三大阶层的收入分配》，中国青年出版社 1999 年版，第 238 页。

④ [美]A·奥肯著，王奔洲译：《平等与效率：重大的抉择》，华夏出版社 1999 年版，第 2 页。作者以美国为例指出，美国社会弘扬人的价值，保障所有公民都享有法律和政治上的平等权利，告诫人们应该安分守己，但是它又驱使人们在竞争中出人头地，它所颁发的各种奖励，使成功者喂养猫狗的食物甚至胜过了失败者哺育他们后代的食物。这种平等与不平等的混合反应出各种艰难的妥协。参见该书第 1 页。

不致越积越多,不断地或定期地予以消除。平等概念在实证经济学中没有地位,但结果平等的思想是规范经济学外部环境的一部分。庇古认为 1 美元的价值对于拥有 100 万美元的人和只有 1 美元的人是不一样的,社会福利最大化只有在收入平等时才能达到。"经济平等这个概念,很难予以确定或衡量。即使它存在的话,也不可能被公认是完全的平等;但要公认是不平等却很容易。"[①]在收入分配过程中,由于各种因素,人们的收入总会有或多或少的差别,即使在平均主义分配原则占统治地位的计划经济体制下,人们的收入也不完全平等。收入不平等很大程度上源于机会不均等。由于个人天赋、家庭地位、经济条件和社会观念(如种族歧视)等因素的影响,人们在社会经济活动中的机遇大不相同,从而导致收入不平等。然而机会均等的概念也没有一条确定的边界线,而有些机会不均等却清晰可见。"源于机会不均等的经济不平等,比机会均等时出现的经济不平等,更加令人不能忍受(同时也更可以补救)。"[②]于是人们普遍倾向于把收入平等看作公平,把机会均等看作基本平等。其实公平观念主要是个社会价值判断问题。当收入不平等存在的时候,人们总是希望自己的收入是最高的,但又担心自己的收入会变成最低的,因而最保险的方法就是消除不平等。而收入平等则可以消除对机会均等的争论。天赋才能的人通常被人们赞赏,但它若导致收入不平等就会遭到非议。家庭地位和种族因素等在收入分配中更是处处受到攻击。人们总是愿意同收入高于自己的人攀比,而很少顾及收入低于自己的人。因此在机会不均等时,最终只能有一个人处于绝对优势。显然社会不可能接受这种优势,因此机会均等是人们关于公平的最基本的要求,虽然机会均等时也并不能保证收入就会平等。同时收入平等是社会安定的需要。收入不平等时,收入较多的人有较多的资金投入生产,比较生产力相对提高,从而收入进一步提高,而收入较少的人,由于投入资本少,比较生产力相对下降,从而收入进一步下降。竞争过于激烈时,竞争就会超出经济领域,形成政治斗争以致武装冲突,引起社会动荡。如果政府对经济进行干预,保持居民收入完全平等,竞争强度就会较小。竞争强度最低的时候社会自然是最为安定的。总之,平等(就结果平等而言)指的

---

① [美]A·奥肯著,王奔洲译:《平等与效率:重大的抉择》,华夏出版社 1999 年版,第 63 页。

② [美]A·奥肯著,王奔洲译:《平等与效率:重大的抉择》,华夏出版社 1999 年版,第 73 页。

是收入均等，是一种收入分配的状况，具有客观性；公平则是一种价值判断，是对收入分配状况的主观评价。

对平等的讨论自然离不开对效率的探讨。① 效率意味着从一个给定的投入量中获得最大的产出。“购买效率的代价，是收入和财富以及由此决定的社会地位和权力的不平等。”②从某种意义上说，收入平等是人们的普遍愿望，尽管这种所谓平等的想法总是瞄准较高收入的人。然而人们的要求却并非仅限于此，人们希望在相对平等的情况下保持生活水平即人均收入的不断提高。实现收入平等的最伟大尝试莫过于前苏联和中国的计划经济体制。其实计划经济体制仅仅是平等程度比较高，也不是完全的平等。即使如此，多年的经验表明这种平等的体制是无效率的。因为收入平等不可能自然地实现，必须有政府的强制干预才能达到，同时这种强制力量反过来也是一种保障。每个人的收入都固定了并得到相应保障，这样在收入不变的情况下，人们付出劳动最少，效用最大。所以在计划经济体制下，人们的生产积极性是很低的，因而经济发展缓慢，收入提高不快，经济效率很低，最终两国都放弃了计划经济体制。既然自由经济不安定，平等经济无效率，那么就必须建立一种相对平等又有效率的经济体系，也就是以平等换效率。在社会和政治权利领域中，社会在原则上把平等的优先权置于经济效率之上；在市场等经济制度中，效率获得了优先权，大量的不平等被认可。“社会有责任经常地在效率和平等之间进行交易”，“如果平等和效率双方都有价值，而且其中一方对另一方没有绝对的优先权，那么在它们冲突的方面，就应该达成妥协”。③ 这时，为了效率就要牺牲某些平等，为了平等就要牺牲某些效率。但是作为更好地获得另一方的必要手段，无论哪一方的牺牲都必须是公平的，尤其是允许经济不平等的社会决策必须是促进经济效率的。这样，如前所述，公平就是一个能够被普遍接受的平等和效率的组合。

西方经济学中关于公平分配的标准主要包括以下诸种观点：一是效率标准，这种观点认为一个人对于其自身努力所得到的成果具有当然的权利，其中

① “平等和效率在经济伦理中属于贯穿始终的分配法则。”何清涟著：《现代化的陷阱：当代中国的经济社会问题》，今日中国出版社 1998 年版，第 191 页。

② [美]A·奥肯著，王奔洲译：《平等与效率：重大的抉择》，华夏出版社 1999 年版，第 49 页。

③ [美]A·奥肯著，王奔洲译：《平等与效率：重大的抉择》，华夏出版社 1999 年版，第 86 页。

又有的主张凡是通过市场赚得的,都是公平的收入;有的主张只有在竞争市场上赚到的才是公平的,而对垄断利润的要求是不合法的;①有的主张只有劳动收入所得才是公平所得,其他非劳动收入(如利润、利息和地租)则都是剥削收入。② 二是平等标准,该观点认为每个人都应得到均等的收入,如果社会是有n个人组成的某一集合,这种分配应当是把每种商品总数的1/n精确地分给每个人。这也许并不是人们所希望的一种状态,没有理由认为两个人非要消费完全相同的一篮子商品——这样做他们是平等了,但并不愉快。有的人强调的是效用的均等而不是商品分配的均等。三是功利主义标准,该标准旨在实现社会总福利最大。四是最小最大标准,该标准是由罗尔斯提出来的,他假定在一个处在初始状态下的社会中,任何人都不知道未来的变化究竟会使其状况变好还是变坏,在这种不确定的情况下,回避风险的人们宁可选择能使他们在未来的变化中处于平均状态的分配。只有当不平等的分配能使处在最坏状态下的人比实行均等分配得到改善时,不平等的分配才是可取的。根据阿罗的"不可能性定理",社会对公平的分配原则不可能作出完全一致的选择。但是每个社会事实上都在不断地作出选择,这意味着社会在进行公共选择时必须作出某种妥协:或者牺牲一定的平等以换取较高的效率,或者牺牲一定的效率以实现较高程度的平等,或者牺牲某一个阶层的部分利益以满足另一个阶层的较大利益,或者牺牲一些眼前的(或这一代人的)利益以获得长远的(或下一代人的)更大利益,任何选择都是要付出一定的成本和代价的。"我为市场欢呼;但是我的欢呼不会多至两次",奥肯如是说,"金钱不能购买权利和权力,这必须有详尽的制度和法律来保护,并对低收入的人实行补偿性援助。一旦保护了这些权利,经济剥夺便结束了"。③ 一个民主的社会会不间断地寻找划定权利领域和金钱领域之间分界线的更好方式,唯此可以推动社会持续进步。平等和效率之间的冲突是无法避免的,在平等中注入一些合理性,在效率中注入一些人道,这也许是对平等和效率关系的较优选择,也是一种较为可欲的公平价值观。

---

① 如琼·罗宾逊认为,买方垄断会造成对劳动的剥削,而卖方垄断则会造成对厂商的剥削。

② 其实马克思的按劳分配原则也是一种禀赋原则,因为按劳分配原则承认不平等的劳动能力是天然的特权。

③ [美]A·奥肯著,王奔洲译:《平等与效率:重大的抉择》,华夏出版社1999年版,第116页。

社会救助法律制度对生存权利诉求的回应，也正回应了对公平价值的呼唤。公平的社会分配应该保障具有社会救助权的人得到基本的生活资料，赋予这些弱势者以机会平等的权利，帮助他们有资格参与社会和市场竞争。社会每个成员都有其自尊的信念，要求有像样的生活——起码的营养、保健和其他基本的生活条件。尊严与饥饿无法友好相处，不应该由市场来裁决人的生与死。每一个人不管他的个人品质和支付能力如何，当他面临严重的疾病或营养不良时，都应享受医疗照顾和食品。现在没有谁在原则上不同意如此。[①]从而生存权利在各种被证明是必不可少的消费项目下得到确立，这个最基本的标准就是所有人都得到生存保证的水平。

二、安全价值

法律“践履着一种重要的安全功能。法律对于权利来讲是一种稳定器，而对于失控的权力来讲则是一种抑制器”。[②] 从最低限度来讲，人之幸福要求有足够的秩序以确保诸如粮食生产、住房以及孩子抚养等基本需要得到满足，这一要求只有在日常生活达到一定程度的安全、和平及有序的基础上才能加以实现，而无法在持续的动乱和冲突状况中予以实现。人要求在生命、肢体、财产和自由方面得到保护，同时人们还有一种归属的需要，这种需要其实是安全感的一种伴随物。虽然这类要求并不能通过法律手段或法律制度得到全部满足，但是法律却有助于构造文化框架，在这种框架中，个人能发现有益于其精神健康所必要的那种程度的内在稳定性。“考虑孩子的需要时，安全价值在此

① 19世纪自由资本主义的虔诚信仰者则否定向私人慈善家恳求施舍的权利，并在原则上反对有任何保障生存的权利。对他们来说，经济效率要求强制性地贯彻不劳动者不得食的法则。譬如赫伯特·斯宾塞在他所写的出版于1884年的《静态社会学和人与国家》中就认为：“‘不劳动者不得食’这个规定，本来就是根据广泛存在的自然法则的一种基督教教义，由于这个法则的作用——一种生物的活力没有达到足以保存自己的程度，就必然死亡……生活达到了现在的高度。”他甚至对私人慈善事业表示怀疑，认为这是“不明智的博爱”，允许“受益人来非难我们社会存在的必要性”。参见[美]A·奥肯著，王奔洲译：《平等与效率：重大的抉择》，华夏出版社1999年版，第17页。另参见[加拿大]R·米什拉著，郑秉文译：《资本主义社会的福利国家》，法律出版社2003年版，第32页：“由赫伯特·斯宾赛和F·哈耶克等思想家详尽阐述的个人主义和市场优越原则的传统观念，他们认为，相对贫困和不平等是自由和市场的副产品，这种副产品是合意的。”

② [美]E·博登海默著，邓正来译：《法理学：法律哲学与法律方法》，中国政法大学出版社1999年版，第293页。

一方面的作用将变得特别明显。”[①]心理学研究表明，处于性格形成时期的孩子在一受到保护的环境中能够发展得极好，尽管这种环境不应当超过合理限度，但却需要家庭生活具有某种程度的确定性、稳定性和协调性。如果家境贫困，将有损于孩子成长所需要的稳定协调环境。当然，安全价值也并不是一种绝对价值，安全价值的实现受到既对个人有益又对社会有益这个条件的限制。就人们保护其精神健康、消除恐惧和忧虑等令人衰弱的形式和维持精神平衡而言，某种程度的安全是必要的；但如果对安全的欲求变得无所不包，那么就会产生这样一种风险，即人类的发展会受到抑制或妨碍。因为某种程度的压力、风险和不确定性往往是作为一种激励成功的因素而起作用的。一种合理的稳定生活状况是必要的，否则杂乱无序会使社会四分五裂；同时稳定性必须常常为调整留出空间。在个人生活和社会生活中，单纯强调安全只会导致停滞，甚至衰败。有时只有经由变革才能维续安全，而拒绝推进变革和发展则会导致不安全和社会分裂。但应该说，安全价值是社会首选的价值追求，在安全的前提下社会才能够谈得上发展和变革，乃至逐渐地完善，并能够不断地满足人们日益发展的各种需要。离开了安全价值的肯定和追求，社会无以发展，国家无以稳定，个人也当然无从诉求自己需要的满足。

社会救助法律制度就为社会的安全价值贡献着自己的力量。人无产则无牵挂，生活无以为继，则可以毫无顾虑地反抗社会，可以肆无忌惮地破坏社会规则，或者是结社游行示威闹事，这种事情似乎也是屡见不鲜、司空见惯了。“贫困与不安全的致命结合又该产生多少灾难！”[②]社会救助法律制度所安排和提供的就是能够基本满足这些贫困者生活需求的物质资料，安顿他们急躁的求生和敌视社会的心态，使之能够维持基本生存，并在力所能及的条件下帮助这些贫困者发展和独立谋生，自觉参与到社会秩序中去，从而维持社会的稳定和有序发展。“历史告诉我们，那些从现存的社会制度中受益的人们是不愿改变现状的。”[③]社会救助法律制度就这样地整合着贫困者的力量，化解着他们的无奈和反抗，为安全价值的维护发挥着自己的作用。虽然安全价值的保

① [美]E·博登海默著，邓正来译：《法理学：法律哲学与法律方法》，中国政法大学出版社 1999 年版，第 294 页。

② [法]泰·德萨米著，黄建华等译：《公有法典》，商务印书馆 1982 年版，第 1 页。

③ [美]威廉姆·H·怀特科、罗纳德·C·费德里科著，解俊杰译：《当今世界的社会福利》，法律出版社 2003 年版，第 383 页。

证仅仅依靠社会救助法律制度本身是并不够的，但社会救助法律制度却可以为安全价值的维系发挥着自己相应的作用。它首先是维系了居民个体的生活安全，其次是维护了社会运行的安全，再次也维系了国家政局的稳定。人由于首先要解决吃喝住行等基本的生活问题，才会去考虑下一步的发展和努力方向，如果基本的生活需要无从得以满足，尤其是在通过了自己各方面努力之后仍不能实现这样最低的生存目标，就会把责任和不满转移到社会和国家身上。如果国家不能有一套系列的制度安排来针对性地加以解决，就会激化社会矛盾，引发抗议和骚乱。主权在民，政府和国家居然不能满足人民的最低生存需要，当然会遭到民众的反对。而政府当局往往掌握国家的强制机器，会对抗或压制民众的呼吁和意愿，这样就导致矛盾的激化和冲突，致使社会发生动乱，国家政权发生更迭，安全还何来之有？最终个人、社会和国家都是受害者，有时竟会酿成一个民族的灾难。所以社会救助法律制度在最低层次上维持着社会的安全和国家的稳定，其自身的安全价值也从而得以凸显。

第三章
中国社会救助法律制度实证分析

第 1 节　社会救助法律制度安排总体分析

中国现行社会救助法律制度安排呈现出具有中国特色的特点。首先整体上是贯穿了城乡二元分制格局的传统,社会救助法律制度设计也是城乡分别规制,这是作为一般社会救助法律制度层面上的安排;其次是存在作为特殊社会救助法律制度层面上的安排,主要体现为对一些特殊群体和灾害群体实施社会救助的法律规制。"近年来在社会保障制度改革中,制度设计基本合理的是社会救助制度"。[①] 总体上看,城镇社会救助法律制度随着历史的变迁变化程度相对大一些,农村社会救助法律制度以及特殊社会救助法律制度的变化程度要相对小一些。该章论述主要是针对中国相关制度安排现状展开的。

一、城镇

城镇社会救助是指国家在城镇中对那些收入不足以维持最低生活标准的贫困者提供帮助,以保障他们的基本生活。目前中国城镇社会救助法律制度安排主要体现在《城市居民最低生活保障条例》(1999 年 10 月 1 日起施行)中。当然,与最低生活保障制度配套的一些政策、法规等还不少,包括中央和地方的等等,但它们仅仅是作为所谓的"配套"而已,还不能真正地列入社会救助法律制度论述的范畴。那些政策等还不成熟,各个地方都处于

① 中国社会保障体系研究课题组:《中国社会保障制度改革:反思与重构》,载《社会保障制度》2001 年第 2 期。

探索阶段，并不稳定和持久。除了国家统一的城市居民最低生活保障条例以外，地方也出台了不少相应的条例或办法，如《上海市社会救助办法》(1997年1月1日起施行)、《广东省社会救济条例》(1999年3月1日起施行)、《北京市城市居民最低生活保障制度实施细则》(2000年12月15日起施行)、《浙江省最低生活保障办法》(2001年10月1日起施行)等。与外国社会救助法律制度的内容比较起来，中国城市居民的最低生活保障法律制度尽管还处在不断的完善之中，但至少相对比较稳定；而即使城镇居民中其他社会救助法律制度的稳定规制也还付之阙如，尚待以后逐渐成熟或急需时制定。同时需要指出的是，在一些经济发达的省份，如上海、广东、浙江等，其社会救助法律制度的覆盖对象已经包括了全部城乡居民，从而在国家社会救助法律制度尚未正式实行城乡统一规制之前，已经走到了立法和实践的前面，为国家统一社会救助法律制度的制定积累着立法和实践的经验。① 此外，《城市生活无着的流浪乞讨人员救助管理办法》以及其后民政部公布的相应《实施细则》(一同于2003年8月1日起施行)也应该归入城镇社会救助法律制度的范畴。

(一)《城市居民最低生活保障条例》的安排

城市居民最低生活保障制度的内容安排是指构成城市居民最低生活保障制度各方面内容规制的总和，主要包括保障范围、保障标准、保障资金的来源与管理、工作程序、管理体制和运行机制等。

1. 保障范围。传统社会救济制度的保障范围比较小，主要是所谓“三无”人员，即无劳动能力、无生活来源和无法定赡养、抚养、扶养人的人员，也有一

---

① 学者已经指出，广东和上海的相关法规都突破了最低生活保障制度的范围，从一定程度上反映出单纯的最低生活保障制度还不能充分保障每个公民的基本生活水平，最低生活保障制度只有向社会救助制度进一步延伸，才可能有效地实现保障人民群众基本生活水平的最终目标，从而透露出最低生活保障制度必须向社会救助体系发展的强烈意蕴，昭示了把最低生活保障制度引向社会救助体系的目标任务。参见多吉才让著:《中国最低生活保障制度研究与实践》，人民出版社2001年版，第190～191页。这种看法也蕴涵了最低生活保障制度并不是社会救助法律制度的全部，而仅仅是社会救助法律制度体系中一部分的判断。“要充分注意最低生活保障制度与社会救助之间的联系与区别，努力构筑社会救助体系，最终达到保障所有城市居民基本生活的目的。”(该书第194页)这也正说明了我国完整的社会救助法律制度体系缺失的现状。

部分特殊救济对象。实施城市居民最低生活保障制度以后，理论上讲保障范围应该是所有收入水平低于城市居民最低生活保障标准的公民。《城市居民最低生活保障条例》(以下简称《条例》)中规定："持有非农业户口的城市居民，凡共同生活的家庭成员人均收入低于当地城市居民最低生活保障标准的，均有从当地人民政府获得基本生活物质帮助的权利。"根据《婚姻法》中有关家庭关系的规定，家庭成员指具有法定的赡养、扶养、抚养关系共同生活的人员。

根据"当地城市居民最低生活保障标准"确定保障对象一般有三种方法：一是定量方法，即依法确定一条最低生活保障标准，凡是低于这个标准的人员，均属于保障对象；二是定性方法，即依据现实社会中已经存在的不同性质、不同致贫原因的贫困群体，分门别类地确定保障对象的范围；三是在定量与定性相结合的基础上，由国家根据政策需要划定保障范围。用定量方法确定最低生活保障对象的范围理论上涉及对"最低生活"的理解问题。在国际上由于理解的不同，对"最低生活"有三种不同的看法，即生存线、温饱线和发展线。生存线即满足人的生理需求所需要的最低费用，达到此线才能维持生存；温饱线即满足人的生活需求所需要的最低费用，也就是生理需求之外加上能够体面地生活下去的最低需要，达到此线才能维持温饱；发展线即能够自给有余的最低费用，也就是不仅能够体面地生存下去，而且具备自救能力，达到此线则具备了自我发展的能力。我国实践中多以"最低生活"为生存线，即使作为生存线的最低生活保障线在不少地方也往往达不到。有的城市为了减轻财政压力，竟然只以食品消费的最低需要作为最低生活保障标准，致使城镇居民最低生活保障制度的保障范围十分狭窄。[①] 这种情况的出现当然有其深刻的历史和现实原因,如我国经济发展水平在总体上还不够高、传统社会救济观念的影响、最低生活保障制度还亟待完善、管理体制还没有完全理顺等等,使得通过低保制度所反映出来的国家干预经济分配的力度还比较小,不能满足贫困居民的生存需要。

定性方法是不少国家在确定最低生活保障标准时经常使用的思路之一,但一般也是与定量方法结合使用。我国各个城镇在确定最低生活保障对象的范围时一般也同时使用了定性方法,如一般认定如下类别的人员为当然低保范围:一是无生活来源、无劳动能力和无法定赡养、抚养、扶养义务人的居民,或者有法定赡养、扶养、抚养义务人但法定赡养、扶养、抚养义务人无赡养、扶养、抚养能力的居民;二是领取失业救济金期间或失业救济期满仍未能重新就业,家庭人均收入低于最低生活保障标准的居民;三是在职人员在领取最低工资、下岗人员领取基本生活费、离退休人员领取退休金后,其家庭人均收入仍低于最低生活保障标准的居民;四是原民政部门管理的特殊救济对象如五六

---

① 根据2003年6月民政事业统计,全国共有城市居民最低生活保障对象21826516人,1—6月累计支出低保资金710357.1万元,低保对象每月人均领取的救助金额为55元。上半年中,人均月救助金额最高的5个省(自治区、直辖市)分别是北京231元、上海138元、浙江112元、江苏83元、重庆75元,最低的5个省(自治区、直辖市)分别是黑龙江44元、内蒙古44元、河南43元、湖南41元、河北35元;人均月救助金额最高的10个市(地、州、盟)分别是佛山市201元、深圳市192元、广州市156元、宁波市155元、绍兴市149元、新疆克拉玛依市140元、杭州市138元、苏州市131元、东莞市130元、青海玉树藏族自治州127元,最低的10个市(地、州、盟)分别是湖南娄底市30元、山西忻州市30元、湖南衡阳市29元、河北邯郸市29元、河北张家口市28元、湖南湘西土家族苗族自治州28元、河北衡水市28元、广西崇左市28元、湖南张家界市25元、内蒙古呼伦贝尔盟22元;人均月救助金额最高的15个县(区、市、旗)分别是北京丰台区258元、深圳市南山区244元、北京门头沟区242元、北京通州区241元、北京宣武区241元、北京西城区240元、北京东城区236元、北京朝阳区234元、北京崇文区231元、北京平谷区229元、江苏无锡惠山区224元、北京海淀区223元、北京石景山区222元、广州市白云区221元、北京顺义区216元,最低的15个县(区、市、旗)分别是湖南衡山县17元、内蒙古鄂伦春自治旗16元、山西侯马市16元、海南白沙黎族自治县15元、西藏琼结县15元、山西垣曲县15元、广西田东县14元、云南元江哈尼族彝族傣族自治县14元、山西翼城县13元、四川甘洛县13元、内蒙古化德县12元、湖南衡南县11元、山西陵川县8元、山西河津市7元以及河北宁晋县仅仅4元——这能有什么用?参见 http://www.mca.gov.cn/news/news2003072403.html,2003年8月26日。

十年代精简退职职工，国民党起义、投诚、宽释人员，归侨，因公致残人员中的特困人员等，[①]从外地离退休后返回本市定居而其收入低于本市城市居民最低生活保障标准的人员；五是夫妻双方一方为本市非农业户口，另一方及子女为其他户口，具备特定条件且家庭人均收入低于当地最低生活保障线的居民，以及在农村定居但家庭人均收入低于当地最低生活保障线的具有城镇户口的家庭成员。这种对贫困群体的确认方式体现了十分强烈的时代特征，集中反映了现阶段我国城镇居民最低生活保障制度在继承传统基础上推陈出新的结果，带有明显的经济体制转轨、国有企业改革、户籍制度松动等重大改革举措的制度烙印，也从侧面折射出现阶段我国城市居民最低生活保障制度的保障重点是企业的在职职工、下岗职工和离退休职工，是对传统社会救济制度在这一方面规定的超越。

由政府根据需要划定保障对象的范围是绝大多数国家使用的方法。在我国上述两种方法事实上也是只具有参考作用，这种方法才是使用最多的方法。首先，保障对象一般都排除了部分纯粹按照定量或定性方法应当保障的对象，这类人员主要包括：(1)外地来本地就读且具有本市非农业户口的在校学生；(2)户口虽在当地但长期在外地居住的人员；(3)由于征地而农转非并自愿领取一次性全额安置补助的人员；(4)违反《婚姻法》、《收养法》、《计划生育法》的人员和家庭；(5)因吸毒、赌博造成家庭生活水平低于当地最低生活保障标准的人员和家庭；(6)在领取最低生活保障金期间无正当理由拒绝劳动部门或基层组织提供劳动就业机会的人员；(7)家庭中虽无从业人员，但主观认定其日常生活消费水平明显高于当地最低生活保障标准的家庭人员；(8)家庭中拥有非生活必需高档消费品的家庭成员。其次，要求按照互相衔接、拉开距离、分清层次、整体配套的原则，城市居民最低生活保障标准要低于失业保险金标准。再次，各地在确定保障范围时绝大部分城市都没有一步到位，而是采取了逐步纳入的办法。在充分尊重定量分析和定性分析结果的基础上，由政府根据情况划定保障对象范围的做法，虽然有一些值得商榷的地方，尤其是当政府只是根据财政承受能力来确定保障范围的时候问题更大，但除了迫于客观压力不得已而为之的一面外，在一定程度上还是可取的，也是必要的。但从长远看，在确定保障范围的三种方法中，由政府划定范围和依据定性办法确定范围都有较大程度的随意性，需要逐步过渡到运用定量方法上来。

---

① 后文“特殊群体”中再加以详细地论述。

2. 保障标准。《条例》对城市居民最低生活保障标准的依据和原则如是规定:“城市居民最低生活保障标准,按照当地维持城市居民基本生活所必需的衣、食、住费用,并适当考虑水电燃煤(燃气)费用以及未成年人的义务教育费用确定”,“城市居民最低生活保障制度遵循保障城市居民基本生活的原则,坚持国家保障与社会帮扶相结合、鼓励劳动自救的方针”。因此,最低生活保障标准确定的首要依据是“当地”的情况,一般指各个不同的“城市”和县政府所在地的城镇。以“城市”而不是以全国或省或单个的城区为单位确定城市居民最低生活保障标准,是由我国经济和社会发展状况所决定的。我国幅员辽阔,经济发展水平、物价水平、人均收入和消费水平等方面,东部、中部和西部地区存在很大的差异,全国无法统一标准。同时我国又是一个人口众多的多民族国家,不同区域、不同民族的人们,其生活习俗、文化观念很不相同,最低生活的需要也无法用一个统一的经济标准来衡量。具体到省一级里面,绝大多数省份这方面的差距也比较大,使得省一级也不宜于作为确定统一的城市居民最低生活保障标准的单位。城区的设置目的是便于管理,并不意味着人们的生活水平、社会需求方面存在不可逾越的差异,多数城市市民的生活、工作和社会交往往往也不是在一个行政“区”内,以“区”为单位确定城市居民最低生活保障标准可能造成多重矛盾,增加工作量,还有可能导致不安定因素的产生。在一个“县”内城市居民最低生活保障标准的确定以县政府所在镇的标准作为全县具有城市户口居民的最低生活保障统一标准,是由于在我国绝大多数县中,非农业户口的居民主要居住在县政府所在地的镇,其他乡镇非农业户口人员大多是星星点点,而且同一县域内人们的生活水平也基本相当。

影响最低生活保障标准制定的因素中,维持基本生活所必需的最低支出和财政承受能力是两个最主要的因素。城市居民的人均收入和人均生活消费水平、上年物价水平、生活消费价格指数、维持当地最低生活水平所必需的费用、需要衔接的其他社会保障标准,以及维持吃穿住等基本生存所需物品和未成年人义务教育费用等,是确定基本生活水平时必须参照的因素。当地经济、社会发展水平、本区域内符合最低生活保障的人数、所需救济金额的年增长量等,则是确定财政承受能力时必须参照的因素。同时各地在对“最低生活保障标准”的理解方面还涉及对基本生活水平究竟按生存线还是温饱线理解的问题,在主要根据基本生活费用和参照财政承受能力测量出最低生活保障标准以后,还要对此标准按照不违背传统道德、不养懒汉的原则进行调整,最后才能确定最低生活保障的实施标准。

《条例》中没有对最低生活保障标准的测定方法进行专门规定。各地在实践中使用较多的主要有市场菜篮法、恩格尔系数法、收入比例法以及生活形态法等四种。其中市场菜篮法又叫“标准预期法”，是所有测定最低生活保障标准方法中最古老、最易于为人接受的一种，最早由英国人郎特里(Rowntree)在 1901 年提出。它的依据是一张按照营养学标准确定的能够维持体力恢复的生活必需品清单。对此方法的质疑主要是究竟应该由谁来决定哪些物品是或不是“生活必需品”，究竟如何看待统一贫困标准之下个人的需求差异。[①]这种方法在我国使用得最多，但用作依据的生活必需品清单不是主要由专家根据营养学标准开列的，而是通过对贫困户的实际调查获得，专家的意见只作为参考。恩格尔系数法也是测定最低生活保障标准的一种常用方法，其基本理念是由于食物消费达到一定水平后会相对比较稳定，不会随收入的增加或消费的增加而提高，所以当某个人或某个家庭的收入增加或消费水平提高时，他的食物支出占全部支出的比例会相应下降。这一规律可以用来衡量某个家庭的生活水平。当食物支出占全部支出的比例上升时，说明其生活水平在下降；反之则说明其生活水平在提高。是恩格尔发现了生活必需品开支与收入增长成反比的规律，故称为恩格尔定律，恩格尔绘出的表示生活必需品开支占收入比例变化的曲线被称为“恩格尔曲线”。后来美国学者认为“恩格尔曲线”上有一个可以测定贫困的“转折点”，当某个家庭的恩格尔系数高于这一转折点时，该家庭就属于贫困户。该方法被美国使用后开始在国际上流行，被称为“恩格尔系数法”。现在国际上一般以 59%作为恩格尔系数法的临界点，如果一个家庭的恩格尔系数高于这一点，则为贫困户。我国有些地方使用了该方法，但将恩格尔系数定得比较高，并且在多数情况下只是作为印证其他方法的一种辅助方法。收入比例法是以一个国家或地区社会中位收入或平均收入的一半作为最低生活保障标准。此方法原来是世界经济合作组织在调查其会员国的社会救济标准时偶然发现的。他们认为大多数国家的社会救济标准大约相当于社会中位收入的 2/3，便提出以此为最低生活保障标准。该法最初主要用于国际比较，后来欧共体为了统一其成员国的社会救助标准，便决定将社会中位收入的 50%～60%确定为各国的社会救助标准。我国将该方法作为参照在 1997 年以后使用比较普遍，主要是由于它简便易行。生活形态法又称

① [英]尼古拉斯・巴尔、大卫・怀恩斯主编，贺晓波、王艺译：《福利经济学的前沿问题》，中国税务出版社、北京腾图电子出版社 2000 年版，第 136 页。

为“指标剥夺法”，或被译为“行为方法”，其创始人是英国人汤森(Townsend)，其理论依据是每个社会都有为人们普遍认同的生活需求，在这些生活需求中存在着一个“剥夺门槛”，当需求项目减少到这个“剥夺门槛”时，该家庭要想维持已经习惯的习俗、活动和饮食习惯就会特别困难，这个“剥夺门槛”就是最低生活保障线。汤森曾经拟订了一个包括物质因素和社会因素在内的，由13组77个指标构成的庞大指标体系。该方法的计算过于抽象，不易为非专业人员所掌握，因而在各地使用得不多，只在学者和专业人员研究中使用得较多。此外还有基数法、社会认同法等，使用得更少。我国各地使用最多的还是第一种方法，其他方法或是作为对第一种方法的验证，或是只在学者的研究中较多使用。也有同时使用几种方法的情况，如先用“生活形态法”选出贫困家庭，再用市场菜篮法确定生活必需品清单，最后通过征求各方面意见最终提出一个最低生活保障标准。

另外，在测定最低生活保障标准以后，一般还要提出对某些对象上浮若干比例，如针对“三无”对象、社会福利机构中由国家供养的鳏寡孤独人员和精神病人、完全丧失劳动能力的残疾人和重病患者等，一般上浮10%～20%，作为对科学测定方法的重要补充。同时，根据《条例》的相关规定，[①]确定、公布和提高最低生活保障标准首先是一项政府行为，需要由政府民政部门负责、相关部门参加提出方案，最后由政府批准公布；其次，县(县级市)政府在批准和公布当地最低生活保障标准前要报上一级政府备案，目的是避免县与县、市与市之间的保障标准差别过大；再次，保障标准要逐步提高，主要是因为一方面最低生活保障标准具有刚性特征，一般只能提高不能降低，另一方面只有随着经济、社会的不断发展逐步提高保障标准，才能使贫困人口共享社会经济发展的成果，更好地体现社会公平。测定、确定、公布和调整最低生活保障标准是最低生活保障法律制度的重要环节，这直接决定了国家干预下社会物质财富再分配程度(单就社会救助法律制度本身所安排的再分配而言)的大小。

3. 保障资金。这是最低生活保障制度得以运行的核心要素，并直接反映

① 《条例》第6条第2款规定：“直辖市、设区的市的城市居民最低生活保障标准，由市人民政府民政部门会同财政、统计、物价等部门制定，报本级人民政府批准并公布执行；县(县级市)的城市居民最低生活保障标准，由县(县级市)人民政府部门会同财政、统计、物价等部门制定，报本级人民政府批准并报上一级人民政府备案后公布执行。”《条例》第6条第3款规定：“城市居民最低生活保障标准需要提高时，依照前两款的规定重新核定。”

着国家干预这种再分配经济关系强度的大小。《条例》规定"城市居民最低生活保障所需资金，由地方政府列入财政预算，纳入社会救济专项资金支出项目，专项管理，专款专用"，"国家鼓励社会组织和个人为城市居民最低生活保障提供捐赠、资助，全部纳入当地城市居民最低生活保障资金"。此规定明确了财政和社会捐赠资助是城市居民最低生活保障资金来源的两个渠道，明确了地方政府是城市居民最低生活保障资金的主要责任者。实践中存在地方各级财政如何分担保障资金、中央财政如何承担责任、社会捐赠发展趋势如何以及保障资金如何有效管理和监督等问题。城市居民最低生活保障制度的性质和我国的财税管理体制决定该保障资金主要由地方财政负责。公民不能维持其基本生活时从国家或社会获得救助是每个公民的基本权利，也是国家和社会维护人民群众生存权利的具体体现，国家必须承担起第一责任。我国《宪法》中有相应规定；[①]同时，国务院《关于实行"划分收支、分级包干"财政管理体制的通知》附件中在列举地方财政收支范围时明确规定："抚恤和社会救济费，归地方财政支出。"后来国务院《关于实行分税制财政管理体制的决定》中再次规定，"按照中央与地方的事权划分，合理确定财政的支出范围；根据事权与财权相结合的原则，将税种统一划分为中央税、地方税和中央地方共享税"，并把各种收入划分为中央财政固定收入、地方财政固定收入，支出划分为中央财政支出、地方财政支出，社会救济费被明确列入地方财政的支出范围。地方政府保障资金的主要承担者是市、区（县、县级市）两级财政，有的地方规定镇政府也有负担的责任，绝大部分也在省级财政中列支了省级调剂资金。市、区两级的分担比例多数地方规定为各承担 50%，也有其他的一些分担办法。对于镇政府的责任，多数只承担了补充角色。省级调剂资金的分配一般都规定了主要的资助对象为承担属地化管理保障任务较重且财政特别困难的市、县，在数额上原则规定根据当年的政府转移支付政策和财政能力来确定。财政直接拨付以外的资金来源，有的地方规定了保障金的利息收入或增值部分、社会保障基金、扶贫基金等。最低生活保障工作的经费，有的地方要求财政部门要根据民政部门的申请予以提供，其数额或者按保障金总数的比例如 5%、3% 确定，或者由财政部门一次性拨付。

虽然按照现行财税管理体制的规定，属于社会救济经费的城市居民最低生活保障资金应该完全由各级地方政府承担，但中央财政也有一定的责任。

① 参见第 45 条。前文关于生存权理念的论述中已经引用。

国务院在前述《关于实行"划分收支、分级包干"财政管理体制的通知》中规定了中央与地方的收支范围之后，又规定"凡是地方收入大于支出的地区，多余部分按规定的比例上缴；支出大于收入的地区，不足部分从工商税中按一定比例留给地方，收入仍然小于支出的，不足部分由中央财政给予定额补助"。国务院办公厅曾在1999年转发的《关于做好提高三条社会保障水平等有关工作的意见》中明确提出，"从1999年7月1日起，已实施城镇居民最低生活保障制度的地区，将最低生活保障水平提高30%"，"提高城镇居民最低生活保障水平所需资金，北京等7省市由地方政府自行解决，其他省（区、市）及新疆生产建设兵团由中央财政给予适当补助"。

社会捐赠资助是城市居民最低生活保障制度保障资金的来源之一。尽管其在数量上目前还比较微小，却是社会力量承担贫困人口救助责任的重要体现。随着经济社会发展水平的不断提高，社会捐赠资助的数额将会日益扩大，在整个城市居民最低生活保障资金中所占的比例也将会逐渐增加。最低生活保障资金的管理和监督问题，《条例》规定要列入预算，纳入社会救济专项资金支出项目，专项管理，专款专用，并规定"财政部门、审计部门依法监督城市居民最低生活保障资金的使用情况"。城市居民最低生活保障资金的来源、管理、使用和监督是低保工作的重要环节，有的地方还专门制定了保障资金管理办法，以加强对保障资金的使用和管理。

4. 工作程序。城市居民最低生活保障制度一方面关注公民生存权的保障，另一方面又受到政府财政能力的制约。《条例》详细规定了城市居民最低生活保障工作从申请、家计调查、审核审批、保障金发放、动态管理到行政复议和行政诉讼的程序。关于申请，《条例》第7条规定："申请享受城市居民最低生活保障待遇，由户主向户籍所在地的街道办事处或者镇人民政府提出书面申请，并出具有关证明，填写《城市居民最低生活保障待遇审批表》。"关于家计调查，《条例》规定："管理审批机关为审批城市居民最低生活保障待遇的需要，可以通过入户调查、邻里访问以及信函索证等方式对申请人的家庭经济状况和实际生活水平进行调查核实。申请人及有关单位、组织或者个人应当接受调查，如实提供有关情况。"调查内容主要围绕申请对象身份确认、家庭人数和各种收入项目以及真实程度、实际数额展开。其中确认需保障对象的家庭收入是一项非常复杂、专业性较强的工作，甚至某些问题从理论上讲很难解决。《条例》中规定：所称收入"是指共同生活的家庭成员的全部货币收入和实物收入，包括法定赡养人、扶养人或者抚养人应当给付的赡养费、扶养费或者抚养费，不包括优抚对象按照国家规定享受的抚恤金、补助金”。应当计入收入的项目一般包括各类工资、奖金、津贴、补贴及其他劳动收入，储蓄存款及利息，股票等有价证券及红利，基本生活费、离退休金、失业保险费，出租房屋的租金，亲属的赡养费、扶养费、抚养费及继承的遗产、遗赠等。不宜计入家庭收入的项目有优抚对象的抚恤金、补助金、护理费、保健金等，军队干部、志愿兵转业费和退伍军人退伍费，义务兵津贴，独生子女费，异地安家的安家费，政府一次性奖金如科技成果奖、见义勇为奖等，工伤或因公死亡人员及其供养的亲属享受的津贴、护理费、一次性抚恤金、补助金、丧葬费等，因公致残返城知青的护理费，特殊岗位补贴，商业保险赔偿费，在职人员按规定缴纳的住房公积金，社会保险费，其他不列入个人收入所得税范围的各种奖励金等。有的地方计入、有的地方不计入的还有大、中专院校就读学生的奖学金、生活津贴、困难补助，针对个人或某个家庭的社会捐赠，交通补贴、住房补贴、冬季取暖补贴，书报费、洗理费、儿童入托费补贴，各项优惠政策所减免的费用等。对于有劳动能力的无业人员，非个人原因没有就业的，按实际收入计算，但享受最低生活保障期间应当参加其所在居委会组织的公益性社区服务劳动；无正当理由又拒绝有关部门安排工作的，或者视同领取了基本生活费，或者取消其领取最低生活保障金的资格。退出现役符合安置政策的义务兵、志愿兵，在超出部队支出生活费时间后因组织原因仍未安排工作的，本人按无收入计算。对于暂时领不到最低工资、离退休费、基本生活费的人员，或按照其原有数额下浮一定比例（多数地方为25%）计算，或视同已领取了相应的收入。同一家庭中有两类户籍时，城市户口一方到户籍所在地的街道办事处或镇政府提出申请，但家庭人均收入的计算要根据两类户籍人口的总收入平均计算，然后城市户口一方按照城市居民最低生活保障标准领取差额补贴。家庭人均收入的确定按申请人家庭申请前3个月平均计算，收入不稳定的家庭则将此间的所有收入平均分摊到前3个月或6个月。对于赡养费、扶养费或者抚养费的计算，多数地方规定按照协议、裁决或判决的数额计算，没有协议、裁决或判决的，根据《婚姻法》中有关抚养、扶养、赡养的规定，抚养费一般按抚养人月总收入的20%～30%或者25%计算，抚养两个以上子女的，比例则适当提高，但一般不超过月总收入的50%，最低不得低于月总收入的20%；赡养费计算需看子女家庭的月人均收入，如其低于城市居民最低生活保障标准时，视为该子女家庭可以不向被赡养人提供赡养费，如其高于最低生活保障标准时，其高出部分要承担法定被赡养人的最低生活保障费。

关于审核、审批程序，其主要任务是审查申请人所提供的材料是否完备，程序是否合法，并对某些疑难问题作出决定。该程序的设计既要保证工作的准确性，还必须使申请人感到简单方便。关于保障金的发放，这是城市居民最低生活保障落实到保障对象的最后一道程序，及时、足额、准确地将最低生活保障金发放到生活真正困难的保障对象手中是该程序的最终目的。《条例》第8条第1款规定："县级人民政府民政部门经审查，对符合享受城市居民最低生活保障待遇条件的家庭，应当区分下列不同情况批准其享受城市居民最低生活保障待遇：(一)对无生活来源、无劳动能力又无法定赡养人、扶养人或者抚养人的城市居民，批准其按照当地城市居民最低生活保障标准全额享受；(二)对尚有一定收入的城市居民，批准其按照家庭人均收入低于当地城市居民最低生活保障标准的差额享受。"《条例》第8条第4款规定："城市居民最低生活保障待遇由管理机关以货币形式按月发放；必要时，也可以给付实物。"这里对保障金的发放数额主要包括三种情况，即对"三无"对象全额发放，对有一定收入的保障对象差额发放以及对原救济标准高于最低生活保障标准的按原标准发放。保障金的形式则以货币形式为主，必要时也可以是实物形式①。

最低生活保障待遇的享受实行动态管理。《条例》第10条规定："享受城市居民最低生活保障待遇的城市居民家庭人均收入情况发生变化的，应当及时通过居民委员会告知管理审批机关，办理停发、减发或者增发城市居民最低生活保障待遇的手续。管理审批机关应当对享受城市居民最低生活保障待遇的城市居民的家庭收入情况定期进行核查。"第14条第2项规定，"在享受城市居民最低生活保待遇期间家庭收入情况好转，不按规定告知管理审批机关，继续享受城市居民最低生活保障待遇的"，"由县级人民政府民政部门给予批评教育或警告，追回其冒领的城市居民最低生活保障款物；情节恶劣的，处冒领金额1倍以上3倍以下的罚款"。动态管理的关键环节是需要及时掌握保障对象的情况变化。具体的做法有：或是原则性地要求保障对象在家庭发生变化时要及时向居委会申报，管理审批机关要随时检查、了解保障对象的家庭

① "这些实物援助有时受到这样的反对，说帮助穷人的最好方式是给钱，由他们自己决定如何去花。但是，把无限制的钱交给父母，并不能保证孩子们也得到帮助。更通俗地说，社会可以提出家长式的要求，引导增加的开销用于诸如营养、保健以及住宅等必需品。"参见[美]A·奥肯著，王奔洲译：《平等与效率：重大的抉择》，华夏出版社1999年版，第109页。

收入变化;或是具体要求有在职人员的家庭一般每季度或每两个月提供一次收入证明,居委会、街道办事处或镇政府要建立跟踪调查制度,每半年、一年或不定期地对保障对象的家庭收入状况复审或检查一次,全市范围内要一年或两年做一次普查;或是要求管理审批机关建立与保障对象中在职人员单位和保障对象的邻居、亲戚、朋友等的经常性联系制度,随时掌握保障对象的收入变化;或是要求各级民政部门和街道办事处、镇政府、居委会设立举报电话和举报信箱,由广大人民群众实施监督。

《条例》对最低生活保障待遇管理中的救济措施也进行了相应的规定。第15条规定:"城市居民对县级人民政府民政部门作出的不批准享受城市居民最低生活保障待遇或者减发、停发城市居民最低生活保障款物的决定或者给予的行政处罚不服的,可以依法申请行政复议;对复议决定仍不服的,可以依法提起行政诉讼。"该规定是对保障对象合法权益的救济性保护,也是对执法部门的监督和制约。从总体上看,城市居民最低生活保障工作程序的规定还是比较复杂的,涉及许多原则性问题和技术性工作。程序过分复杂烦琐会给保障对象带来不少麻烦,会对这项工作的顺利开展产生一定的不利影响。因此程序的合理安排需要认真加以考量。

5. 关联规定。城市居民最低生活保障制度的安排还存在与其他社会保障制度安排的相互配套和衔接问题。按照1993年中共十四届三中全会《关于建立社会主义市场经济体制若干问题的决定》的界定,我国社会保障体系由社会保险、社会救济、社会福利、优抚安置、社会互助和个人储蓄积累保障等六个部分组成,其中社会保险、社会救助和社会福利是整个社会保障体系的主体部分。"社会救济是最低层次的社会保障,国家和社会必须动员所有社会资源以满足社会成员的基本生活需求,充分实现公民在宪法上所享有的生存和发展权",[①]而居民最低生活保障制度是"最后一道安全网",仅靠有限的最低生活保障资金很难从根本上解决贫困人口的生活困难问题。最低生活保障制度应该是起到最后的"兜底"保障作用,在该制度发挥作用之前,还应该有其他社会保障制度的作用发挥和过滤,并且在该制度发挥作用的同时,还需要有其他对领取低保金贫困户的相关优惠照顾制度性安排,才能从较大程度上发挥有限低保资金的效用和更有效地保障低保户的基本需要。

其他相关社会保障制度与城市居民最低生活保障制度的配套衔接问题随

① 种明钊主编:《社会保障法律制度研究》,法律出版社2000年版,第32页。

着国有企业改革进程的加快愈益凸现。1998 年 5 月，朱镕基总理在国有企业下岗职工基本生活保障和再就业工作会议上，第一次把养老、失业保险制度、下岗职工基本生活保障制度和城市居民最低生活保障制度称为我国现实条件下有中国特色的社会保障制度以后，相关社会保障制度与城市居民最低生活保障制度的配套衔接问题受到重视。2000 年 5 月朱镕基总理在完善社会保障体系座谈会上又详细地阐述了“三条保障线”的衔接问题，指出要“由近及远，首先完善现行的三条社会保障线，即社会基本养老保险制度、下岗职工基本生活保障制度和失业保险制度、城市居民最低生活保障制度。对基本养老保险制度要结合我国国情，进一步规范社会统筹和个人账户相结合的社会基本养老保险制度。失业保险制度要进一步加强，逐步使下岗职工由现在先进入再就业服务中心领取基本生活费，转为领取经济补偿金并与企业解除劳动关系，享受社会保险。失业保险期满后未实现再就业的，均可进入城市居民最低生活保障制度”。民政部、劳动保障部、财政部联合发文，在 1999 年连续下发了《关于做好国有企业下岗职工基本生活保障失业保险和城市居民最低生活保障制度衔接工作的通知》、《关于做好三条社会保障线水平等有关工作意见的通知》、《关于加强国有企业下岗职工基本生活保障城镇居民最低生活保障资金和企业离退休人员基本养老金使用管理问题的通知》等文件，强调三条保障线的标准要互相衔接，要求“各地劳动保障、民政、财政部门要结合当地实际，按照互相衔接、拉开距离、分清层次、整体配套的原则，科学制定国有企业下岗职工基本生活保障标准、失业保险金标准和城市居民最低生活保障标准。失业保险金标准要低于基本生活保障标准，城市居民最低生活保障标准要低于失业保险金标准”。应该说从根本上解决这个问题需要加快社会保障法的立法工作，通过完善的社会保障法律法规，各种社会保障项目的准确内容以及彼此之间的配套和衔接问题才能得到科学、合理的界定，才能尽可能地减少各种制度之间的冲突与摩擦，最大限度地发挥整个社会保障制度的综合效益。

此外，保障对象享受最低生活保障金只能满足其最低生活的需要，但由于保障对象自身在体力、智力上的差异和可能面临的医疗、子女教育以及其他不可预料的特殊困难，单依靠最低生活保障制度并不能完全解决其基本生活保障问题。因此除了与其他社会保障制度的互相配套和衔接问题，还需要制定与最低生活保障制度配套的相关优惠政策。从全国性的配套优惠政策来说，《国务院关于在全国建立城市居民最低生活保障制度的通知》、《城市居民最低生活保障条例》和国家出台的有关社会救济、社会互助的规章中都有专门的要求，具体体现为：一是城市居民最低生活保障制度要在遵循保障城市居民基本生活原则的前提下，坚持国家保障、社会帮扶与鼓励劳动自救相结合；二是各地要根据本地实际，在可能的情况下对保障对象在有关方面给予必要的照顾；三是要充分发挥中华民族尊老爱幼、互助互济的传统美德，广泛发动社会力量，大力开展扶贫济困送温暖活动；四是对享受城市居民最低生活保障待遇的城市居民，在就业、从事个体经营等方面给予必要的扶持和照顾。地方的配套措施和优惠政策一般可以区分为三个方面：首先是减免开支的优惠政策，主要体现为粮油帮困卡政策①，减免学费政策，减免医疗费政策，住房优惠政策，减免缓交水电费、煤气费、取暖费政策，免交职业介绍费和各种登记费政策，临时救济政策②等；其次是劳务服务方面的措施，包括开展社区服务，向困难户提供各种服务，帮助困难户在社区服务活动中就业和开展定期或不定期的社会捐赠与“扶贫济困送温暖活动”，并组织邻里互助；再次是鼓励保障对象劳动自救的政策措施，包括实施再就业工程，对享受城市居民最低生活保障待遇的人员优先提供职业培训以及包户帮扶政策等。这些配套措施和优惠政策对弥补最低生活保障制度的不足和更好地发挥最低生活保障制度的成效起到了十分重要甚至不可或缺的作用，同时为在城市居民最低生活保障制度基础上构筑社会救助体系提供了直接或间接的实践经验。

(二)《城市生活无着的流浪乞讨人员救助管理办法》的安排

《城市生活无着的流浪乞讨人员救助管理办法》(下称《救助管理办法》)第1条规定：“为了对在城市生活无着的流浪、乞讨人员(以下简称流浪乞讨人员)实行救助，保障其基本生活权益，完善社会救助制度，制定本办法。”第2条更明确指出：“县级以上城市人民政府应当根据需要设立流浪乞讨人员救助站。救助站对流浪乞讨人员的救助是一项临时性社会救助措施。”因此，该《办法》理所当然地应该归入城镇社会救助法律制度框架体系之内。该《办法》是对1982年5月12日国务院发布，并于当日起施行的《城市流浪乞讨人员收容遣送办法》(下称《收容遣送办法》)的废止和替代。

---

① 在物价波动较大的时期和财政困难的地方能够比较明显地发挥救急、帮困的作用。

② 即对享受养老、医疗、失业保险和最低生活保障后仍不足以解决贫困、患大病或意外事故造成特殊困难的家庭，给予临时救济。

21 年后的中国具体国情已经发生了巨大变化，两者出台的背景当然是有着巨大的不同。[①]“随着我国经济社会生活的发展变化和法律制度的不断完善，《收容遣送办法》已不能全面反映社会生活的要求，在执行中使为数不少流动人口的合法权益受到侵犯。特别是在广东发生的‘孙志刚事件’，在社会上造成了恶劣的影响。”[②]《收容遣送办法》全文 12 条，规定为了救济、教育和安置城市流浪乞讨人员，以维护城市社会秩序和安定团结，故对家居农村流入城市乞讨的、城市居民中流浪乞讨的以及其他露宿街头生活无着的人员，予以收容遣送。该工作由民政、公安部门负责，负责机构为收容遣送站。《救助管理办法》全文 18 条，规定为了对城市生活无着的流浪、乞讨人员实行救助，保障其基本生活权益，故对他们实行临时社会救助，明确由民政部门负责该项救助工作，公安、卫生、交通、铁道、城管等部门协助执行，负责机构为救助站。两者在制定规范的目的、行政主管部门、负责救助的机构以及具体用词方面都有很大的不同。同时与《收容遣送办法》相比，《救助管理办法》尤其是特别规定县级以上城市人民政府“应当将救助工作所需经费列入财政预算，予以保障”，“救助站不得向受助人员、其亲属或者其所在单位收取费用，不得以任何借口组织受助人员从事生产劳动”，“不得限制受助人员离开救助站”，“救助站工作人员应当自觉遵守国家的法律法规、政策和有关规章制度，不准拘禁或者变相拘禁受助人员；不准打骂、体罚、虐待受助人员或者唆使他人打骂、体罚、虐待受助人员；不准敲诈、勒索、侵吞受助人员的财物；不准克扣受助人员的生活供应品；不准扣压受助人员的证件、申诉控告材料；不准任用受助人员担任管理工作；不准使用受助人员为工作人员干私活；不准调戏妇女。违犯前款规定，

---

① 解放初期收容对象是妓女、国民党军人；1958 年后收容遣送对象是灾民，主要是救助；“文化大革命”时期，收容遣送的对象是流入城市的人员；改革开放后收容的主要对象是“三无”人员。1982 年 5 月 12 日国务院发布《收容遣送办法》；2003 年 6 月 18 日国务院通过《救助管理办法》，7 月 22 日民政部颁布《实施细则》，并共同于 8 月 1 日起施行，《收容遣送办法》同日废止。

② 《回良玉谈救助法：不能让新法在执行中扭曲变形》，http://news.vnet.cn/guonei/2003/07/28/1200215.shtml，2003 年 8 月 29 日。所提及的“孙志刚事件”是指 2003 年 3 月 17 日，大学毕业才两年的孙志刚在广州街头因无暂住证被非法收容，三天后被毒打致死案。据公众的一般看法，该事件引出违宪审查，促成了《救助管理办法》的出台。《孙志刚，一个以生命为代价的中国青年，以鲜血推动了中国法治的进程》，载《重庆晚报》2003 年 12 月 27 日，第 B1 版。

构成犯罪的，依法追究刑事责任；尚不构成犯罪的，依法给予纪律处分”。这些新的规定实际上正反映出了原来《收容遣送办法》制定和施行中所存在的诸多严重问题，所以才不得不在新《办法》中予以一一明确全面的规定。实质上两者所反映出来的重大差别在于，旧《办法》主要是基于行政管理的角度来处理城市流浪乞讨问题的，新《办法》则主要是基于保障城市流浪乞讨人员基本生活权益角度来处理同样的问题的①；前者纯粹是一种强制性管理②，后者则体现为一种服务；③前者单纯是要“维护城市社会秩序和安定团结”，视流浪乞讨为洪水猛兽，故实行围追堵截策略，后者则认为“流浪乞讨是一个世界范围内的社会现象”，④要“完善社会救助制度”，供给一种“临时性社会救助措施”，并

① “新办法的实质，就是将强制性收容遣送改为关爱性救助管理。坚持自愿、无偿受助原则，这是《救助管理办法》的核心，也是新老办法最本质的区别。”《回良玉谈救助法：不能让新法在执行中扭曲变形》，http://news.vnet.cn/guonei/2003/07/28/1200215.shtml，2003年8月29日。

② 收容遣送工作仅“具有一定的救助性”。《民政部急电：收容遣送站要摘牌拆栏杆》要求“遣送站内无被收容人员的，要立即整顿，摘掉站牌，拆除隔离性的铁栏杆，清除‘监所’痕迹，按照现代救助模式进行改造”。参见 http://www.mca.gov.cn/news/news2003062501.html，2003年8月26日。另据新闻报道，“一切都变了！过去，16间平房的门窗都安装着铁栅栏，被收容的人只能在室内狭小的空间里活动，不经允许不得出门，收容站因此被称为‘二监狱’，现在，铁栅栏被拆除了，新装的是木门和铝合金玻璃窗；过去，每个房间里都是大通铺，现在，大通铺被拆掉了，代之以单人床”。甲蕤：《三门峡：收容遣送站终结45年历史》，载《大河报》2003年8月2日，第A05版。这些资料解读出来的信息可以让人们对所谓的“强制性管理”有一个清晰的认识。

③ “新的办法首先强调自愿原则。自愿是现代社会救助制度中一个非常重要的特点。在新的制度下，生活无着的社会流浪乞讨人员可以提出申请，经证实后救助站就应立即进行救助。这种申请是自愿的，不能强迫。同时，受助对象在救助站内的人身自由是有保障的，离站是自由的，救助站不能限制。第二，讲求平等。就是救助站对于流浪乞讨人员的救助，不是施舍，更不是恩赐，得到救助是生活无着的流浪乞讨人员享有的基本权利。第三是无偿。社会救助是政府职责，经费理应由政府负担，不应该向受助人员收取费用，同时要实行开放式管理。”http://www.mca.gov.cn/news/news2003062501.html，2003年8月26日。

④ http://www.mca.gov.cn/news/news2003072401.html，2003年8月26日。

保证由财政预算列支所需经费①,落脚点在完善社会再分配,由国家干预供给城市流浪乞讨人员的基本生活需求,尽快恢复他们的正常生活状态。因此《收容遣送办法》在很大程度上并不能归入社会救助法律规范的范畴,②更何况其在具体的执行中问题重重,不仅不能有效地维护受助人员的合法生存权益,反倒经常给他们造成了更大的伤害;而《救助管理办法》则以全新的立法理念回归了文明社会的价值标准,真正实现了国家干预下对城市流浪乞讨人员进行社会救助的目的,真正维护了他们的合法生存权益,还原了立法的本来面目。

民政部还及时颁布了《城市生活无着的流浪乞讨人员救助管理办法实施细则》(下称《实施细则》),与《救助管理办法》同日施行。该《实施细则》全文24条,尤其强调"受助人员自愿放弃救助离开救助站的,应当事先告知,救助站不得限制"。7月24日民政部下发通知要求将各地的"收容遣送站"一律更名为"救助管理站",前面冠以所在行政区划地名。2003年8月1日《救助管理办法》及其《实施细则》正式实施,城市生活无着流浪乞讨人员的救助管理制度变革正式展开,新制度安排并赋予了符合规定要求的流浪乞讨人员接受人性化对待和自愿选择是否接受救助的权利。

二、农村

农村社会救助是指国家和集体对农村中无法定抚养义务人、无劳动能力、无生活来源的老年人、残疾人、未成年人和因病、灾、缺少劳动能力等造成生活困难的贫困者,采取物质帮助、扶持生产等多种形式,保障他们的基本生活。

---

① "做好救助管理工作,很重要的一条就是必须加大财政投入,切实提高救助能力,否则就可能出现该救助的得不到应有救助,或者变相收费维持工作,导致新救助管理制度名存实亡,重蹈覆辙。"财政部、民政部、中编办已经联合下发《通知》,明确规定救助管理站所在地财政部门必须把救助管理站机构经费和专项救助经费纳入政府财政预算,并根据救助工作临时突发性的特点,调整财政预算。一些地方救助任务重,同级财政部门安排经费有困难的,由省级财政部门给予适当补助。参见《回良玉谈救助法:不能让新法在执行中扭曲变形》,http://news.vnet.cn/guonei/2003/07/28/1200215.shtml,2003年8月29日。

② 1995年7月,中央综治委在厦门召开全国流动人口管理工作会议,会议把收容遣送工作纳入了流动人口管理的范畴。参见中国社会报:《文明在他们手中传递——收容遣送工作8年综述》,http://www.mca.gov.cn/news/11mzh/shup19.html,2003年8月29日。

目前我国农村社会救助法律制度安排主要体现在《农村五保供养工作条例》(1994 年 1 月 23 日发布并施行)中。有些发达地区在此基础上,结合城市居民最低生活保障制度的推行,也在农村展开了最低生活保障制度的实践和推广,属于较为超前的开拓。只是由于各地经济发展水平不同,农村低保工作开展的范围还相当有限。与城镇相比,农村在社会财富再分配中一直处于劣势地位,这是不争的事实。所以整体上看,农村的社会救助法律制度安排就不像城镇相关制度安排那样详细和缜密,推行的力度也总是相当有限。国家政策和法律的出发点也是认为只要给予农民以土地,就可以保障他们的基本生存需求似的。当然,国家好像也确实没有那么大的经济总量来加以充分的社会再分配,以较大程度地满足农民社会救助权利的实现。近些年来农村税费制度改革如火如荼,减轻农民负担、增加农民收入的呼声也在社会上达成了共识,"三农"问题还是受到了前所未有的重视。农民社会救助权利的赋予和实现在这样的大氛围中还是得到了一些推进。尤其是农村居民医疗救助权利近来在媒体上广为宣传和推进,不知能否真正称为农民的一项社会救助权利。住房问题农村则似乎并没有城镇有关低保配套制度中凸显得那么严重。而关于农村子女上不起学的事情却不绝于各种媒体的报道和大众的视野之中。宏观和微观的经济分配制度安排如何能改善一下农村居民的收入劣势地位,社会救助法律制度的设计和完善可以成为待选的路径之一。

(一)《农村五保供养工作条例》的安排

《农村五保供养工作条例》第 3 条规定:"五保供养是农村的集体福利事业。农村集体经济组织负责提供五保供养所需的经费和实物。"这表明五保供养首先是一项农村集体福利事业。这是因为从我国的实际情况出发,五保供养制度是我国互助互济、尊老爱幼、敬老养老、扶助鳏寡孤独优良传统的延续和发展,该制度随着农村集体经济组织的产生而形成,通过集体经济组织的力量解决五保对象的基本生活问题。由于集体经济组织中的土地等生产资料是公有的,作为集体经济组织的成员,五保对象有权获得集体的帮助和照顾。同时由于我国经济尚不发达,不可能仅仅依靠国家解决五保对象的生活问题,只能依靠集体经济,并动员社会各方面的力量,采取多种形式供养,才能有效保障五保对象的生活。但我国所谓"福利事业"的概念是含糊不清的。一般意义上社会福利应该是属于最高层次的社会保障,其不同于社会救济制度,"后者只能起到'雪中送炭'的作用",其目的是促进整个社会成员的生活福利普遍提高，具有"超前性"社会保障的性质。[①] 而我国农村中的五保对象则是困难群体中的最贫困者，是"农村社会中最困难、最需要特殊照顾的一类人群"，[②]理所当然要得到国家的救济。对其基本生活实施供养不是"锦上添花"，而确实仅仅是"雪中送炭"，只能保证其基本的生活需要而已，何谈是一种"福利"？因此不是说"五保供养也同时具有社会救济性质"，[③]而是应该认为它仅仅是一项农村社会救助制度安排而已，其瞄准的范围是一部分特定的贫困者群体，解决的实质问题是这部分人的基本生存权保障问题。如果说福利的供给国家还有自由裁量权的话，救助的供给则是国家应尽的义务，由社会救助制度所安排的社会物质财富再分配必须由国家干预来进行，是故两者的区别还是比较明显的。我国相关的实践和管理中对这些词汇的运用确实也是极为混乱的。笔者认为这里对农村五保供养的定性是不准确的，理应规定为是农村的社会救助事业才准确和贴切。

五保供养是指对符合规定的村民在吃、穿、住、医、葬方面给予的生活照顾和物质帮助。其对象是符合无法定扶养义务人，或者虽有法定扶养义务人，但是扶养义务人无扶养能力的；无劳动能力的；无生活来源的老年人、残疾人和未成年人。这里所谓的法定扶养义务人是指依照婚姻法规定负有扶养、抚养和赡养义务的人。其内容包括供给粮油和燃料；供给服装、被褥等用品和零用钱；提供符合基本条件的住房；及时治疗疾病，对生活不能自理者有人照顾；妥善办理丧葬事宜；五保对象是未成年人的还应当保障他们依法接受义务教育，

---

① 参见种明钊主编：《社会保障法律制度研究》，法律出版社 2000 年版，第 31 页。

② 多吉才让著：《中国最低生活保障制度研究与实践》，人民出版社 2001 年版，第 246 页。

③ 王益英主编：《社会保障法》，中国人民大学出版社 2000 年版，第 161 页。也有人如是认为："农村五保供养是中国农村社会救济工作中的一个特殊的、也是一个重要的组成部分，它既有社会救济工作的特征，又是农村集体福利事业的一部分。"参见全根先主编：《中国民政工作全书》，中国广播电视出版社 1999 年版，第 1408 页。这种看法侧重认为农村五保供养首先是一种农村社会救济制度，其次才是农村集体福利事业的一部分，与前者的看法略有差别，但都还是认同或不得不认同《农村五保供养工作条例》的定性。

即所谓的"保教"。五保供养的实际标准不应低于当地村民的一般生活水平,[①]所需经费和实物应当从村提留或者乡统筹费中列支,不得重复列支,在有集体经营项目的地方,可以从集体经营的收入、集体企业上交的利润中列支。另外,灾区和贫困地区在安排救灾救济款物时,应当优先照顾五保对象,保障他们的生活。五保供养的形式可以根据当地的经济条件实行集中供养或者分散供养,集中供养一般采取敬老院的方式,分散供养一般由乡、民族乡、镇人民政府或者农村集体经济组织、受委托的扶养人和五保对象三方签订五保供养协议。五保对象的生活虽然以集体供养为主,国家在社会救济中也一直把五保对象作为救济的重点。实行农村家庭联产承包责任制后,国家除了继续对五保对象进行不定期的救济外,还实行定期定量救济。随着社会经济的发展,农村社会救济款用于救济五保对象的金额逐年增加,所占救济款支出的比例也逐年上升。

(二)农村居民最低生活保障制度(部分地区存在)的安排

农村居民最低生活保障制度尚没有统一的规范化设计,仅在一些地区得到展开。中国80%左右的人口是农民,对符合条件的农村居民实行最低生活保障制度,是农村社会保障工作的重要内容,也是我国最低生活保障制度在面向全体社会成员时必须迈出的一步。"建立居民最低生活保障制度,不仅城市需要,农村也需要,经济发达地区需要,经济不发达地区更需要。"[②]1994年上海市最早开展了农民最低生活保障工作。1995年民政部结合农村社会保障体系建设试点工作,分别在山西省阳泉市、河北省平泉县、山东省烟台市、四川省彭州市等地开展农村居民最低生活保障制度建设试点。1996年民政部印发了《关于加快农村社会保障体系建设的意见》,《农村社会保障制度建设指导方案》作为附件一同印发,要求把建立农村居民最低生活保障制度作为农村社

---

① 或者说不低于当地村民的平均消费水平,有的地方把五保对象的供给标准具体化为不低于当地上报的上年度人均纯收入的2/3。1994年全国五保对象的平均供养标准为670元,占1993年全国农民人均收入的72.7%。"各地在农村居民最低生活保障制度建设中,坚持继续实行五保供养的做法,标准由乡、镇政府规定,一般高于当地的农村居民最低生活保障标准,不低于当地群众的一般生活水平。"参见多吉才让著:《中国最低生活保障制度研究与实践》,人民出版社2001年版,第246页。

② 多吉才让著:《中国最低生活保障制度研究与实践》,人民出版社2001年版,第231页。

会保障体系建设的重点来抓，逐步推进实施，促使农村居民最低生活保障制度建设工作在全国迅速开展起来。

农村居民最低生活保障制度“不是一项新的保障制度，而是对收入低于最低生活保障标准的贫困人口实行差额补助的社会救济制度，是对我国传统社会救济制度的改革和完善，是社会救济工作的制度化、规范化建设”。[①] 在已有的制度安排中，该项制度的保障对象是家庭人均收入低于当地最低生活保障标准的农村居民。与以往的农村社会救济制度相比，该项制度除了“五保户”、特困户以外，还包括了家庭生活困难的农村居民，主要指以下人员：无劳动能力或基本丧失劳动能力的家庭；家庭主要成员虽在劳动年龄段，但因严重残疾而丧失劳动能力的家庭；家庭成员在劳动年龄段，因长年有病基本或大部分丧失劳动能力的家庭；家庭主要成员因病、灾死亡，其子女不到劳动年龄或是在校学生，生活特别困难的家庭。在实施农村居民最低生活保障制度以前，国家每年定期救济的农村贫困人口有 140 多万人。建立该项制度之后，保障人数大为增加。在全部建立农村居民最低生活保障制度的省市自治区中，保障对象占农业人口比例较高的是上海市，保障人数为 3.4 万人，保障比例为 1%；较低的是湖南省，保障人数为 7 万人，保障比例为 0.1%。该项制度的保障标准立足低标准起步，重在制度建设。在具体制定保障标准时主要参考以下几点：维持农民基本物质生活需要，当地经济发展水平和财政承受能力，当地物价水平，农民自我保障能力。一般由县（市）区政府确定一个保障标准幅度，各乡镇再根据当地情况确定本地标准，并随当地情况的变化不断调整。有些地方由县级人民政府制定统一保障标准，各乡镇按统一标准实施。该标准一般按年计算，少数经济发达的地方按月计算。目前全国平均补助金额为人均 312 元。[②] 从全国的情况看，中西部地区的人均补助金额要低于经济发达地区。该项制度的保障资金通常由地方财政和乡（镇）村集体共同负担。市、县、乡、村四级按一定比例承担，比例为2∶3∶3∶2；市、县、乡三级分担，比例为 3∶2∶5 或 5∶3∶2 或 4∶4∶2；县、乡两级分担，比例为 5∶5 或 6∶4。分担比例主要依据当地具体情况，对经济条件好的地方由乡村集体负担的比重

---

① 多吉才让著：《中国最低生活保障制度研究与实践》，人民出版社 2001 年版，第 231 页。

② 时正新主编：《中国社会救助体系研究》，中国社会科学出版社 2002 年版，第 68 页。

大些，对经济条件较差的地方由县一级财政负担的比重大些。此外，许多地方还通过吸收一些社会捐助来补充保障资金，有的省财政列支农村最低生活保障资金。一些地方建立了县级农村低保资金专户，实行专户管理，财政部门将保障资金于年初一次性拨入民政专户，由民政部门按标准发放。该项制度的保障形式主要有两种，以现金和实物救助相结合，经济条件比较好的地方全部发放现金。现金一般由乡镇通过村发放，实物则由村来发放。通常每季或每半年发一次，有的地方按每月或每年发放一次。有些地方对农村低保户还实行一些优惠政策，如对低保对象家庭减免提留款、统筹款和各种集资款，减免医疗费、子女学杂费等，普遍开展社会互助，通过亲帮亲、邻帮邻、户帮户、富帮穷等多种形式进行帮扶。

（三）农村扶贫制度安排

在中国，"扶贫"专指农村的反贫困工作，一般包括开发式扶贫和救济式扶贫两种制度安排方式。1986 年以前，主要是面向农村贫困户的救济性扶贫，由民政部主管；1986 至 1998 年，扶贫分为两大部分：一类是以贫困地区为对象的开发性扶贫，称为"大扶贫"，由国务院贫困地区经济开发领导小组负责；另一类是以贫困户为对象的救济性扶贫，称为"小扶贫"，仍然由民政部负责。1998 年国务院机构改革至今，救济性扶贫与开发性扶贫合并，"小扶贫"纳入"大扶贫"，统称为农村扶贫开发，统一由国务院扶贫开发领导小组负责。"农村扶贫是国家以资金支持和技术输入等方式对农村贫困户和贫困地区予以资助，以帮助其脱贫致富的一种社会救助制度。"①其中，农村救济性扶贫是指国家和社会对有一定生产能力的农村贫困户，从政策、资金、物资、技术、信息等方面给予扶持，通过生产经营活动帮助其解决温饱、摆脱贫困的一种社会救助制度。这一制度设计是农村社会救济制度改革和发展的结果。新中国成立后国家就在全国范围内实施了面向城乡各类贫困群众的社会救济制度。单纯的生活救济诱发了一些贫困户对国家救济的依赖性，造成年年救济年年穷的恶性循环局面。20 世纪 60 年代初，有的地方开始探索面向农村贫困户的生产性扶贫，除了给农村贫困户生活用品和补贴，还给予生产资料，把生活救济和扶持生产结合起来，制度绩效明显。此后在全国范围内展开了面向农村贫困

① 林嘉著：《社会保障法的理念、实践与创新》，中国人民大学出版社 2002 年版，第 261 页。

户的救济性扶贫工作。该项制度的效力在发挥殆尽之后，由于历史、自然、经济和社会等方面的原因，一些地区发展缓慢，贫困现象仍然突出，农村扶贫制度创新又被提上日程。1986 年国家对传统的救济性扶贫进行了改革，确定了面向贫困地区的开发式扶贫方针，成立了专门的扶贫工作机构——国务院贫困地区经济开发领导小组，安排专项扶贫资金，制定专门的优惠政策，开发式扶贫自此在全国展开。1986 年到 1991 年，国家把扶贫开发作为一项主要内容列入了“七五”和“八五”国民经济发展计划。到 1992 年年底，全国农村没有解决温饱的贫困人口从 1978 年的 2.5 亿人减少到 8000 万人。这些贫困人口主要分布在自然条件差、生存环境恶劣的地区，需要再次进行制度创新和变革，才能较快解决他们的温饱问题。从 1994 年起开始实施《国家八七扶贫攻坚计划》，开展更大规模的扶贫攻坚，力争用 7 年的时间，到 2000 年底基本解决当时全国农村 8000 万贫困人口的温饱问题。经过 7 年的攻坚，全国农村没有解决温饱的贫困人口减少到 3000 万人，占农村人口的比重下降到 3%左右。除了少数社会救济对象和生活在自然条件恶劣地区的特困人口以及部分残疾人以外，全国农村贫困人口的温饱问题已经基本解决。同时面向农村贫困家庭的救济性扶贫也在发展，通过建立救灾扶贫周转金、兴办救灾扶贫经济实体、发展救灾扶贫互助会、扶持灾区生产自救等办法，绩效也十分明显。到 1998 年救济性扶贫被纳入开发性扶贫为止，全国累计扶持贫困户 2518 万户，其中累计有 1382 万户摆脱了贫困。2001 年，为加快解决在一定程度、特定对象和特定地区仍然存在的贫困问题，国家制定了《中国农村扶贫开发纲要（2001—2010 年）》，对 21 世纪前十年中国的农村扶贫开发进行了全面的制度安排，提出今后十年中国农村扶贫开发的目标任务、指导思想和方针政策，要求今后十年把扶贫开发的主要力量放在西部地区，放在少数民族地区、革命老区、边疆地区和特别贫困的地区，标志着我国扶贫开发工作进入一个新的发展阶段。

农村扶贫的主要制度安排包括以下几个方面：一是设立救灾扶贫周转金。这是在保障灾民基本生活的前提下，主要利用国家救灾款的有偿回收部分，开展生产自救，扶持贫困户发展生产的专项资金。这部分回收资金一般不超过当年各级财政支出救灾款额的 30%。该项资金一般是有偿使用，遇到自然灾害时首先投放到灾区，帮助灾民开展生产自救，无灾时则用于扶持贫困户发展生产，帮助他们摆脱贫困。扶持对象应该是具有一定生产和经营能力的灾民、贫困户和救灾扶贫经济实体，同等条件下优先扶持优抚对象和残疾人。1998

年为减少和防范金融风险，国家加大了整顿金融秩序的力度，停止了一批非正规金融机构的运作，救灾扶贫周转金也在其中，主要是因为其在运作过程中也出现了不少的问题。二是建立救灾扶贫经济实体。这是以灾民、贫困户为主体，有部分残疾人和优抚对象参加的从事自救生产和经营，并以救灾扶贫为宗旨的社会福利性质的经济组织。它以生产自救为主要目的，以灾民、贫困户为主体，缴纳一定比例的利润和救灾扶贫发展基金，纳入当地救灾扶贫周转金，用于救灾扶贫等农村生活保障事业，有民政部门的资金扶持或享受优惠政策扶持。1998年后，随着救灾扶贫周转金的停止运作，这类经济实体也逐渐消失。其在一定历史条件下还是发挥了积极的扶贫救济作用。三是建立救灾扶贫互助会（包括互助储金会、储粮会、互助互济会）。这是农民通过资金互助、生产资料互借、劳动力互帮等形式，来解决自身生产、生活困难的群众性组织。其资金和物资主要适用于自然灾害救助、会员临时性生活困难借助、扶持贫困户发展生产等，在资金雄厚的条件下可以兴办经济实体，带动贫困户务工，增加贫困户收入。四是推行扶贫小额信贷。这与救灾扶贫周转金的社会专项资金性质不同，具有金融性质，是一定程度上借助市场专门向贫困户（包括低收入家庭）提供小额度的持续信贷服务活动。它包括以探索我国小额信贷服务和小额信贷扶贫的可行性、操作模式及政策建议为宗旨，主要依靠国际机构捐助或软贷款，以民间①或半官方组织形式操作的小额信贷项目；借助小额信贷服务这一金融工具，以扶贫为宗旨，主要依靠国家财政资金和扶贫贴息贷款为资金来源，政府机构和金融机构实施的扶贫资金到户的政策性小额贷款扶贫项目。其组织机构分为：双边或多边项目成立专门的机构（办公室）管理和操作外援资金，按照出资机构的要求和规章运作小额贷款项目，例如UNDP（联合国发展计划）项目、世界银行资助项目、澳大利亚援助青海项目、加拿大的新疆项目等；民间机构（非政府组织）实施的小额信贷扶贫项目，例如中国社科院的"扶贫社"项目、香港乐施会项目；政府部门成立专门机构管理和操作小额扶

---

① 经济学家茅于轼在山西临县龙水头村的小额贷款扶贫项目为公众所周知。2002年他在山西贫困山区的这一项目有了新的发展，基金会的资金总额由2001年的11万元增加到35万元。世界银行行长沃尔芬森在2002年9月给茅于轼的信中写道："这正是我想在中国积极推动的工作。我知道你能够以6%的利率动员储蓄，然后根据不同的用途，以无息或12%的利率把款贷出，并且保持高水平的还贷率，这是不同寻常的事情。我已经叫我们的北京办事机构会同你一起探讨，如何沿着你的经验进一步开展有益的合作。"朱也旷：《茅于轼帮农民脱贫》，载《南方周末》2002年12月26日，第8版。

贫贴息贷款项目;金融机构直接操作的小额信贷项目,例如河北省滦平县农村信用社的小额贷款项目,澳大利亚援助青海项目执行期满后交到地区农行执行。不同组织机构实施的项目有各自的特征,一般说来民间机构和外援项目重视社会发展和持续发展目标,政府项目注重发展速度和规模,金融机构的项目注重持续性、监督和风险控制。①

大多数政府小额信贷项目贷款额度第1轮贷款上限为1000~2000元,贷款期限一年,分期还款;外援和民间机构的小额信贷项目第1轮贷款额度上限为400~1000元,贷款期限3~12个月。这些小额贷款扶贫项目,包括政府项目和绝大多数外援及民间机构的项目,基本都实行强制性储蓄,即以小组基金的形式,以此替代抵押担保。小额信贷的会计和财务管理制度是逐步建立起来的,从1997年政府开始试点和推广项目以来,得到地方金融机构(一般是当地农业银行或信用社)的帮助,逐步建立和完善了会计制度与财务管理体系。经过几年实践,中国先行的小额信贷试点项目已经有达到自负盈亏的典型。目前小额信贷已经由农村逐步扩大到城市,用于扶持下岗、失业职工实现再就业,绩效显著。②

小额信贷与社会救助资金的无偿调拨发放不同,无论是救灾扶贫周转金、互助储金会资金,还是小额信贷,都是要还本的,有的甚至还要收取一定的利息,"但不能因此就否定它们的社会救助性质"。③ 与商业金融机构的贷款相

① 据资料显示,政府小额贷款扶贫项目到1998年8月已经在全国22个省的605个县开展,发放贷款6亿元;联合国系统执行的项目(包括UNDP、UNICEF、IFAD、WFP、ILO、UNFPA)和世界银行项目到1998年底在22个省区的150个县开展,总计金额1.6亿元;双边机构和民间机构项目中,澳援(AusAID)青海海东项目资金规模1200万元,加援(CIDA)新疆项目资金规模110万元;孟加拉乡村信托投资公司和福特基金会等支持的社科院"扶贫社"(FPC)项目资金规模800万元;香港乐施会云南和贵州项目资金120万元;德国技术咨询公司(GTZ)的江西山江湖项目资金规模60万元等。

② 天津市妇联在联合国计划开发署援助下开展的小额信贷项目就取得了积极成果。该项目把300多位妇女组织起来,协调关系取得项目官员和信贷员的帮助,组织贷款户进行经验交流,帮助她们成功创业。到目前为止,天津项目的赢利率和还贷率都是100%。也有学者主张把"扶贫"的概念用到解决城市贫困的问题中来,小额信贷制度就可以尝试在城市里运用。参见唐钧:《2001—2002:中国贫困与反贫困形势分析》,http://www.social-policy.info/991.htm,2002年8月28日。

③ 时正新主编:《中国社会救助体系研究》,中国社会科学出版社2002年版,第178页。

比，这三种的明显不同体现在：一是它们不以赢利为目的，而是以扶贫为目的；二是它们的贷款对象只对贫困家庭以及政府和社会兴办的扶贫开发项目；三是它们都是低息的或者是贴息的，甚至还有相当一部分，如“世行项目”、“秦巴项目”、“三西资金”等还是无息的。小额信贷制度体现了政府与市场合力解决农村贫困问题的良好绩效，是一种国家干预和市场机制共同发挥作用的较好模式。只是由于需要素质较高的管理人员来具体实施，所以该制度实施的面还是相当有限。

三、特殊群体

特殊群体社会救助是国家对特定对象给予生活救济或困难补助，以保障他们基本生活的制度。“它是国家对特殊群体的一项生活保障制度，是社会救济的组成部分。”[①]在这些特殊群体中，有麻风病人需要医治和救济，有原国民党起义、投诚人员和部分归国华侨需要安置和救济等。这些救济对象的情况特殊，不同于一般的社会救济对象，国家对他们采用了专门的救济方式，从而形成了特殊对象的社会救济制度。特殊对象救济标准是根据不同的救济对象，按照不同的标准制定的，有的高于社会救济标准，有的则是按照社会救济标准进行救济。随着人民生活水平的提高和物价的上涨，国家对特殊对象的救济标准也多次进行调整，并为特殊对象增加了粮食、副食、物价等补贴。20世纪80年代中期以后，特殊对象救济工作不再发展，基本维持对原有特殊对象的救济，随着其自然减员，人数在逐年减少。其中主要包括：

第一，精简退职职工救济。这始于20世纪60年代中期，是随着落实国家精简退职职工政策而产生和发展起来的。60年代初国家遭受了连续三年的自然灾害，国民经济发生了严重困难，国家为此精简城市职工下乡和返乡从事农业生产。从1961年到1963年间，全国共精简城市职工2548万人，其中回到农村1614万人。这些人中有一部分人因年老体弱、丧失劳动能力或无依无靠等原因造成生活困难，国家制定了一系列政策以解决他们的实际问题。目前全国精简退职职工救助有四种形式：一是按本人原标准工资的40%予以救助，二是定期救助，三是临时救助，四是由原精简单位给予生活困难补助。对精简退职职工的定期救济和临时救济，主要是为解决不符合40%救济条件的精简退职职工的生活困难。1965年9月内务部关于《精简退职职工救济工作

① 全根先主编：《中国民政工作全书》，中国广播电视出版社1999年版，第1400页。

座谈会纪要》提出:“对于不符合享受本人原标准工资40%救济条件而生活困难的退职老职工,家居城市的,要优先安排他们参加生产自救,参加生产自救后生活还有困难的,给予定期或者临时的社会救济,使他们的生活不低于当地一般居民的水平。家居农村的,要按照依靠群众、依靠集体力量,生产自救为主,辅之以国家必要救济的方针,首先由社、队安排他们经常性、固定性、收入较多的农活和工作,并且帮助他们搞好家庭副业,使他们增加收入,克服困难。安排生产以后还有困难的,由生产队按照使他们的生活不低于当地一般社员水平的标准,用公益金给予补助;公益金解决不了的,由民政部门给予社会救济。这部分退职老职工的医疗费用,如果本人负担确有困难的,由民政部门给予适当救济。”精简退职职工定期救济标准按照不低于当地一般居民生活水平的原则,由省、自治区、直辖市民政厅(局)根据不同地区的情况确定,并随着当地社会救济标准和标准工资40%救济标准的调整进行相应调整。对不符合定期救济条件而生活出现临时困难的精简退职职工,由民政部门酌情给予临时救济。

第二,麻风病人救济。对生活困难的麻风病人给予救济是一项开展较早、救济人数较多的特殊救济工作。1975年3月国务院和中央军委批转卫生部等有关部门《关于加强麻风病防治和麻风病人管理工作的报告》,明确提出由民政部负责麻风病人的生活救济。1995年时全国的麻风病人已经不到1万人,由民政部门救济的麻风病人也逐渐减少。

第三,原国民党起义、投诚人员救济。新中国建立后,一批国民党起义、投诚人员需要安置,国家出资遣送了一部分起义、投诚人员返乡安居,对安置在城市生活困难的起义、投诚人员给予救济。对起义、投诚后回乡的人员中年老体弱、丧失劳动能力、无人赡养,符合五保条件的,给予五保供养;有条件的由敬老院供养;对不符合五保条件的,按困难户对待,由乡村集体组织给予生产扶持和困难补助;对五保供养或集体补助有困难的,由民政部门给予救济,救济标准可稍高于当地的社会救济标准。对曾被判刑,离开劳改单位,原无公职的起义、投诚人员,生活确实困难的,每月发给生活费。对起义、投诚人员被错杀和被错判而在服刑期间死亡的,复查纠正后,其遗属生活确实困难的,给予适当补助或救济。

第四,归侨、侨眷、侨生救济。建国初期一大批华侨回国参加国家经济建设,其中有一部分人无依靠,生活困难。国家在做好归国华侨安置工作的同时,对无依靠的老弱残疾归侨给予社会救济,保障他们的基本生活。50年代末,受国外反华、排华风潮迫害回国的华侨、侨眷和华侨学生生活困难,国家发布《关于归侨、侨眷和归国华侨学生因国外排华所引起生活困难问题解决办法的通知》以及《关于对因国外排华而引起生活困难的归侨、侨眷和侨生给予低利小额贷款的几点意见》,帮助归侨、侨眷和侨生解决生活困难。对归侨、侨眷和侨生贷款逾期尚未归还者,争取恢复侨汇,侨汇困难或断汇达半年以上,生活有困难的。从社会救济费内给予补助;对确实无法偿还贷款者,在没有侨务部门的地方,由民政部门用社会救济费垫还当地银行,及时保障了归侨、侨眷和侨生在断汇时的生活困难。60 年代初国家遭受了连续三年的严重自然灾害,一些散居的归国华侨享受当地社会救济后生活上仍有一定的困难。1962 年内务部发文《关于适当提高散居在城市和农村的归国华侨救济标准的通知》,各地从当地的实际情况出发,本着适当照顾、略高于社会困难户的原则,确定了散居归侨的救济标准。对在侨居国外,反华、排华时由中国驻外使馆安排回国,长期未作安置的老归侨,归国前在国外爱国侨团、侨校、侨报担任专职连续 10 年左右的,给予定期生活补助。中共十一届三中全会以后,对平反后已经丧失劳动能力、无家可归、无亲可投的归侨给予社会救济。随着人民生活水平的提高和物价的上涨,国家多次调整归侨的救济标准,有效地保障了他们的基本生活。

第五,台胞、台属救济。国家对台湾同胞中的鳏寡孤独、老幼病残、丧失劳动能力、生活无依靠的给予社会救济,救济标准高于一般的社会救济标准。对被迫害致残、原无公职、丧失劳动能力、无生活来源的,给予生活救济。对丧失劳动能力、无子女赡养、生活困难的台胞台属,属城镇居民的给予社会救济,在农村的给予五保供养。对去台人员亲属中符合精简退职职工 40%救济条件的,给予享受本人原标准工资 40%的救济,不符合享受 40%救济条件而生活确实困难的,给予社会救济。

第六,宽大释放人员救济。80 年代初国家宽大释放了原国民党县团以下党政军特人员,对宽大释放人员中丧失劳动能力、家庭赡养有困难的,采取逐人确定救济金额给予救济。救济标准由公安、财政、民政部门共同协商,本着大城市高于中小城市,城镇高于农村,消费水平较高的地区高于消费水平较低的地区的原则制定。随着人民生活水平的提高和物价的上涨,各地对宽大释放人员的救济标准进行了相应的调整。对宽大释放人员迁移居住地的,由迁出地民政部门出具证明,迁入地民政部门按当地宽大释放人员的救济标准发放救济费。民政部门还承担了代原劳改就业单位向回家休养的老病残宽释人员定期发放生活费的任务。

第七，摘掉“右派”帽子人员的救济。在1957年的“反右”斗争中，有一批人被定为“右派”分子，下放劳动改造。中共十一届三中全会以后，为了平反冤、假、错案，落实政策，消除极“左”的影响，中共中央作出全部摘掉“右派”分子帽子的决定，有关部门开始展开对摘掉“右派”帽子人员的救济工作。对摘掉右派帽子人员中年老体弱、丧失劳动能力、无生活来源的给予社会救济，救济标准按照能维持当地一般居民或村民生活水平的原则制定，高于一般的社会救济标准。

第八，受迫害人员救济。十年动乱期间制造了许多冤、假、错案，其中很多反革命案件使许多无辜的人受到迫害。中共十一届三中全会以后，随着平反冤、假、错案和落实政策工作的进行，也开展了受迫害人员的社会救济工作，对平反后已经丧失劳动能力、无家可归、无亲可投的人员给予社会救济，以保障他们的基本生活。

第九，下乡知青因公致残人员救济。在20世纪60年代兴起的知识青年上山下乡运动中，有一些人因公致残，还有一些人因患有严重疾病不能从事农业劳动，返回城市后在生活和治疗方面都有一定的困难。国家为解决这部分人生活和治病存在的困难，对下乡知识青年因公致残和患严重疾病人员的安置和救济工作作出了具体规定，对患有严重疾病返回城市的下乡知识青年，其家长无工作，治病和生活有困难的，给予社会救济。对因公致残不能从事农业劳动的，返回城市后由民政部门和街道、乡村安排力所能及的工作；对完全丧失劳动能力的，经县级以上人民政府批准，民政部门按照职工全残的最低标准发给生活费；对生活不能自理需要人护理的，另发护理费，在指定医疗单位治疗的，医疗费实报实销。

第十，因计划生育手术事故造成死亡和丧失劳动能力人员的救济。实行计划生育是我国的一项基本国策，国家对执行计划生育政策中出现的问题提出了相应的解决办法：对因节育手术事故造成死亡或者丧失劳动能力导致生活困难的人员，以集体补助为主；集体补助有困难的，由民政部门给予社会救济。

第十一，其他特殊人员救济。除了上述特殊群体以外，还包括对外国侨民的救济、对错判当事人家属的救济、对工商业者遗属的救济、对企业职工遗属的救济、对外逃回归人员的救济、对特赦释放战犯的救济、对错定成分人员的救济、对释放“托派头子”的救济、对被解散文艺剧团生活无着落人员的救济、对平反释放人员的救济、对高校毕业生有病人员的救济、对解除劳动教养人员的救济、对刑事罪犯家属的救济等。

四、灾害救助

灾害救助是对公民因自然灾害而造成生活困难时，由国家和社会提供必要的资金和物质，以维持其最低生活水平的社会救助法律制度。“它是社会救助体系不可缺少的组成部分。”①自然灾害是指因自然因素发生异常、环境遭到破坏而危及人类生存的灾害，一般分为四种类型：一是气象灾害，指由于大气的各种物理现象和运动引起的灾害，如干旱、洪涝、台风等；二是地表灾害，指构成地表形态的各种自然物运动变化造成的灾害，如雪崩、滑坡、泥石流等；三是地质构造灾害，指地壳内部巨大能量的急剧释放对人类造成的危害，如火山爆发、地震、山崩等；四是生物灾害，指自然界中有害生物或其毒素的大量繁殖扩散形成的灾害，如病虫害、畜疫、烈性传染病的爆发等。自然灾害救助是社会救助的重要内容之一。救灾有广义和狭义之分，广义的救灾包括查灾、报灾、核灾、灾后救助等过程和内容；狭义的救灾仅指对灾民的生活与生产中的困难给予救济，如基本口粮救助、衣被救助、房屋救助、现金救助、药品救助、部分生产资料救助等。灾害救助有两大特点：一是必须在公民遭受自然灾害袭击而生活无着落时进行救助，二是救灾所提供的资金和物质必须是急需的和能够维持灾民最低生活水平的。② 自然灾害所造成的困难一般来说是短期的又必须紧急处理解决的，灾民的生活贫困状态往往是显而易见的，所以需要以最快的速度向灾民提供救助，以维持灾后重建时期灾民的最低生活水平，甚至是维持简单再生产。

在农业社会，历代统治者均曾实施过“救灾”、“救荒”等一些救灾措施。在现代社会，救灾已经成为国家的一项职责和法定义务，灾区享受救助已成为一项宪法赋予的权利。它主要由政府组织，国家和地方给予财政支持，并通过广泛地动员社会各界力量和灾区灾民的生产自救等实现救灾工作的目的。从世界范围来看，灾害救助法律制度的确立“使政府对灾民的灾害保障给付不再是一种‘公共慈善事业’，而是灾民应该享有的基本权利，灾民并不是被施舍对

① 时正新主编：《中国社会救助体系研究》，中国社会科学出版社 2002 年版，第 73 页。

② 费梅萍编著：《社会保障概论》，华东理工大学出版社 1999 年版，第 218 页。

象，而是具有要求权的权利人”。[①] 新中国初期，国家提出了“生产自救，节约度荒，群众互助，以工代赈，并辅之以必要的救济”的救灾工作方针；人民公社化以后，根据农村集体经济组织所具有的抗灾能力，把救灾工作方针修改为“依靠群众，依靠集体，生产自救为主，辅之以国家必要的救济”；十一届三中全会以后，对以中央政府为主导的救灾管理体制逐步进行了改革，确立了“依靠群众、依靠集体、生产自救、互助互济、辅之以国家必要的救济和扶持”的救灾工作方针。三个时期救灾方针的共同特点是：注重生产自救，并把群众自救与国家救济相结合，共同发挥作用。

我国的灾害救助法律制度于 20 世纪 50 年代建立。但“迄今为止，我国不仅没有专门的综合性的灾害救助法，而且现有政策没有一件是由国家最高权力机关——全国人民代表大会通过或由国家最高行政机关发布的在名称上以‘法’或‘条例’命名的”。[②] 各项救灾制度规定都散见于某些政策性、行政措施性文件中。这些政策性、行政措施性文件安排了我国灾害救助的一般现状。对灾害的救助包括灾后紧急救济和灾民安置、转移、建房、医疗等项目以及由政府提供口粮、衣被、医疗服务等，以解决灾民在吃、穿、住、医等方面的困难，维持灾民的基本生活。救济方式主要采取保障灾民基本生活和扶持灾民生产自救相结合的做法，实行无偿救济和有偿扶持相结合。为协调好无偿救济和有偿扶持的关系，1987 年民政部发文《关于切实加强救灾款管理使用工作的通知》，规定救灾款有偿扶持用于生产自救的部分，以省、自治区、直辖市计算，不得超过全年救灾款总额的 10%以上，以防止一些地方因只注重有偿扶持而忽视无偿救济，影响灾民的基本生活。20 世纪 90 年代以后，由于财税体制的改革，划分了中央和地方的收支，导致政府财政支出救灾经费相对更加困难。为保证筹集救灾经费，理顺救灾管理体系，1993 年 11 月国务院在全国救灾救济工作座谈会上确立了救灾制度改革的思路，主要包括：一是实行救灾工作分级管理，以灾害造成损失大小或救灾款支付数额多少作为衡量灾害大小的标准，确定特大灾、大灾、中灾、小灾四个灾害等级，并考虑各地经济差异、财政承受能力和救灾工作基础等因素，划分各级政府的救灾责任，确定各自管理范围。二是建立专项救灾拨款科目，实行救灾款分级负担，全国省、自治区、直辖

---

① 时正新主编：《中国社会救助体系研究》，中国社会科学出版社 2002 年版，第 84 页。

② 张艳著：《社会保障法导论》，重庆出版社 2002 年版，第 314 页。

市大都建立了由地方负担的自然灾害救济事业，在财政预算中列支了救灾款。三是建立救灾预备金以供调剂，每年由同级财政拨一笔救灾专款给民政部门专户存储，由民政部门根据每年灾情的轻重而调剂使用。据资料显示，1994年各级地方财政用于救灾支出为56亿元，1995年为85亿元，相当于中央救灾款支出的44%。一些地方还在分级管理的基础上兴建救灾仓库，储备救灾应急装备，提高紧急救援能力。

我国灾害救助的主要形式包括：一是国家救济，这是灾害救助的主要形式。自然灾害发生紧急，破坏后果巨大，需要在短时间内组织大量的人力、物力、财力实施抢救，这是其他任何群体或组织所难以胜任的，只有国家才能有效动员大量的资源，做到有计划、有组织地施以救助。国家救助灾民的方式多样，包括资金救助如发放救济款，实物救助如提供救济粮、救济衣物与无偿提供简易建房材料等，以及服务救助如为灾民提供治病、防病服务等。二是救灾保险制度。这是指由政府出面组织，以财政供款和社会筹资作为经济后盾，为灾民提供灾后生活的基本保障并维持其简单再生产的一种灾害社会保障制度。其产生于1987年，是对传统救灾制度的一项重要改革。其主要特点是强制推行，向农民收取一定的互济费，保障水平较高，保障面较宽。试点情况表明，这一制度在筹资上采取国家、集体、个人相结合的方法，按灾害损失程度，依靠社会力量，帮助受灾户解决困难，在一定程度上拓展了救灾渠道，增强了救灾的合力。同时，该保险机制提高了农民的自我保险意识，并体现权利与义务对等的原则，逐步解决“救济全靠政府”的依赖性。但是由于救灾保险政策法规不规范、管理体制不健全、技术上不过硬等问题的存在，以及各部门、各界对在农村开展社会保险的认识不统一，以及“如何与现行社会救助制度相衔接等问题”，①致使其处于自生自灭状态。如何引进市场经济理念和方法进行灾害救助仍需要探索。三是互助储金会、储粮会的探索。这在前文农村扶贫法律制度安排中曾予以论述。成立互助互救组织是发掘群众的互助潜力，主动应对自然灾害的一种制度尝试。这是以民办、民管、民用为主要特征，以救灾扶贫、救济解难为主要任务的民间社会保障组织。但是对于互助储金会管理的规范化问题以及实施操作过程中可能出现的问题如何解决等尚缺乏深入研究，特别是对于储金会在许多地区改变其宗旨，把救灾互助性行为演变为金融

① 时正新主编：《中国社会救助体系研究》，中国社会科学出版社2002年版，第79页。

借贷性行为没有及时纠正和规范，导致在国家整顿金融秩序中被叫停。储金会停办后，与之同时产生的储粮会在西北等地比较贫穷的省区则仍然存在，发挥着丰年储粮，灾年借出救济灾民的作用。四是互助互济。20 世纪 90 年代中期，大、中城市开始建立捐赠站，使互助互济找到了一个有效的载体。2000 年 5 月 12 日民政部发布并于同日施行的《救灾捐赠管理暂行办法》，及时规范了救灾捐赠活动。互助互济活动已由原来的亲友、邻里之间的非制度性的、自发的互帮互助发展到区域内的团结协作以及跨区域、跨部门的对口支援，推动了灾害救助社会化的进程。五是生产自救。国家财力有限，不可能对所有的灾害不分轻重缓急完全依靠国家救助，并且单纯的救济思想也不能根本解决问题，因为灾害救助如果仅从生活方面给予钱物使救助对象维持其基本生活水平，则只能维持其暂时生存，而且所能救助的对象和救助金都是非常有限的，必须从扶助灾民发展生产并最终摆脱贫困的思路出发才能真正增强抵抗灾害的能力。一般是采取积极发展农业生产、以工代赈等形式进行生产自救。六是国际援助。主要指国际组织、友好国家、国际友人等向灾区提供物资、技术以及现金等方面的援助。从 80 年代初我国打破以往谢绝外援的做法，正式向外呼吁人道主义的救灾援助。目前我国的灾害救助不仅仅局限于内向型的发展模式，已经朝外向型发展模式拓展。

以上论述了我国目前社会救助法律制度安排的总体现状。这些基本的社会救助法律制度安排构成了我国社会救助实践的基本依据。从整体上看，我国社会救助法律制度坚持的是城乡二元分制格局，尤其是以城镇相关制度的安排为重点。城镇社会救助法律制度具体包括《城市居民最低生活保障条例》和《城市生活无着的流浪乞讨人员救助管理办法》及其《实施细则》。农村社会救助法律制度具体包括《农村五保户供养工作条例》、农村最低生活保障法律制度（尚无统一的相关规范）以及农村扶贫法律制度（也尚无统一的具体相关规范）。这两者构成了中国社会救助法律制度的基本内容。特殊群体社会救助法律制度和灾害救助法律制度则由于其非常规性和非典型性，其具体覆盖地域则涵括城乡，而且一般都体现为零散的政策性规定和部门规章的形式。这些相关法律制度安排反映了我国社会救助方面国家对社会物质财富再分配进行干预的广度和强度，反映出民众生存权和发展权得到维护和保证的程度和深度。这是对我国目前社会救助法律制度安排一个水平面上的检视。虽然各具体相关制度的设计和运行都有其历史变迁的轨迹，但限于篇幅，历史演进的考察有的是放在了第一章里已有所论述，有的则由于几乎众所周知而予以省略。同时,有人还从社会救助法律制度安排的视角论述了我国现已存在的法律援助、教育援助、住房援助、医疗救助、社会互济等相关制度,笔者认为这些相关制度安排还仅处于实验、探索和所谓"配套"阶段,并没有构成我国目前社会救助法律制度稳定的一部分——而只是需要以后在制度建设中予以重视和加强的内容,因此在我国社会救助法律制度安排总体分析中也予以略去不论。这样就初步完成了对我国社会救助法律制度安排现状的梳理和分析。

第 2 节 社会救助法律制度运行绩效评价

我国现行社会救助法律制度安排整体上反映出在现有各方面条件制约下,对贫困居民实施救助所能达到的一个基本水平。社会救助法律制度所安排的首先是一种物质利益的再分配和流转关系,本质上体现出来的是一种经济关系的安排和设计,其次才是政治等其他相关方面的考虑。当然这是指一般情况下。特殊背景下,也有纯粹为了经济原因之外的考量而进行社会救助法律制度设计的,那仅是例外的个别情况。我国现行社会救助法律制度设计基本反映出了国家适度干预下社会财富再分配的一种程度和模式,发挥出了其应有的绩效,当然也存在一些相应的问题。下面对我国现行社会救助法律制度的运行绩效进行一些具体评价。

一、最低生活救助模式

这表现为制度设计的着眼点主要顾及贫困居民生存权的基本保障层面,首要是维持贫困居民的基本生存问题,其次才会顾及这些贫困居民的一些发展权诉求。这反映出在现有经济发展水平的基础上,国家干预这种以社会救助法律制度安排的物质财富再分配程度和力度还处于较弱的层次。现在的诸多制度安排对贫困居民的最低生活保障还仅仅局限于温饱的要求,而像住房、医疗等最低生活保障中的应有之义,主要还是在部分地区作为一些非正式制度的配套性措施出现的。诸如教育权、就业权等一些发展性权利,更是不能较大范围地予以保障。因此,居民受救助权的实现还处于较低的满足状态。权利的实现总是建立在一定条件制约基础之上的。国家干预的强度也同样受制于一定条件的制约。这里面有需要处理的平等与效率的关系,也有发展与稳定的关系问题。

二、社会稳定价值追求

"穷则思变",这是民众普通意识的反映。因此,为了保障国家政局的稳定,安抚民心,国家有义务也有需要和压力从社会救助法律制度供给方面保证民众的基本生存需求,从而维持政权的持续存在和稳定。社会主义国家意识形态里是"枪杆子里出政权",认为政权的更迭是阶级斗争的结果;西方国家讲求社会契约论,认为国家是民众通过契约的形式才促成的。社会主义讲求为人民服务,西方国家则面临民众选举的压力。在我们社会主义国家,尤其是我国这样经济发展还相对比较落后的国家,社会稳定的价值尤其显得重要。稳定才能谋求发展,持续发展也才能更好地保证稳定。社会救助法律制度设计和安排的价值如前所述,也有安全价值的追求。这种安全在某种程度上就主要体现为一种社会稳定的现实诉求。在我国体现得尤为明显的就是城市居民最低生活保障制度的探索、推广与最终出台,就是为了回应城镇国有企业改革中出现的大量下岗、失业工人的基本生活保障问题。随着市场经济体制的建立和深入推进,原有的生活制度模式大都受到冲击并得到重组,新情况、新问题层出不穷,使原有的社会救助法律制度已不能适应新局面的要求,居民权利意识的高涨导致维权意识也不断得到提升,国家如果不能及时回应居民的最低生活保障诉求,这些基本生活得不到保障的人就会以上访、集会、游行等非正式表达形式主张自己的权利,影响社会的稳定和安全。在滚滚的历史洪流面前,任何一个居民都可能会遇到这样的生存权保障问题。我国及时制定的相关社会救助法律制度就有效地实现了维护社会稳定的价值。而且由于具体国情,这也成为我国社会救助法律制度设计的实际出发点,人权保障理念则相对薄弱。①

三、城乡二元分制格局

社会救助法律制度规范同样受制于基本国情的实际,也呈城乡二元分制的基本格局,相关条例都明确地冠以"城市"或"农村"的定语,表达出因地域和对象不同,国家干预这种形式财富再分配程度的差异。在习惯表述中,中国13亿人80%是农民,"三农"问题在我国一直被视为一个特别重要的话题,虽

① 只有在《城市生活无着的流浪乞讨人员救助管理办法》及民政部相应的《实施细则》中,人权保障的意蕴才被强烈地凸现出来。参见前文所述。

然实际上解决得怎么样大家也有目共睹，农民一直争取不到与城市居民同等的地位。户籍、教育、社会保障、基础设施等，都明显地将两者区分得清清楚楚。农民社会救助权的对待远没有城镇居民生存权保障那样来得重要和迫切。当然，自改革开放以来农村社会生产力是得到了极大的发展，农民生活水平也得到了很大程度的提高，20 世纪 90 年代开展的大规模扶贫开发运动也取得了一定成效，贫困居民的数目大幅度减少。城镇居民有两部社会救助法律制度相关法规，农村也有一部法规和大规模的“八七”扶贫攻坚运动以及零星的最低生活保障试点，而特殊群体社会救助以及灾害救助也可以根据具体对象和事件的发生，分别归入到城镇和农村社会救助的范畴。当然，后两者的城镇和农村区分则几乎不存在，实行的是一种所谓统一的制度运作模式。这种城乡分制的制度结构模式将会随着社会经济的发展而趋于融合和统一，最终实现农民也同样享受“国民待遇”。当然，我们也应该清楚地认识到，曾有的以及现在还在实施的这种制度模式也有其合理性的一面，并且也确实曾发挥出了相应的作用。城镇和乡村发展道路与程度的分野我们可以意识得到，但问题是究竟是因为城乡的巨大差别才促使我们采取相应的分治制度对策，还是由于我们的分治制度安排造成并加剧了城乡之间的巨大差别呢？农民和市民就天然存在那么大的差别吗？非也，是社会制度安排使之然也。从此视角切入，城乡居民在社会救助法律制度设计方面完全是可以一视同仁的。

四、覆盖范围量力而行

在相关资料文献中，见到较多的这方面论述是“低标准起步，主要是建章立制”，此后再逐步调整。其论证的主要目的是要力所能及地扩大制度覆盖范围，①但在实际执行和落实中，各地往往也是量力而行。比如在城市低保制度中，有些地方就是根据财政状况决定多少人可以被纳入进制度中来，或是降低贫困线标准，从而减少应该纳入制度的对象。在实施“三条保障线”的过程中，一些部门认为前两条线没有发生作用而造成的贫困问题不是他们的责任，所以对在职职工(包括“待岗”职工)，不管他们是否领到工资，一律“视同”领到最低工资，下岗职工不管他们是否领到下岗生活费，一律“视同”领到下岗生活

---

① 如李铁映同志指出：“必须坚持低水平、广覆盖的原则，这是中国的生产力发展水平所决定的。”参见[法]卡特琳·米尔丝著，郑秉文译：《社会保障经济学》，法律出版社 2003 年版，总序第 10 页。

费。这种办法在基层很有市场，这就剥夺了很大一部分对象的法定权利。①制度是死的，执行制度的人却是极为灵活的。因此，居民受救助权的实现程度以及制度落实的程度最终都要打折扣，其覆盖范围的大小往往受到各种确定和不确定因素的制约和影响，里面的情况也是千差万别。“得到最低生活保障津贴的人数与城市贫困的人口总数相距太远。”②当然从大处观察和分析，制度的覆盖范围总还是有的，制度设计的目的和功能还是得到了一定程度的发挥。笔者所要阐述的是并没有达到可以达到的那种程度和范围。③

五、贫困线标准还偏低

这里所说的贫困线标准，主要是指社会救助法律制度中那些贫困状况不易直接确定的制度设计，才需要考察其贫困线标准的制定和高低程度问题。对于那些贫困状况是显而易见的制度设计而言，则无须考量贫困线的标准和衡量问题——当然，即使是在这种制度场合中，贫困线标准还是支配着人的判断的，只不过这种依据不是那么直接罢了，而且该制度场合中的贫困状况是一目了然，没有争议和歧义的——如在遭受自然灾害实施救助时。据 2003 年 7 月民政事业统计月报，全国共有城市居民最低生活保障对象 21838514 人，1—7 月累计支出低保资金 827049.3 万元，低保对象每月人均领取的救助金额为 55 元(日均救助金额 1.83 元)；1—7 月人均月救助金额最高的县(区、市、旗)是北京丰台区 252 元(日均救助金额 8.4 元)，最低的县(区、市、旗)是山西陵

① 中国社会保障体系研究课题组：《中国社会保障制度改革：反思与重构》，载《社会保障制度》2001 年第 2 期。

② 顾俊礼主编：《福利国家论析：以欧洲为背景的比较研究》，经济管理出版社 2002 年版，第 404 页。

③ 也有学者指出，“覆盖面要达到应该覆盖的程度，是一个比较缓慢的过程。这一问题的出现和存在，原因比较复杂。从国际上看，救济金接受率不高是一个普遍现象：如英国在 20 世纪 80 年代中期补助救济金的接受率只有 76%，对家庭收入补助的接受率只有 54%”。参见[英]尼古拉斯・巴尔、大卫・怀恩斯主编，贺晓波、王艺译：《福利经济学的前沿问题》，中国税务出版社、北京腾图电子出版社 2000 年版，第 87 页。

川县 7 元(日均救助金额 0.23 元)。[1] 0.23 元究竟能干些什么呢？即使是最高的救助金额,也仅仅达到绝对国际贫困线的最低一档。而且“现行规定只涉及生活费的救助,还应包括医疗、住房和子女教育等”。[2] 当然这里有我国的具体国情背景,也不能求全责备。但全国低保对象日均救助金额 1.83 元,最低的仅仅是 0.23 元,评价为“贫困线标准还偏低”应该还是客观而准确的。同时,现行最低生活保障制度呈单一结构,把贫困家庭的复杂情况简单化,制度中没能设计不同人口贫困家庭人均最低生活费的不同标准,更没能进一步去研究例如单亲家庭以及老人、儿童、残疾人等不同群体最低生活救助的实际需要,导致制度操作过程中许多实际问题难以解决。而贫困线的确定则可以直接反映出国家干预的强度大小,以及社会物质财富再分配程度的大小,即:贫困线标准越高,则国家干预的强度越大,社会物质财富再分配的程度也越大;贫困线标准越低,则国家干预的强度越小,社会物质财富再分配的程度也越小,它们之间呈现出正比例的关系。因此,贫困线的科学合理确定就对社会救助法律制度的设计和持续良性运作具有十分重要的意义。

六、缺乏稳定筹资机制

社会救助法律制度运作的基础是资金的保证。社会救助资金来源于国民收入再分配中形成的消费基金中的社会福利基金,社会福利基金属于国家财政收入中的一部分。因此,社会救助资金的来源主要取决于国家中央和地方财政的拨款。相关制度中都规定由财政拨款供给社会救助资金,但都缺乏具体的操作规定以及相应的监督机制,导致相应的财政供款数额较小,得不到充分的保证。同时,在社会救济款的使用中,各种违法乱纪的事情又层出不穷,救助资金的流失和浪费现象十分严重,有限的资金落实到具体的贫困居民手中时已所剩无几。受制于国家财力状况,虽然这些年社会救助资金拨款数额

---

① http://www.mca.gov.cn/news/news2003090301.html,2003 年 9 月 12 日。绝对国际贫困线可以分为每天 1 美元、每天 2 美元和每天 4 美元或以上等三档。参见国际劳工局编,中国劳动和社会保障部国际劳工与信息研究所译:《2000 年世界劳动报告——变化世界中的收入保障和社会保护》,中国劳动社会保障出版社 2001 年版,第 198 页。北京丰台区的贫困线标准换算为美元也就是每天 1 美元左右,达到了绝对国际贫困线标准的最低一档,算是与国际接轨了。

② 顾俊礼主编:《福利国家论析:以欧洲为背景的比较研究》,经济管理出版社 2002 年版,第 405 页。

还是有了较快增长，但与贫困居民的迫切需求比较起来，还是捉襟见肘。加上我国各地的经济发展水平不均衡，经济发达的地方资金相对比较充裕，但得益于当地经济增长，需要接受社会救助的人数却较少；经济比较落后地区的资金本来就比较紧张，需要接受社会救助的人数反倒较多。因此，经济较为发达的地方社会救助资金往往可以自给，经济落后地方则往往需要接受中央的转移支付和财政支持。除了特殊群体救助所需资金数额较小外，中国的城镇、农村以及灾害救助每年都需要相当巨额的资金支持和保障。这些资金主要来源于国家的各级财政预算，由于数额颇为巨大，财政资金往往也并不能满足贫困居民的实际需要，相应的筹资也将募捐、国际援助等纳入到机制中来。同时，我国民间救助力量相对仍比较薄弱，不能有效吸纳和整合民间救助资金，也增大了民间筹资的压力和难度。随着救助水平的逐渐提高，这方面的资金需求也会日益上涨，稳定的筹资机制将成为必需。

七、制度激励不够充分

目前的社会救助法律制度安排除了消极的生活救济之外，还是规定了一些激励性安排的。如《城市居民最低生活保障条例》第 10 条第 3 款规定："在就业年龄内有劳动能力但尚未就业的城市居民，在享受城市居民最低生活保障待遇期间，应当参加其所在的居民委员会组织的公益性社区服务活动。"第 11 条规定："地方各级人民政府及其有关部门，应当对享受城市居民最低生活保障待遇的城市居民在就业、从事个体经营等方面给予必要的扶持和照顾。"所谓的制度激励机制就是不能"养懒汉"，尽可能地降低和防止接受救助者的道德风险，促使具有劳动能力的受救助对象积极创业和参加生产劳动，争取自己解决生存和发展问题。还有如小额贷款、以工代赈等，也都体现出了一定的激励功能。但从整体上看，我国社会救助法律制度中的制度激励机制设计还不够充分，没有能充分地调动管理人员和受助对象的主观能动性，以充分有效地实现社会救助法律制度的功能。因为激励机制的实施需要相应的管理和监督，需要投入相应的人力、物力和财力，因此管理机关和受助对象的积极性并不是很高，这需要有相应的奖惩制度来推进。

八、制度不利用

社会救助法律制度不利用问题在各国都普遍存在，只是程度有差别而已。所谓"不利用问题"，是指一些家庭或个人，按照社会的评价和政策的界限，他们都被认为已经陷于贫困,但由于种种原因,譬如爱面子而不愿承认自己是穷人,或者考虑到对孩子成长的心理影响而不愿承认家庭的困境等,于是他们宁可忍受贫寒生活的种种煎熬也不愿向政府和社会求助。他们自动放弃了自己的受助权利。① 这是因为社会救助制度实施的前提是必须给受助者贴上"穷人"的标签,以西方人权观看待之,会被认为是极不人道的,"甚至是社会救助制度不断受到舆论界和学术界抨击的一处久治不愈的老伤"。② 学者认为虽然基层干部以为"不利用"者所占比例很小,但实际上这部分人的数量可能远远超过我们的想像,因此对"不利用"问题不可掉以轻心,并认为要解决这一问题,除了加强对社会救助法律制度在公民基本人权意义上的宣传外,更好的途径可能是在制度设计上就尽量避免"贴标签"的做法。③ 制度不利用问题应该引起充分重视。虽然对其原因解释也并不一致,有的认为是由于"家计调查"制度设计侵犯了受助者的家庭隐私,有的认为是"穷人标签"伤害了受助者的心理自尊等。"申请社会救助的羞辱感使许多适格主体放弃申请,申请率受到家计调查程序和过高期望的不利影响。"④与此相反,也存在有制度过度利用

---

① 参见唐钧等著:《中国城市贫困与反贫困报告》,华夏出版社 2003 年版,第 161 页。"一般说来,申请和接受救济的人都从内心感到沮丧、屈辱和一种精神负担。"参见[美]夏洛特·托尔著,郗庆华、王慧荣译:《社会救助学》,生活·读书·新知三联书店 1992 年版,引言第 5 页。另参见[美]威廉姆·H·怀特科、罗纳德·C·费德里科著,解俊杰译:《当今世界的社会福利》,法律出版社 2003 年版,第 34 页:"收入情况调查使许多人因贴上贫穷的标签而非常尴尬,而且使他们没有勇气申请他们应享有的补助。"

② 唐钧等著:《中国城市贫困与反贫困报告》,华夏出版社 2003 年版,第 161～162 页。

③ 参见唐钧等著:《中国城市贫困与反贫困报告》,华夏出版社 2003 年版,第 162 页。这里是仅对城镇居民最低生活保障制度的"不利用"问题而言的,但笔者认为也适应于整个社会救助法律制度,而且作者也将社会救助制度就视同为低保制度(见第 161 页),虽然笔者并不同意这种说法和观点。

④ John Ditch, et al, *Comparative Social Assistance: Localisation and Discretion*, Aldershot, Brookfield USA, Singapore, Sydney: Ashgate, 1997, p. 90; See Carol Walker, *Managing Poverty: The Limits of Social Assistance*, London & New York: Routledge, 1993, p. 5&168.

问题，某种意义上可以说是钻社会救助制度的漏洞，当然为数并不多。[①] 法律制定的应然目的与其实然执行程度往往是存在偏离的：制度不利用问题主要是在执行中有些真正需要救助的人却放弃了接受救助的权利，制度过度利用问题主要是在执行中有些不应该给予救助的人却占有了社会救助的利益。也许应该将之归为制度执行问题的通病。由于人性的极端多样性，导致管理和供给救助利益的人与接受和享用救助利益的人的表现千姿百态，这也最终归为良法、良治与良民的法理学问题。假如都是善良和守法的人，法律制度的制定与实施也许真是要容易得多了。

以上对我国现行社会救助法律制度的运行绩效进行了具体评价。从总体上看，现行社会救助法律制度安排还是发挥出了一定的积极功能，作为最低层次的一种社会保障制度，多年来为许多贫困者个人及其家庭供给了基本的生存物质资料，并在一定程度上顾及到适当的发展权考量，为社会和国家的稳定以及持续发展作出了一定的贡献。但是，由于我国的具体国情，以社会救助法律制度所反映出来的国家对国民收入再分配的干预力度还是比较有限的，其制度设计和运行的状态还有诸多需要改善和创新的空间。尤其是随着我国经济社会的持续健康快速发展，也给社会救助法律制度的完善与创新提供了愈益有利的条件。

第3节 社会救助法律制度缺陷原因分析

我国现行社会救助法律制度存在的诸种缺陷，有其相应的背景与原因。对这些制度缺陷原因之检视，能够使我们洞察目前相关制度安排的深厚背景性基础，从而为对这些制度进行整合、完善和创新找到明确的方向。

---

① 笔者曾在报纸上看到过一则新闻报道，说英国有一对夫妇就故意钻本国社会救助制度的漏洞，连续生育子女，套取国家的家庭津贴和儿童补助，自身却没有正式工作，也不想去找份正式的工作，就靠国家的补助度日，而且还用有限的补助金买烟酒享用。不仅如此，在媒体报道了他们的行为之后，他们仍然决定继续生育，以多获得国家补贴度日，国人大为愤慨，却也奈何不得。这虽然是一个简单的案例，却也能够反映出深层次的法理问题：法律制度的设计到底应该针对什么样的对象为出发点？是高尚的人，或者是一般良民，或者是习性低劣的人？人性如此丰富，法律制度则如此呆板。

一、身份社会传统

中国受儒家思想浸润数千年,成为一个十分讲究身份的社会。"刑不上大夫,礼不下庶人",各种规范和制度因为其所适用对象的不同而有很大的区别。市民和农民身份的区别当是新中国成立后影响最大的一种身份界定。这种身份的差别导致了各种规章制度制定时的分野,同时也就导致了对利益分配的不同安排。英国资产阶级法律史学家亨利·梅因认为:"'身份'这个字可以有效地用来制造一个公式以表示进步的规律,不论其价值如何,但是据我看来,这个规律是可以足够地确定的。在'人法'中所提到的一切形式的'身份'起源于古代属于'家族'所有的权力和特征,并且在某种程度上,到现在仍旧带有这种色彩。因此,如果我们依照最优秀著者的用法,把'身份'这个名词用来仅仅表示这一些人格状态,并避免把这个名词用于作为合意的直接的或间接的那种状态,则我们可以说,所有进步社会的运动,到此处为止,是一个'从身份到契约'的运动。"①而我国至今似乎尚没有完成这场"从身份到契约"的运动,"即从集体走向个人的运动"。② 个人一出生就被冠以城镇户口或者农村户口,继而在社会已存的制度安排中调适自己的生活。"孩子碰着的不是一个为他方便而设下的世界,而是一个为成人们方便所布置下的园地。他闯入进来,并没有带着创立新秩序的力量,可是又没有个服从旧秩序的心愿。"③农民与市民身份的确立就这样成为中国诸多制度的基本分野,有农民奋斗不已从而改变自己到市民身份的,却几乎没有听说市民努力改变自己到农民身份的。这已经积淀成为一种大众化的意识,④实际其中所蕴涵着的却是利益分配的偏在和倾斜,这是不争的事实。社会救助法律制度城乡设计的区别和分野,也正是这一身份社会传统的贯彻。这种制度设计模式使广大农民一直不能获得

---

① [英]亨利·梅因著,沈景一译:《古代法》,商务印书馆 1959 年版,第 97 页。

② 喀莱顿·垦卜·亚伦语,[英]亨利·梅因著,沈景一译:《古代法》,商务印书馆 1959 年版,导言第 18 页。

③ 费孝通著:《乡土中国 生育制度》,北京大学出版社 1998 年版,第 65~66 页。

④ "凡是被社会不成问题地加以接受的规范,是文化性的。"参见费孝通著:《乡土中国 生育制度》,北京大学出版社 1998 年版,第 66 页。

一种公平的社会救助待遇，在一定程度上扭曲了该制度的公平价值追求。①

二、立法理念落后

立法理念是立法时所持有的基本立场和出发点。我国现有许多社会救助法律制度的立法理念是基于迫切的现实需求被动立法回应现实生活需要，许多文本表现为政策或临时性规定，属于"头痛医头，脚痛医脚"式的解决问题式理念，这样就不能通观全局，系统调查以科学地制定具体的法律法规，不能主动及时地安排和长远地解决关系贫困居民的基本生存问题。在这种立法理念指导下，许多制度设计都呈现为暂时的、不稳定状态，不能给具体的社会救助工作提供稳定的预期和依据，导致社会救助工作的连续性较差，民众的预期性也不能稳定地得以维持。而且诸多制度的设计还都是官方管理式，不能从服务式的视角来进行制度安排和具体落实，致使管理者与受救助者双方不能形成良性的互动关系以更好地实现社会救助法律制度的功能。落后的立法理念还坚持认为法律制度的制定只是更好地实施管理的工具，并非认为制度的具体设计派生出国家相应的履行社会救助的义务，并彰显贫困居民接受社会救助的权利，因此在制定和落实相关制度时不能深入考量各方面情况，力求发挥出制度的最大功能。我国本来就不是一个具有法治传统的国家，面对西方法治理念的冲击，才不得不一点一点地实施法治化改革和应对，正是因为这种并非自愿的心态，才使得不能直接导入西方较为先进的立法理念来指导我国的相关立法工作，从而阻碍了相关法律制度的更好设计与更佳功能的发挥。应对这种问题的对策就是提升立法理念的品位，与现代文明社会立法理念对接，以促使社会救助法律制度设计和运作在较高层面上系统展开。

三、经济发展不足

经济基础决定上层建筑，这也是普通大众可以体会到的朴素真理。社会救助法律制度的实施效果之所以还有待进一步的完善和提高，较大一部分原因还是与我国的经济发展基础仍相对薄弱密切关联。我国属于发展中国家，经济相对依然落后，而且区域经济发展也很不均衡，人口又众多。温家宝总理

① "不公平的感觉是一种易燃易爆的危险品，几个好汉在公平奇缺的世界上敲出了几个火星，全中国便翻卷起逼人的热浪。"参见吴思著：《潜规则：中国历史中的真实游戏》，云南人民出版社 2000 年版，第 41 页。

曾说，由于中国人口基数巨大，任何小问题乘以 13 亿，都会成为一个大问题，而无论多大的经济总量除以 13 亿，都会显得非常微小。这就是中国的具体国情。因此，贫困线标准的制定以及各种优惠配套政策的出台，都受制于这样一个最根本的“瓶颈”约束。当然，经济发展不足是问题的一方面，社会救助法律制度关注的还有经济分配不公问题，而且后者是社会救助法律制度所针对的具体问题。在公众意识中，这些年中国的经济还是获得了快速的发展，并得到了国际社会的广泛认同和肯定；但许多人感受到的相对贫困也愈益明显了，并且对分配不公问题也更为关注了。“发展是硬道理。”从总体上看，我国的经济发展问题还没有从根本上得到解决，这是制约问题解决的关键。经济总量的增长是解决经济分配问题的前提。作为体现社会分配法组成部分的社会救助法律制度的展开，当然就受限于经济发展不足的影响，并只能在已有的经济基础之上进行运作。

四、轻视市场力量

市场对于中国来讲也是一个后来的概念和体系。中国社会是从社会主义计划经济转入所谓有中国特色社会主义市场经济体系建设的，在中国漫长的发展历史上，这确实还是一次新鲜的尝试和体验。国家习惯了对民众的管理和恩赐性救济，在新的市场经济基础上活跃起来的权利意识、法治意识、契约意识、公民意识、新型国家观意识等还没有成为民众和管理者的自觉和自为意识，因此，现行的社会救助法律制度还没有充分地实现与市场化观念的接轨，从而还不能形成一种新型的权利义务关系，以能够较为充分和自在地促进社会救助法律制度的设计和运作。市场存在失灵，市场奉行适者生存、优胜劣汰的竞争原则，同时市场又最能激发人的竞争意识和主观能动积极性。市场的力量有正的一面，当然也存在负的一面，这也正体现出所谓的“辩证统一观”。“每一种市场经济都与竞争理想相去甚远，但同时不论在实践上或理论上，它都被证明是一个高效率的生产组织者”，尽管“可以连续不断地提出它的缺点，不过，与人类历史上的其他任何生产组织或任何描图板上的崭新蓝图相比较，美国经济肯定仍会获得高分。作为一种生产制度，我看没有哪一个新模式能够替换它”。[①] 市场竞争无情的一面导致产生竞争失败者，增加对社会救助法

① [美]A·奥肯著，王奔洲译：《平等与效率：重大的抉择》，华夏出版社 1999 年版，第 48～49 页。

律制度的需求;市场竞争高效率的一面又可以为完善社会救助法律制度的制定和实施提供可借助的手段。而我国现有的相关制度设计和运作中所反映出来的问题恰恰就有对市场力量认识得不够充分,才导致对社会救助法律制度的功能设计认识不够充分以及不能最大限度地发挥制度绩效等问题的产生。

五、缺失有效监督

中国的法律制度存在的最大问题不是制定的问题,而主要是执行和监督执行的问题,尤其是监督问题。社会救助法律制度安排方面同样存在这样的问题。流于形式和文本的制度规范在中国是司空见惯的现象了,身边的例子可谓信手拈来。一项法律制度的执行和落实关键还是要看究竟有多大的执行决心和意志,是否愿意真正地监督其执行和贯彻。假如相关人员都是恪尽职守、兢兢业业、遵规守矩的人,那么,从法律的制定到实施肯定可以较好地发挥出制度的相应功能来。社会救助法律制度实施中所存在的重亲厚友、挪用克扣救济款、强制搭售、符合条件的领取不到而不符合条件的却占夺救助利益等现象屡禁不止,打折扣执行社会救助法律制度等现象层出不穷,是与相应监督机制的缺失密切相关的。制度中的监督条款本身也大都流于形式,并没有形成一种经常性的、全面的监督安排,从而导致制度执行不力,并且还不能及时纠正其中出现的问题。权力失去监督就会导致腐败,制度失去监督就会形同虚设,甚至还会造成新的社会不公出现。监督机制的健全才会有效提高制度运作的绩效,最大限度地发挥和挖掘制度的设计功能。我们习惯上认为有了具体的法律规范文本就是实现了法治,实际上法治的根本内涵则在对法律的信仰以及对法律制度实实在在的执行,需要一套完备的监督机制来保证法律制度的切实贯彻。监督机制的缺失导致制度激励以及制度不利用等问题没有人去关注加以认真解决,以真正实现制度规范的最大功能。①

---

① 据新闻报道,深圳市南山区西丽镇新屋村唯一享受低保待遇的农户何玉全家从8年前开始一直享受政府每年3万元左右的无偿拨款,然而早在几年前他们家已经盖起了价值近百万元的7层大洋房。身价百万元低保户的出现,正显示出低保制度在核出方面存在的漏洞。作者评论认为,不劳而获实在是人性的弱点,而要避免出现类似百万元低保户的尴尬局面,仅靠低保对象的自觉显然行不通,需要完善低保的核出机制,用制度建设来抑制人性的弱点。参见《中国青年报》2002年10月28日,第5版。这种现象的发生应该归咎于可靠监督机制的缺失,导致制度运作中的漏洞不能及时发现和纠正,从而造成更大的社会不公,并影响了社会救助法律制度绩效的发挥。

这些针对社会救助法律制度缺陷原因的分析，展示的是相关具体制度不能完全发挥作用的深层次性背景。这些因素直接影响甚至是决定了社会救助法律制度绩效的正常发挥。人制定了制度，同时制度也决定了人的选择空间，两者的影响与制约是双向互动的。① 对这些制度缺陷原因之深入洞察，是为了从根本上了解制度缺陷产生之土壤，从而为更好地实现制度完善和创新找到钥匙，然后再由新的制度来安排人们面临同样具体问题时的选择。

第 4 节　社会救助法律制度改进路径依赖

社会救助法律制度改进路径依赖问题主要着眼于该制度诞生和运作的社会背景和土壤来进行分析。“社会救助制度深受一国政治、社会以及文化传统的影响。”②不从最基本的根基着眼，就无从建立其后的坚实的制度框架。正是一国具体的社会底蕴以及当时该国所处的一种国际环境氛围，能够从最根本上影响和制约一项具体制度的设计和之后功能的正常发挥。这方面《中华人民共和国企业破产法（试行）》的设计和运行绩效最能说明问题。③ 因此要想更加合理和科学地完善和创新我国的社会救助法律制度，就必须首先从该制度设计和安排的具体路径依赖视角进行审视，先找到一个坚实的制度赖以生成的基础。

一、政治文明背景

我国是社会主义国家，实行的是无产阶级专政、人民代表大会制度以及共

① “在社会制度刚刚产生出来时，共和国的首脑们就缔造了共和国的制度，而后来则是共和国的制度造成了共和国的首脑。”参见［法］孟德斯鸠著，婉玲玲译：《罗马盛衰原因论》，商务印书馆 1962 年版，第 2 页。

② John Ditch, et al, *Comparative Social Assistance: Localisation and Discretion*, Aldershot, Brookfield USA, Singapore, Sydney: Ashgate, 1997, p. 79.

③ 该法于 1986 年 12 月 2 日公布，规定自全民所有制工业企业法实施满三个月之日起试行。《全民所有制工业企业法》于 1988 年 8 月 1 日起施行，所以《破产法》应该于 1988 年 11 月 1 日起试行。迄今十五年多过去了，该法仍处于试行状态，观其绩效也是不言而喻的。究其原因，应该说该具体制度设计和运作的路径依赖方面出现了不适应，所以导致了其实施的低绩效。

产党领导下的多党合作制度，意识形态信奉的是马列主义、毛泽东思想、邓小平理论以及“三个代表”理论，这就是我国社会救助法律制度赖以展开的政治文明背景。这一政治文明决定了我国社会救助法律制度必然成为社会主义意识形态中的应有之义。因为共产党是工人阶级的先锋队组织，工人阶级的领导同时又以工农联盟为基础，并团结一切可以团结的力量。无产阶级在革命运动中，“失去的只是锁链，得到的却是整个世界”。这种意识形态号召“全世界无产者，联合起来”。其实，无产者本来就是贫困者，就是需要社会救助的人，并且是在与统治阶级当局的斗争中才争得了自己享受社会救助的权利。由统治者怜悯、恩赐到自己权利的享有和诉求，本身就体现出无产阶级为建立社会救助法律制度所付出的努力和奋斗，他们以坚持不懈的斗争才获得了这样的权利。在无产阶级掌握政权，建立自己的国家之后，当然不会对人民内部的贫困现象置之不顾，何况这还曾是全体无产者一道争取来的权利呢？因此在这样的政治文明背景下，社会救助法律制度完全具有自己存在、发展和壮大的空间，以更好地团结广大的人民，为建设更丰富的生活而同心协力。

二、经济体制背景

我国经济体制自改革开放以来经历了一个渐进的变迁与转化阶段，实现了由传统的计划经济体制向社会主义市场经济体制的转轨。这在我国是一次新鲜的实验和探索。市场经济体制的引进和建设促进了国民经济的快速发展，国家经济实力得到了空前的提高。据新闻报道显示，2003 年国内生产总值突破 11 万亿元（人民币），排名世界第六。这应该归功于市场神奇力量的作用。但正如前引温家宝总理的话，由于中国的人口众多，人均国内生产总值在世界排名还十分靠后，“再大的生产总值，除以 13 亿都显得十分微小”。市场经济力量的导入引发了社会生活中方方面面的变革。经济基础决定上层建筑的朴实真理具体而实在地发挥着自己的演进逻辑。在稳定的社会背景下，在较长的一段时期，经济体制的市场化改革将继续得到全面推进。由此决定了中国经济将持续得到发展，个体化意识将愈益得到彰显，效率导向将继续居于主导地位，公平理念将继续处于被“兼顾”的地位，社会再分配问题也将愈益突出并受到重视。同时，贫富差距会继续扩大，贫困居民对社会救助法律制度的依赖也将会进一步增强。[①] 在市场经济是法治经济的昭示下，政府的公共服务职能将得到突出和强化，公民的权利意识将得到继续扩张，贫困居民的社会救助权诉求也将会变得日益强烈。从市场经济较为发达的国家来看，社会救助法律制度的地位不是削弱了，而是得到不断的提升，从而为国民提供更为有保障的生活。我国的经济发展进步了，但较长一段时期还只能处于发展中国家的行列，绝对贫困现象减少了，相对贫困的问题会愈益地突出。计划经济体制下的平均主义分配模式掩盖了个人能力的差异，市场经济条件下个人主观能动性的展示迅速拉开了收入的差距，国家却再也不能强制性地搞平均分配，只能通过相应的社会再分配制度安排来对市场竞争中的弱势群体进行救助，以履行国家的职能，保障公民的生存权和发展权。市场经济体制决定了国家也只能以一种适当的制度安排来解决市场失灵所导致的一些负面效应，唯有如此，才可以有效利用市场经济体制的神奇效率机制，并同时维持市场的良性运转。现代社会救助法律制度的设计就必须、也不得不体现和存在着这样的路径依赖，发挥其市场运行的保障机制功能，使市场在一种平稳的、大家可以接受并不致遭到抵抗的环境中运行和发挥效用。

三、文化传统背景

"王侯将相宁有种乎"、"等贵贱，均贫富"是数千年来埋藏在贫苦大众心中的强烈信念和美好向往，并往往成为他们揭竿而起的强大动因。近代以来中国积贫积弱，贫困者除了闹革命别无其他选择了，革命成为改变已有不合理分配秩序的极端手段，以求获得一种生存保障，"耕者有其田，居者有其家"成为这些参加革命的人的共同追求。大同社会、均贫富理想、鳏寡孤独废疾者皆有所养等中国源远流长的救济思想都已经沉淀为一种浓厚的文化传统。儒家思想主张实施仁政，倡导养民、恤民，民本思想在中国文化中占据着根深蒂固的地位。社会救助法律制度关注的就是贫困居民的基本生活保障问题，是从稳定的制度视角来进行相应的社会再分配安排，以满足贫困居民的生存权利和适当的发展权利诉求。这种制度安排不仅回应了贫困居民的基本生活诉求，更回应了中国传统文化脉络的延续，可以促成和谐的社会秩序的生成。社会

① 例如据媒体报道，由于大学生就业形势严峻，国家出台规定：大学生毕业半年以上还没有找到工作的，纳入学籍所在地的失业保险范围，失业保险到期仍没有找到工作的，则纳入社会救助范围进行救助。

救助法律制度的完善和创新必须结合这种文化传统背景来进行。

四、国际化背景

现在是全球化时代，交通的便捷和网络的普及使人类日益结合成为一个地球村，观念的同化和主流价值观的传播，使文明的互融速度加快，法律制度的制定和运作也愈益国际化，互相的借鉴和某种程度上的直接移植，也使法律制度的设计愈益规范化和标准化。社会救助法律制度在这样的一个国际化背景下进行完善和创新，当然要在结合具体国情的同时，主动借鉴发达国家以及相关立法具有较好绩效国家的立法经验，积极回应全球已达成共识的社会救助立法理念和方法，以更好地设计和完善社会救助法律制度，融入世界化的潮流中去，更好地发挥该具体制度的功能。如人权理念的树立，国家恩赐观到受救助者权利观的贯穿，科学的救助体系设计等方面，都需要着眼于全球该制度的发展趋势来进行展开。①

总之，我国社会救助法律制度改进存在着上述这些基础的路径依赖，实际上也是体现为进行社会救助法律制度改进的具体背景性制度制约，体现为进行相关制度改进所依赖的具体国情和世界环境状况。从国内外视角展开我国社会救助法律制度的完善和创新，才能找到准确的切入点来具体实施，并保证制度绩效的正常发挥。

① 如社会救助理念转换的国际趋势就是实现社会救助从不平等的施舍、怜悯的理念向尊重公民基本生存权利理念的转变，从不尊重或忽视受助者人格尊严的理念向确保受助者人格尊严理念的转变；社会救助目标定位的国际趋势是从实现社会稳定到克服贫困到消除社会排斥与实现社会整合的转变；社会救助服务方法更新的国际先进做法是要采用社会工作的专业方法；社会救助实施主体变化的国际趋势是国家（政府）的责任举足轻重，但不能强调过头，民间社会也应参与，国家、家庭、企业、社区和志愿机构等都是社会福利的提供者（这种新变化一般被称为“福利多元主义（welfare pluralism）”）等。参见李迎生：《全面建设小康社会与社会救助制度的全面转型》，载《社会科学研究》2003 年第 6 期。

第四章 中国社会救助立法构想

第1节 立法体系与立法理念选择

根据论文前述的分析和论证，笔者认为中国社会救助法律制度完善和创新的基本路向是设计和制定出一部统一的社会救助法，即统一城乡的，包括生活救助、急难救助和灾害救助等内容在内的社会救助法，[①]并在关联制度中规定相应的医疗救助、教育救助、住房救助、法律援助、就业救助等相关制度，以完整、稳定、系统地解决贫困居民的生存权和发展权问题，规范以社会救助法律制度形式安排的国家干预国民收入再分配的制度，从而彰显国家对贫困居民生存权和发展权的重视和保护，并为社会保障法律制度体系的建立提供支持，为社会主义市场经济制度的持续稳健运行提供最基本的保障支持。因此本章主要结合论文前面部分对社会救助法律制度的历史考察、理论基础分析以及中国现行相关制度安排实证分析，运用国内外相关研究资料，并针对中国现行社会救助法律制度所存在的问题，展开对设计和制定我国社会救助法律制度相关理论和实践问题的探讨。

一、立法体系

社会救助立法体系主要解决社会救助法中具体应该包括哪些内容的问题。目前我国社会救助法律制度的内容比较混杂，各种相关的法律制度似乎都有，但又缺乏系统的安排与稳定的制度框架，有些实质上是社会救助的行

---

① 这里所说的“统一”主要是针对中国大陆社会救助法律制度中存在的城乡分制现状而提出的“城乡统一”概念。由于中国“两岸四地”的具体国情，本文的探讨针对的仅是大陆地域的社会救助法问题，而非欲涵盖香港、澳门与台湾地区的所谓“统一”社会救助法。

为，但体现为一种非正式的制度安排，如逢年过节的“送温暖活动”等。从整体上看，许多具体的社会救助法律制度缺乏有机的整合，使得我国社会救助法律制度的框架与内容还十分含糊和不确定。“从总体上说，中国社会救济工作的历史，实际上就是一部没有法律界定的历史，从其一般原则到具体的内容操作，既缺乏法律规制，也缺乏恒定化的程序，带有很大的主观随意性。”①我国现在还没有一部完整的《社会救助法》，全国性的社会救助法律制度主要包括《城市居民最低生活保障条例》、《城市生活无着的流浪乞讨人员救助管理办法》及其《实施细则》、《农村五保供养工作条例》、《农村敬老院管理暂行办法》②、《社会福利机构管理暂行办法》③、《救灾捐赠管理暂行办法》④，其他的

① 种明钊主编:《社会保障法律制度研究》，法律出版社 2000 年版，第 352 页。

② 该办法由民政部于 1997 年 3 月 18 日发布，自发布之日起施行。内容包括总则、供养对象、院务管理、财产管理、生产经营、工作人员及附则等七章共 28 条。该办法是为加强农村五保供养工作的管理，促进敬老院事业的发展，根据《农村五保供养工作条例》和国家有关规定制定的。办法中明确敬老院是农村集体福利事业单位，以乡镇办为主，五保对象较多的村也可以兴办，提倡企业、事业单位、社会团体、个人兴办和资助敬老院。其所需经费实行乡镇统筹，并积极发展院办经济和社会捐赠，村办敬老院所需经费由村公益金解决。其创办、撤销须经县级民政部门批准。其供养对象以五保对象为主，在没有光荣院的地方可优先接收孤老优抚对象入院供养，有条件的敬老院可以向社会开放，吸收社会老人自费代养，但精神病患者、传染病人不得接收入院。符合规定条件的对象入院自愿，出院自由。其院务管理主要是设立院务管理委员会，其中供养人员不得少于 1/2；实行院长负责制。

③ 该办法由民政部于 1999 年 12 月 30 日发布，自发布之日起施行。内容包括总则、审批、管理、法律责任及附则等五章共 29 条。该办法是为加强对社会福利机构的管理，促进社会福利事业的发展而制定的。其所称的社会福利机构是指国家、社会组织和个人举办的，为老年人、残疾人、孤儿和弃婴提供养护、康复、托管等服务的机构。县级以上地方人民政府民政部门是社会福利机构的业务主管部门。

④ 该办法由民政部于 2000 年 5 月 12 日发布，自发布之日起施行。内容包括总则、接受捐赠、境外救灾捐赠、救灾捐赠款物的管理和使用以及附则等五章共 31 条。该办法是为规范救灾捐赠活动，加强救灾捐赠款物的管理，保护捐赠人、救灾捐赠受赠人和灾区受益人的合法权益，根据《中华人民共和国公益事业捐赠法》制定的。办法适用于发生自然灾害时，自然人、法人或者其他组织向救灾捐赠受赠人捐赠财产，用于支援灾区和帮助灾民。救灾捐赠款物的使用范围包括解决灾民无力克服的衣、食、住、医等生活困难，紧急抢救、转移和安置灾民，灾民倒塌房屋的恢复重建，捐赠人指定的与救灾直接相关的用途，其他直接用于救灾方面的必要开支。该办法规范的实际上是救灾经费的筹集问题，解决的是社会救助的物质支持问题。

社会救助行为则大多表现为单行的政策，甚至是不成文的规定，如农村最低生活保障安排、农村扶贫安排、特殊群体社会救助安排、灾害救助安排、冬令救助、医疗救助、教育救助、住房救助、法律援助等，而且这些表现为社会救助的措施是否确实归入社会救助法律制度的框架体系之内，尚无明确的结论，许多正式或非正式的规定都还是在一种模糊的状态下运行，性质不明，相关方的权利、义务和责任就不能明确，使制度执行绩效不能充分发挥，并影响和制约了贫困居民权利的赋予和诉求，个案研究的情况多，规则式批量解决的情况少，导致制度执行的成本不小，但其影响和绩效却并不能令人满意。文明、法治、权利社会的发展亟须整合我国现行社会救助法律制度混乱无序的内容，廓清和明确我国社会救助立法体系中的具体内容，梳理出一个内容全面、制定科学、标准合理的社会救助法律体系框架来。①

(一)理论界观点分析

学界目前对于社会救助法体系的理解也是众说纷纭。法学类著述中的表述兹列举如下：北大版的《经济法》教材中关于社会救助的具体法律制度只论述了灾害救助法律制度和贫困地区扶助法律制度；②北大版的《经济法研究》中贾俊玲教授的文章认为我国应该待条件成熟时制定以《中华人民共和国社会保障法》为中心的、内容体系完整的社会保障法规群，其中的社会救济法包括灾民救济、城市贫民救济、农村五保户救济、城乡特殊对象救济、流浪乞讨人员救济；③种明钊教授主编的《社会保障法律制度研究》中没有具体论述社会救助法体系的内容，仅探讨了农村扶贫、灾民救济、残疾人救济等救济方式，认为中国的社会救济对象主要包括农村贫民、“五保户”、灾民、城镇生活困难职

---

① 学界呼吁制定《社会救助法》。参见多吉才让著：《中国最低生活保障制度研究与实践》，人民出版社 2001 年版，第 252 页；全根先主编：《中国民政工作全书》，中国广播电视出版社 1999 年版，第 1310 页；时正新主编：《中国社会救助体系研究》，中国社会科学出版社 2002 年版，第 90 页；王东进主编：《中国社会保障制度的改革与发展》，法律出版社 2001 年版，第 332 页；蒋月著：《社会保障法概论》，法律出版社 1999 年版，第 90 页。

② 参见杨紫煊主编：《经济法》，北京大学出版社、高等教育出版社 1999 年版，第 536～538 页。该章由王全兴教授撰写。

③ 参见贾俊玲：《社会保障法律制度初探》，载杨紫煊主编：《经济法研究》(第 1 卷)，北京大学出版社 2000 年版，第 372 页。

工等，[①]并将法律援助制度单列为一章，认为法律援助并不属于社会救助体系的内容；[②]史探径教授主编的《社会保障法研究》中认为我国社会救济法律制度的大体范围包括自然灾害救济、对贫困地区救济（扶贫）、对低收入人口救济（其中包括农村五保供养制度、城市失业人员救济制度以及对特殊疾病患者或

① 参见种明钊主编:《社会保障法律制度研究》，法律出版社 2000 年版，第 356、344 页。该章由王人博教授撰写。

② 参见种明钊主编:《社会保障法律制度研究》，法律出版社 2000 年版，第 430～464 页。该章由陈彬老师撰写。作者认为理论界学者们没有发现法律援助所蕴涵的社会保障价值，没有从建立多层次社会保障体系的角度思考法律援助问题，因此主张提出“泛社会保障”的概念，用以涵盖社会保险、社会救济、社会福利、社会优抚和其他合于社会保障宗旨，具有社会保障基本属性的制度，将法律援助制度纳入“泛社会保障”的体系结构之中，从而客观反映法律援助制度所蕴涵的社会保障价值，弥补“四元社会保障体系”的不足，使法律援助得以同“四元社会保障体系”中的项目配套衔接，对在司法领域存在的有损社会安全的矛盾起到预防和治理的作用。这里可以看出作者认为法律援助是与社会救济相并列的“泛社会保障”中的一种具体制度。作者将法律援助界定为对需要利用司法机制但又缺乏相应能力的社会成员，由国家、社会或者个人给予援助，使之克服司法障碍的社会现象。“虽然这种障碍通常表现为经济性障碍（当事人无力支付诉讼费用和律师服务费用），但也不仅限于此。譬如，当事人及其诉讼代理人由于客观原因不能自行收集证据，就是一种非经济性的障碍。对于非经济性的障碍，也应当通过法律援助的方式予以克服。”（第 434 页）另外，《司法部关于开展法律援助工作的通知》（1997 年）中定义法律援助是指在国家设立的法律援助机构的指导和协调下，律师、公证员、基层法律工作者等法律服务人员为经济困难或特殊案件的当事人给予减、免收费，提供法律帮助的法律制度。确因经济困难，无能力或无完全能力支付法律服务费用（公民经济困难标准由各地参照政府部门的规定执行）的公民仅是法律援助对象之一种。《最高人民法院关于对经济确有困难的当事人予以司法救济的规定》（2000 年）中定义司法救助是指人民法院对于民事、行政案件中有充分理由证明自己的合法权益受到侵害，但经济确有困难的当事人，实行诉讼费用缓交、减交、免交。《法律援助条例》（2003 年 9 月 1 日施行）中规定，法律援助的对象是经济困难的公民，其经济困难标准由省级人民政府根据本行政区域经济发展状况和法律援助事业的需要规定。“经济困难证明”是公民申请法律援助需要提交的必需材料之一。但被告人是盲、聋、哑人或者未成年人而没有委托辩护人的，或者被告人可能被判处死刑而没有委托辩护人的，人民法院为被告人指定辩护时，法律援助机构应提供法律援助，无须对被告人进行经济状况的审查。据这些资料分析，法律援助日益框定的是经济困难的对象，从而与社会救助法律制度的关系也愈益密切。

处于特殊生活状况人员的救济制度);[①]覃有土、樊启荣教授编著的《社会保障法》中认为中国现行社会救助制度体系包括自然灾害救助条例、贫困地区救助(扶贫)条例以及低收入家庭救助(其中又包括农村五保供养、城市失业救助以及其他对象救助);[②]王益英教授主编的《社会保障法》中认为社会救济法由社会救济、救灾救济和扶贫救济三部分法律制度构成,其中社会救济包括城市居民最低生活保障制度、农村社会救济(主要是农村最低生活保障制度和农村五保供养制度)以及特殊对象的社会救济;[③]林嘉教授认为社会救助的基本内容包括城市居民最低生活保障制度、灾害救济以及农村救助与扶贫(其中又包括贫困户救助、"五保户"供养、灾民救助、特殊对象救助和农村扶贫工作等);[④]蒋月教授认为我国解放后实施的社会救助项目包括了城乡居民最低生活保障服务、自然灾害救助服务、农村"五保"供养服务、捐赠款物管理服务、城市"三无"人员和其他困难对象救助服务、优抚对象优待抚恤服务、生活困难补助、住房解困服务、法律援助服务、福利企业管理服务、扶贫等,并重点论述了最低生活保障制度、住房解困、急难救助(其中包括自然灾害救助、重大患难救助)、法律援助、慈善、扶贫;[⑤]张艳老师认为社会救助法律制度通常包括灾害救助法、贫困救助法、失业救助法、优抚对象补助法(对因公伤残而仅靠伤残金难以维持生活者的一种补贴救助)、福利年金法(对没有参加养老保险或仅靠养老金生活困难的老人实施的一种年金救助)、特殊群体救助法(对特殊群体中无依无靠或失去生活来源者的一种救助,如失去谋生手段的残疾人、孤儿等)、公害受害者救助法(对因公害而丧失劳动能力、陷入生活困境的一种救助)等内容;[⑥]赖达清教授认为社会救助法律制度包括最低生活保障制度、自然灾害救

---

① 参见史探径主编:《社会保障法研究》,法律出版社 2000 年版,第 337～340 页。该章由刘兆兴研究员撰写。

② 参见覃有土、樊启荣编著:《社会保障法》,法律出版社 1997 年版,第 319 页。

③ 参见王益英主编:《社会保障法》,中国人民大学出版社 2000 年版,第 154～182 页。

④ 参见林嘉著:《社会保障法的理念、实践与创新》,中国人民大学出版社 2002 年版,第 256～262 页。

⑤ 参见蒋月著:《社会保障法概论》,法律出版社 1999 年版,第 43～85 页。

⑥ 参见张艳著:《社会保障法导论》,重庆出版社 2002 年版,第 295 页。

助制度以及其他制度(包括扶贫、减灾、慈善制度)。①

社会学类著述中的表述也各有不同。郑功成教授认为社会救助的外延包括灾害救济、贫困救济和其他针对社会脆弱群体的扶助措施,并认为其内容也在不断发展,现代社会救助仍然保持并继续保持救灾、济贫等传统项目外,还应包括许多发展中国家针对贫困人口集中的地区实行的大规模扶贫开发政策,发达国家或地区的社会救助超越了传统的救助范围,如香港的综合援助制度就有20多个项目,甚至包括了对有需要者的交通费用、电话费用援助等。② 王东进先生主编的《中国社会保障制度的改革与发展》中认为现实生活中的贫困现象决定了社会救助的内容,针对各类致贫原因,社会救助一般包括孤寡病残救助、贫困户救助、失业救助和自然灾害救助。③ 多吉才让先生认为具有中国特色的社会救助体系应当由最低生活保障制度、灾民紧急救助制度、救助性社会福利服务制度、社会互助制度、扶贫开发制度和社会救助服务网络等6个部分组成,其中最低生活保障制度是社会救助体系的基础与核心,灾民紧急救助制度、救助性社会福利服务制度、社会互助制度、扶贫开发制度是社会救助体系的主要内容,社会救助服务网络是社会救助体系的基本载体,构筑具有中国特色的社会救助体系就是要对各个分支制度进行重新组合,并加以改革、调整、充实和完善,使各个部分之间形成良性互动关系,结成有机整体。④ 唐钧先生等合著的《中国城市贫困与反贫困报告》中认为在我国社会救助制度就是最低生活保障制度,但主张建立一个综合性的最低生活保障制度,使城市居民在医疗、教育和住房等方面遭遇贫困困境时都可以向政府求助;将最低生活保障制度分成日常需要、特殊需要和酌情发放三个层次,其中日常需要层次提供的主要是购买日常生活必需品的救助金,大致相当于低保金,但不包括医疗、教育和住房的支出(这些在第二层次解决);特殊需要层次包括房租、教育费用(义务教育阶段)和医疗费用(主要是慢性疾病患者的门诊费用)等;酌情提供

---

① 参见赖达清主编:《社会保障法:保障公民生存权利的法律形式》,四川人民出版社2003年版,第294页。

② 参见郑功成著:《社会保障学:理念、制度、实践与思辨》,商务印书馆2000年版,第14、16页。

③ 参见王东进主编:《中国社会保障制度的改革与发展》,法律出版社2001年版,第323页。该章由陈日发先生撰写。

④ 参见多吉才让著:《中国最低生活保障制度研究与实践》,人民出版社2001年版,第265～266页。

层次包括非义务教育阶段的教育费用、教育部门收取的其他费用、大病医疗费用(部分提供)以及金额较大但生活中又必不可少的家庭设备(这部分也可以尽量利用社会捐助的物品)。[①] 侯文若先生认为中国现代社会救助制度包括农村贫困户救助、农村"五保户"救助、城市贫困户救助、特殊对象救助、灾民救助等。[②] 穆怀中先生主编的《社会保障国际比较》中认为我国现行社会救助体系主要由两部分组成,即作为一般制度实施的最低生活保障制度和作为特殊制度实施的失业救济制度、灾害救助以及特殊对象救助等,指出灾害救助虽然世界各国大多已不把它列为社会保障体制中的救助项目,但在我国却是社会救助制度的传统项目并被延续下来,并且还是我国社会救助开支的大头;还提到说有人提出建立四位一体社会救助体系,即对贫困人群实施生活救助、医疗救助、教育救助(即子女读书救助)和住房救助的社会救助统一体系,作为一种对贫困人群实施综合性社会托底救助的保障制度,但认为我国对此还没有更多的论证,有待进一步的研究与探讨。[③] 时正新先生主编的《中国社会救助体系研究》中认为最低生活保障制度并非社会救助制度的全部内容,应分阶段、分步骤地建立和完善其他各项制度,以构建社会救助完整的制度体系,现阶段最需要解决的问题是掌握贫困人群形成的具体原因及其底数以及筹集足够的资金等,在此基础上才能切实可行地进行制度安排;书中分别论述了最低生活保障制度、灾害救助制度、医疗救助制度、廉租住房制度、教育救助制度、法律援助制度、救济性扶贫制度以及社会互济制度(包括社会捐助、慈善事业和社会福利彩票),[④]显示出作者认为社会救助体系中应该包括这些内容。沈道权先生在其著作《土家族地区农村社会保障研究》中认为社会救助主要包括贫困救助、灾害救助与特殊救助等内容,书中针对土家族地区农村论述了灾害救助和贫困救助两种社会救助形式,并将土家族地区的五保供养列入了农村社会

---

① 参见唐钧等著:《中国城市贫困与反贫困报告》,华夏出版社 2003 年版,第 267、269、274～275 页。

② 参见侯文若著:《现代社会保障制度》,中国经济出版社 1994 年版,第 28～34 页。

③ 参见穆怀中主编:《社会保障国际比较》,中国劳动社会保障出版社 2002 年版,第 348、353～354 页。

④ 参见时正新主编:《中国社会救助体系研究》,中国社会科学出版社 2002 年版,第 12 页、目录 1～2 页。

养老保险中加以论述。[①] 费梅萍教授编著的《社会保障概论》中认为中国的社会救助制度主要包括贫困救助、自然灾害救助、特殊对象救助、失业救助及扶贫工作，其中贫困救助包括城市贫困救助制度和农村贫困救助制度，并认为对"五保户"实行社会救助是我国社会保障的内容之一。[②] 杨团先生认为社会救助包括最低生活保障、廉租屋和慈善援助。[③] 康士勇先生主编的《社会保障管理实务》中论述社会救济部分的内容包括城市居民最低生活保障制度、农村社会救济、精简退职职工救济、农村五保供养以及"八七"扶贫攻坚计划等几部分。[④]

此外，葛寿昌教授主编的《社会保障经济学》中认为社会救助的对象包括社会孤老、孤儿、无赡养人的失去劳动能力的残疾人、灾民、"五保户"以及其他贫困者，社会救助的内容包括救济（又分为城市社会救济和农村救济）、救灾和扶贫；[⑤]全根先先生主编的《中国民政工作全书》中单列第六卷为救灾救济工作，下分三篇，第一篇为救灾工作，具体论述了救灾工作、救灾捐赠以及农村救灾保险，第二篇为社会救济工作，具体论述了城市社会救济、农村社会救济、特殊人员救济、农村五保供养工作，第三篇为扶贫工作，认为农村扶贫工作是在农村社会救济和救灾工作基础上发展起来的，具体论述了"八七"扶贫攻坚计划、救灾扶贫周转金、救灾扶贫经济实体、救灾扶贫互助会。[⑥] 陈佳贵先生主编的《中国社会保障发展报告（1997—2001）》中主张建立"综合的最低生活保

---

① 参见沈道权著：《土家族地区农村社会保障研究》，民族出版社 2001 年版，第 24 页、目录 2～4 页。

② 参见费梅萍编著：《社会保障概论》，华东理工大学出版社 1999 年版，第 208～224 页。该书属于"社会工作与管理"丛书之一，丛书主编徐永祥。

③ 参见顾俊礼主编：《福利国家论析：以欧洲为背景的比较研究》，经济管理出版社 2002 年版，第 436 页。

④ 参见康士勇主编：《社会保障管理实务》，中国劳动社会保障出版社 1999 年版，第 393～423 页。

⑤ 参见葛寿昌主编：《社会保障经济学》，上海财经大学出版社 1999 年版，第 242～245 页。该章由沈志义老师撰写。

⑥ 参见全根先主编：《中国民政工作全书》，中国广播电视出版社 1999 年版，第 1293～1459 页。

障制度”。[①] 时正新先生主编的《中国社会福利与社会进步报告(2001)》中认为社会救助的内容包括灾民救助、贫困救助(其中包括城乡居民最低生活保障制度、农村中国家定期定量救济、农村中临时救济、农村集体经济组织救济贫困户、农村五保户救济以及60年代精简退职老职工救济)。[②]

(二)实务界观点分析

理论界关于社会救助法体系的观点呈现出如此的不同,实务界的相关认识更是缺乏仔细考量,怎么方便怎么归类,更不考虑体系的完整性和科学性。依据我国目前的制度安排,社会救助事务主要归民政部主管。据民政部网站资料显示,民政部简介中关于其主要职责的规定里,其中第6项是组织、协调救灾工作;组织核查灾情,统一发布灾情,管理、分配中央救灾款物并监督使用;组织、指导救灾捐赠;承担中国国际减灾十年委员会日常工作,拟订并组织实施减灾规划,开展国际减灾合作。第7项是建立和实施城乡居民最低生活保障制度;组织和指导扶贫济困等社会互助活动,审批全国性社会福利募捐义演;指导地方社会救济工作。第16项是拟定收容遣送管理的方针、政策;协调省际收容遣送工作。[③] 这里的主要职责中并没有一个完整的社会救助或者社会救济内容的界定。法律法规中救灾救济一项下则包括《农村五保供养工作条例》、《城市居民最低生活保障条例》、《农村敬老院管理暂行办法》、《灾情统计、核定、报告暂行办法》以及《救灾捐赠管理暂行办法》等五项,而城市生活无着的流浪乞讨人员救助管理办法及其实施细则则归入社会福利和社会事务项下。[④] 完整的社会救助法律法规也无从归类和明确。民政部简介中关于救灾救济的介绍里包括救灾和社会救济两项,其中社会救济又包括城市社会救济

---

① 参见陈佳贵主编:《中国社会保障发展报告(1997—2001)》,社会科学文献出版社2001年版,第232～233页。该书为社会保障绿皮书。该篇执笔人为唐钧,因此所反映出来的观点与前文所引述的唐钧先生的观点基本一致,故此处从略。

② 参见时正新主编:《中国社会福利与社会进步报告(2001)》,社会科学文献出版社2001年版,第29～32页。该部分内容由廖鸿先生撰写。

③ 参见 http://www.mca.gov.cn/about/function.html,2003年8月29日。由于1982年发布的《城市流浪乞讨人员收容遣送办法》已经废止,因此关于收容遣送工作的规定需要相应修改为关于对城市生活无着的流浪乞讨人员实施救助管理工作的相关规定。这是因为网站资料没有及时更新的缘故。

④ 参见 http://www.mca.gov.cn/laws/fagui.html,2003年9月12日。

（城市居民最低生活保障制度）、农村社会救济以及特殊人员救济（又包括精简退职职工救济和特殊人员救济）。[①] 根据这里的表述，救灾应该不是社会救济的组成部分，特殊人员救济的内容表达得又很混乱，似乎精简退职职工又是又不是特殊人员救济的内容。简介中关于社会福利事业的介绍里还涵盖了社会事务的规定，具体包括社会福利、殡葬改革、收养工作、收容遣送以及假肢等五项内容，其中规定所谓社会福利事业是为维护处于特殊困难之中的老年人、孤儿和残疾人的生活、教育、医疗和康复等方面的基本权利而设立的，主要包括孤残儿童事业、残疾人福利事业和老年人福利事业；收容遣送是政府为维护社会稳定、保护特殊困难群众的基本权益，对城市中"无合法证件、无固定住所、无稳定经济来源"的流浪乞讨人员进行救助、教育的一项行政管理工作。[②] 这里的社会福利也是我国约定俗成的规定，其实质实际上是一种社会救助事业，正如多吉才让先生所言"经济发展水平越低，社会福利的救助特征越突出"，我国所谓社会福利与社会救助的区别往往是含糊不清的，尤其是前文曾论及的农村五保供养工作的性质及其归类就是一个最为明显的例证。而收容遣送制度究竟是一种社会事务，还是一项社会救助制度，实务界的表述是混乱不堪的。这儿归入社会事务的内容，那儿又表述为我国社会救助制度的有机组成部分，实在不知所云。在民政部机构设置中与社会救助有关的司局是救灾救济司与社会福利和社会事务司，其中救灾救济司（也是中国国际减灾十年委员会办公室）的职责是拟订救灾工作和社会救济的方针、政策、规章并监督实施；组织、协调救灾工作；统一发布灾情，管理、分配中央救灾款物并监督检查使用情况；组织核查灾情、慰问灾民；组织和指导救灾捐赠；承担国内外对中央政府捐赠款物的接收和分配工作；建立和实施城乡居民最低生活保障制度，拟订相关配套政策，组织和指导扶贫济困等社会互助活动，指导各地社会救济工作；承担中国国际减灾十年委员会办公室的工作。社会福利和社会事务司的职责中有拟订保障老年人、残疾人、孤儿和五保户等特殊困难群体社会福利救济的方针、政策、规章并指导实施；拟订收容遣送工作方针政策，协调省际收容遣送工作等。[③] 这与前述的规定是一致的。社会救济事务的内容被区别为不同的具体机构负责，其内容不能被明确界定。

---

① 参见 http://www.mca.gov.cn/about/yewu3.html，2003 年 8 月 29 日。

② 参见 http://www.mca.gov.cn/about/yewu6.html，2003 年 8 月 29 日。

③ 参见 http://www.mca.gov.cn/organization/intro.html，2003 年 8 月 29 日。

在民政部网站中统计数据栏目里显示自1986年以来(至2002年)的民政事业发展概述中,与社会救助内容有关的部分,1986年中包括扶贫扶优工作、社会福利事业、救灾救济工作(其中的救济对象包括城乡社会困难户、城乡由集体供养的社会散居孤老、残、幼等);1987年中指出城乡社会福利院已经从社会救济型向社会福利型转变;1988年将扶贫工作列入了救济内容之中;1992年提到了继续推进社会救济改革,加强扶贫工作;1994年把救灾救济归为农村社会保障项目下;1995年将救灾工作和农村社会救济工作归入农村社会保障项目下,其中农村社会救济中指出社会救济与扶贫并举,包括国家社会救济贫困户、民政部门扶持贫困户、农村五保以及国家其他补助等,而将城市社会救济改革归入社会福利事业项目下,首次提及建立最低生活保障线,城镇孤老残幼、城镇贫困户以及精简退职老职工40%救济等的社会救济标准得到提高;1996年在社会保障体系项目下叙述了救灾工作和社会救济,其中社会救济内容包括了改革农村社会救济工作,即坚持“输血”与“造血”相结合,走救济与扶贫并举的路子,并发挥社会互助的作用,具体有国家救济贫困户、集体补助贫困户、民政部门扶持贫困户、农村五保、国家定期救济以及民政部门组织“扶贫济困送温暖”捐助活动等内容;城市社会救济改革获得重点突破,全国101个城市建立了最低生活保障制度,城镇孤老残幼、城镇贫困户以及精简退职老职工40%救济等的社会救济标准有所提高;1997年在社会保障项目下分别论述了农村社会保障体系建设,指出建立以最低生活保障制度为重点的农村社会保障体系建设取得重大进展,全国共有417个县建立了最低生活保障制度,占县总数的24.4%;社会救济中论述了城市居民最低生活保障制度建设、传统城镇社会救济工作——包括城镇困难户、孤老残幼的定期定量救济和其他贫困人口的临时救济,农村社会救济(包括国家临时救济和定期定量救济以及农村五保户供养)和扶贫工作,以及社会互助活动——主要指“扶贫济困送温暖”活动,以及救灾工作;1998年论述了救灾救济,其中包括抗洪救灾、城镇居民最低生活保障制度建设、城镇传统社会救济工作、农村社会救济和扶贫工作;1999年指出城市居民最低生活保障制度建设工作全面完成,部分农村也建立了这项制度,城镇传统社会救济工作继续加强,农村传统社会救济工作得到强化;2001年指出各大中城市普遍建立了捐赠工作站、点,社会捐助工作走上了经常性、规范化的轨道;2002年指出城市居民最低生活保障工作取得突破性进展,该年7月实现了应保尽保。[1] 在相关年度的民政事业统计公报中显示出社会救助制度的主要内容包括城乡居民最低生活保障制度(主要是指城镇)、城镇传统社会救济制度(包括社会孤老残幼救济、社会困难人口救济、精简退职职工40%救济以及其他特殊对象救济)、农村传统社会救济(包括国家临时救济、定期定量救济以及农村五保户供养)、社会互助捐助等。而救灾则是与社会救助分开论述的,似乎并不把救灾列为社会救济的组成部分。此外,传统的收容遣送制度在这些资料中也没有得到体现,被忽略不提了。民政部统计公报中所体现出来的社会救助内容也仅仅表现为这些而已。

在近期要闻中有资料显示,民政部杨衍银副部长在全国救灾救济工作会议上强调,救灾救济工作要以"低保"为重点,大力推进城乡社会救助体系建设,切实保障好困难群众的基本生活,该体系包括:一要建立和完善以救灾工作分级负责,救灾经费分级负担制度为基础,社会动员机制为补充,应急措施相配套的灾害救助体系;二要建立以城乡居民最低生活保障为基础,以社会互助及医疗、教育、住房等专项救助相配套的社会救助体系;三要建立以经常性社会捐助为基础,临时帮困和送温暖活动为补充,社区服务相配套的社会互助体系。杨部长指出,按照常年救灾救济工作开展情况来看,受灾群众、低保对象和农村特困群众依然是目前困难群众的主体,是救灾救济工作的主要对象。[2] 按照此处的表述,我国城乡社会救助体系建设应该包括灾害救助体系、社会救助体系以及社会互助体系三大部分。这样的表述也实在是让人费解,难以洞察其中的逻辑,本应该是权威的说法,大众反倒是更为迷惑了。社会救助立法体系的内容就这样难以被正确地澄清和运用,也真实地反映出目前我国这方面深入理论研究的缺位。杨衍银副部长在出席"中国城市反贫困论坛"时还说:"贫困家庭既需要解决基本的温饱,同时也需要在医疗、教育、住房、交通等方面得到社会的帮助。在最低生活保障制度的基础上,我国政府下一步目标是向城镇贫困家庭提供这些方面的专项救助,使最低生活保障制度的救助功能日趋完善。"[3]民政部提出城市社会救助体系应当以城市居民最低生活保障制度为主体,以临时救济和社会互助为补充,以优惠政策相配套,以基层

---

① 参见 http://www.mca.gov.cn/statistics/以及 http://www.mca.gov.cn/news/中相关年份的统计资料,2003年8月26日。

② 参见 http://www.mca.gov.cn/news/news2003022101.html,2003年8月26日。

③ http://www.mca.gov.cn/news/news2002121302.html,2003年8月26日。

社区组织为依托，更好地发挥各方力量，尽可能地加快中国城市反贫困进程。[①] 这里反贫困与社会救助立法体系的关系还存在着交叉，不能明晰地加以界定和区分。在《全面构筑小康社会救助体系——谈贯彻落实十六大精神做好民政工作》的文献中提到，贫困人口的社会救助应该成为建设小康社会的一项基本前提和保障，十六大明确把发展城乡社会救济和在有条件的地方探索建立农村低保制度提上了议事日程，对于我国社会救助体系的总体布局提出了新要求，争取努力建设具有中国特色的城乡一体化社会救助体系，使其充分发挥保证社会稳定的重要作用，并指出进行具有中国特色社会救助体系的建设，需要建设好灾害救助体系、社会救济体系和社会互助体系。关于社会救济体系建设要以健全城市低保制度为依托，以拓展农村低保制度为新的增长点，系统建立城乡一体化的低保管理体制，需要尽快建立农村医疗救助基金，开展农村医疗救助，并要推进多方面的配套政策优惠工作。社会互助体系建设要把经常性社会捐助工作持久开展下去，并把慈善工作规范提上议事日程。[②]

（三）我国社会救助立法体系选择

综上所述，理论界和实务界对社会救助立法体系的认识和表述可谓是众说纷纭。在一部社会救助法规中究竟应该包括哪些内容，社会救助究竟应该涵盖哪些部分，实在是需要我们首先加以澄清和界定的重要问题。当然，其实质的内容可以随着时代的变迁而“与时俱进”，但在特定的时代和环境中，对其的认识还应该有一个基本的共识，唯有如此方可以更好地展开进一步的理论研究和更顺利地开展实务工作。[③] 据笔者手边所收集到的几份社会救助法规分析，如台湾地区的《社会救助法》（1980 年 6 月 14 日公布，2000 年 6 月 14 日修正）、中国大陆的《城市居民最低生活保障条例》（1999 年 10 月 1 日起施行）、《广东省社会救济条例》（1999 年 3 月 1 日起施行）、《上海市社会救助办法》（1997 年 1 月 1 日起施行）、《北京市城市居民最低生活保障制度实施细

① http://www.mca.gov.cn/news/news2002121302.html，2003 年 8 月 26 日。

② http://www.mca.gov.cn/news/16da/xinwen28.html，2003 年 8 月 26 日。

③ 学者呼吁我国“迫切需要建立一个普遍的社会救助制度，即建立以最低生活保障制度为主的综合性的社会救助体系，使其能够真正对每一个社会成员的基本生活起到‘兜底’作用”。参见时正新主编：《中国社会救助体系研究》，中国社会科学出版社 2002 年版，第 2 页。

则》(2000 年 12 月 15 日起实施)以及《浙江省最低生活保障办法》(2001 年 10 月 1 日起施行)等,台湾地区的是以国家法律形式颁布实施的,其内容主要包括生活扶助、医疗补助、急难救助及灾害救助四部分,其中生活扶助是针对低收入户的,第 16 条规定中央及直辖市、县(市)主管机关视实际需要及财力,可以对低收入户提供产妇及婴儿营养补助、托儿补助、教育补助、租金补助或平价住宅借住、房屋修缮补助、丧葬补助、在宅服务、生育补助、其他必要之救助及服务等特殊项目的救助及服务,无家可归的游民也被归入生活扶助项目下;医疗补助则除了低收入户之中的伤、病患者,还包括了患严重伤、病,所需医疗费用非其本人或扶养义务人所能负担者;而急难救助就不是针对低收入户了,其对象包括户内人口死亡无力殓葬者、户内人口遭受意外伤害致生活陷于困境者以及负家庭主要生计责任者罹患重病、失业、失踪、入营服役、入狱服刑或其他原因无法工作致生活陷于困境者,尤其还包括流落外地缺乏车资返乡者;灾害救助则指遭受水、火、风雹、旱、地震及其他灾害,致损害重大影响生活者予以救助。因此台湾的《社会救助法》并不仅仅包括类似于大陆的最低生活保障,但其主体当然也是需要经低收入户家计调查的生活扶助,这部分群体是相对比较稳定和得到确定的对象,而医疗补助、急难救助和灾害救助的对象则不具有确定性,一般只能给予事后的临时救助,大部分是短期的救助。大陆的《城市居民最低生活保障条例》是国务院颁布的一部行政法规,其主要内容仅仅指最低生活救助。《广东省社会救济条例》是广东省人大制定的一部地方性法规,其主要内容包括城镇居民最低生活保障救济、农村五保供养、自然灾害救济、临时救济以及其他法律、法规规定应当给予的社会救济,政府有关部门在医疗、子女入学、房屋租赁等方面给予救济对象以必要的照顾和扶持。《上海市社会救助办法》是上海市政府颁布的地方政府规章,其主要内容也是仅指最低生活保障救助。《北京市城市居民最低生活保障制度实施细则》则是北京市民政局发布的部门规章,其主要内容除了最低生活保障救助以外,将其他法律、法规规定应当给予社会救济的对象也列入其中,如享受定期定量救济的 60 年代初精简退职老职工,因公致残返城知青及其他民政部门管理的特殊救济对象,享受政府定期抚恤补助、家庭月人均收入低于本市当年城市低保标准的优抚孤老及其他优抚对象等。《浙江省最低生活保障办法》是浙江省政府颁布的地方政府规章,其主要内容也仅仅是最低生活保障救助,其中也提到了各级人民政府及有关部门应当结合实际制定具体措施,对救助对象在就医、就学、居住等方面的有关费用给予减免照顾。在这几部法律法规规章中,除了国务院和北京市的规定以外，台湾地区、广东省、上海市和浙江省的规定都是适于全体居民的，即都是城乡一体化的规范，当然要属台湾地区的社会救助法立法体系相对最为完整，其次应该属广东省的社会救济条例较为完整地涵盖了大陆的社会救助内容。上海市的社会救助办法虽然仅仅包括最低生活保障救助，但其却较早地使用了社会救助一词来命名规章。国务院、浙江省、北京市则只使用最低生活保障一词来命名法规和规章，当然其出发点也就不是构建完整的社会救助立法体系了。①

笔者的看法是，广东省社会救济条例的立法体系模式是比较完整的、适合我国国情的一种社会救助立法体系选择，在此基础上参考台湾地区的社会救助法立法模式，从而可以确定我国社会救助法的立法体系内容与模式。社会救助制度设计的目的主要是针对贫困人口的生存权和发展权保障的，而贫困人口的生活状况一部分是可以测量的，另外一部分是无须测量的明显贫困，因此，社会救助制度立法体系的选择可以建立在对贫困人口区分的基础上，同时又面向全体国民的前提下来设计。② 首先生活救助当然是最基本的内容之一，其中可以涵盖目前我国城镇居民最低生活保障制度、农村五保供养制度、农村居民最低生活保障制度、农村扶贫制度、对贫困人口的医疗救助、教育救助、住房救助、法律援助以及如对 20 世纪 60 年代初精简退职职工 40％救济等的法定特殊救济；其次是急难救助，其中可以涵盖目前我国城市生活无着的流浪乞讨人员救助制度（类似于台湾社会救助法中规制的无家可归之游民收

---

① 上海市政府在《关于进一步加强本市社会救助工作的意见》中就提出努力构筑机构健全、政策协调的现代社会救助体系的目标，要对困难群体实施以城乡居民最低生活保障为基本内容的各项救助，除了生活救助，还有医疗、教育、住房等措施，着力构建政府救济和社会互助相结合的救助体系，加快社会救助立法进程，尽快完成《上海市社会救助条例》的立法调研。参见 http://www.mca.gov.cn/difang/news2002072201html.html，2002 年 8 月 28 日。

② 据媒体报道，2004 年 6 月 2 日下午，《厦门市最低生活保障办法》获得福建省人大常委会批准，将于 2004 年 7 月 1 日正式实施。这是我国第一部将城市、城镇和农村困难群众全部纳入低保制度的地方性法规。厦门市法制委秘书处郭晓芳处长指出，该低保法规是中国第一部把农村所有困难群众都纳入了低保范畴的法规，秉着“应保尽保”的原则，对困难群众采取可以保就保的方式，是人民群众生存权的最低保障。厦门市民政局杨昌明副局长指出，出台这一法规的目的是要保证城乡弱势群体、城乡一切需要得到低保的群众能从法律上得到低保的保障。参见《重庆晨报》2004 年 6 月 4 日，第 26 版。该办法中规定，保障标准划分为城市、城镇和农村三大类，并制定了科学民主的保障标准决策程序。

容制度和流落外地缺乏车资返乡者救助制度),类似于台湾地区社会救助法里急难救助适用的情形以及其医疗补助中适用情形之二——患严重伤、病,所需医疗费用非其本人或扶养义务人所能负担者——笔者认为这也是一种意外急难事项,故可以归入急难救助项目下;再次是灾害救助,应该包括目前我国灾害救助的相关制度规范。社会救助立法体系中主要就以此三类救助为支撑来进行设计,社会捐助、慈善制度等应该归入救助经费制度设计中来进行安排。从总体上看,社会救助法律制度作为一国社会保障制度的最后一道防线,是为贫困居民设置的最后一道生存权和发展权保障线,通过其他社会保障制度仍不能满足其基本生存需要和基本发展需要的贫困居民,最后都必然再得到社会救助制度的保障,这样的社会救助制度体系设计才是符合社会发展和人们需求的制度模式。①

二、立法理念选择

社会救助法立法理念选择是关注社会救助立法的基本价值取向与定位问题,其选择也是经历了一个历史变迁的进程。从慈善到恩赐到公民权利保障与国家义务供给的演进,昭示了人类文明的进步与社会救助立法理念的更新。在当代中国,社会救助法的立法理念选择应该包括以下内容:

(一)生存权保障理念

生存作为公民的一项基本权利,是近现代社会以后才逐渐被民众认识和得到国家认可的。在世界大多数国家,生存权保障已上升为一种宪法性权利。社会救助法作为保障公民生存权的一个具体部门法,毋庸置疑应该坚持奉行公民生存权保障理念,充分维护公民尤其是贫困公民的生存权利,使得公民在遭遇任何不幸或意外事件而陷入贫困处境时,都可以从国家得到及时的救助,以维持其基本的生活状况,从而公民与国家之间的这种良性互动关系方得以形成:公民的强制性纳税义务当然可以换得自己在遭遇意外情况生计无法维持时接受国家救助的权利;而国家既然有强制性征税的权力,当然也负有在纳

① “各国对战后开始实施的福利全民化趋势或称城乡一体化,并无异议”,“美国、加拿大于1990年相继推出了农民社会保险,日本则于1986年实现了包括农民在内的不同职业从业人员社会保险制度的一体化”。参见李迎生著:《社会保障与社会结构转型:二元社会保障体系研究》,中国人民大学出版社2001年版,第59页。

税人遭遇意外事件生活陷入困境时施与救助的义务和责任。现代社会的国家理论和宪政理论已经为公民和国家之间这种关系的生成和维持提供了充分的理论支持。因此,我国社会救助法设计应该从生存权利诉求与生存权利保障的基本理念来进行建构,修正所谓“维护社会稳定”、“发扬社会主义制度优越性”等政治性口号宣示,回归到公民生存权保障的基本理念上来。

(二)适当考量发展权理念

发展权理念的引入实际上也是为了更好地解决生存权问题。基于社会公平价值的考虑,贫困者的发展权利诉求只能得到适当的保障,以维持社会运行的激励机制。假如贫困者发展权的诉求过分张扬,势必要求国家干预社会财富再分配的力度加大,而这种再分配并不能直接创造国民财富,如果超过适当的限度,就会影响甚至制约直接创造国民财富者的生产积极性,结果导致财富生产效率的降低甚至无效率。适当考虑贫困者的发展权诉求,是在尽可能的程度上维护贫困者的人权,同时可以在一定程度上帮助其自救自立,为其最终有机会依靠自己的主观努力和奋斗解决自己的生存问题和发展问题创造条件和提供机会,最终可以减少国家和社会的压力。这也是由传统的消极救助向积极救助模式转变的理论动因。当代社会救助法设计应该导入适当考量发展权理念,从而可以在更大程度上维护贫困者的自我发展诉求,并为最终协助贫困者自立提供机会。

(三)国家义务理念

人的本质在于其社会性。国家在很大程度上作为社会的代表,直接与公民个人形成了各种权利义务关系。生存权和发展权作为公民的基本权利,当然对应于国家相应的义务履行。社会作为一种无形的组织存在,其对公民权利的维护是较低程度的,因为其并不直接掌握各种资源,对贫困者的帮助是极其有限的。国家作为一种超级的组织,其所具有的强制力以及可以掌握的庞大资源给其提供了干预国民财富再分配的强大基础,使得其代表社会对贫困者施以救助具有了天然的优势。以现代的国家理论来看,国家是人民的国家,其存在应该是起始于人民的合意,并依赖人民的税赋供养起来的。公民履行了自己对国家的义务,国家也应该履行其对公民的相应义务。“国家为人民聚集而成,政府乃由人民组织而为人民谋福利之机关,人民有所困苦,则应加以救济，人民有所需要，自当俾与协助，此乃贤明政府应负之责任也。”[①]法治社会中双方的这种权利义务关系安排是得到制度化保证的。因此公民的权利就直接意味着国家的义务，国家对于公民生存权和发展权保障应负起的义务是责无旁贷的。“救恤之政于国为积极之作用，又岂私人慈善、消极功德云乎哉？”[②]在这一理念支持下，所谓社会捐助、慈善事业等则只能居于辅助地位，绝对不可能取代国家义务而成为主力，国家义务也绝对不可能转嫁于社会自愿组织和团体。

(四)社会化管理理念

当代社会奉行“大社会、小政府”理念，虽然政府的持续扩张也是不争的事实，但推崇社会自治的呼声也是日益高涨。由于政府的官僚主义作风、机构膨胀等导致的效率低下，高层的决策以及利益的分配传导到贫困者手中的制度安排和利益获取往往大打折扣，使得贫困者的救助利益往往被层层盘剥。由于政府部门的执行者都有相应的权力，使得其可以以种种手段染指这块“唐僧肉”，结果使真正需要接受救助的贫困者的利益受到侵害。政府部门的强权往往导致监督乏力，因此民谚曰：“上面的好经都被下面的歪嘴和尚给念歪了。”[③]而社会化机构则由于受到政府部门的各种监管，其市场化运作精神以及与民众的亲密接触关系，都使得其管理和发放社会救助利益效率要高得多，并且还可以减轻政府相关部门的工作压力。因此社会化管理也是社会救助法设计应该遵奉的一个理念。当然，社会化管理理念并不是取代国家义务理念，这是两个层面上的概念：国家义务理念主要是指国家应该负担起干预国民收入再分配以保证提供可供分配的社会救助利益的义务，社会化管理理念则是着眼于对已有可供分配的社会救助利益分配到具体的需要者手中；前者是一个基本的决策层面，后者则是一个实际的操作层面。同时社会化管理理念也理所当然地包括了社会捐助、慈善事业等本身就是社会化的社会救助事业。我国传统上是个强势政府弱势社会的国家，一直信奉政府对一切事务的大包

① 陈凌云著：《现代各国社会救济》，商务印书馆 1937 年版，许世英序第 1 页。

② 陈凌云著：《现代各国社会救济》，商务印书馆 1937 年版，序第 1～2 页。

③ 据媒体报道，个别地方出现借发放低保金“搭车”销售彩票、强迫老年低保对象参加扫雪，甚至还有冒领低保金等揩低保户油水的现象。参见《大河报》2004 年 1 月 19 日，第 A12 版。江西一民政所长发放低保金强令低保户先买彩票，每户 20 元，被免去所长职务；此前还要求购买月饼等物品。参见《经济日报》2003 年 11 月 3 日，第 4 版。

独揽，其实施的效果往往也不尽如人意，因此尤其应该重视社会化管理理念的确立，正确区分和安排政府与社会之间的权能，优化政府与社会职能的配合，以更好地发挥和挖掘社会救助制度的设计绩效。

上述四个立法理念的确立可以为具体社会救助法律制度设计提供一个基本的构建平台；有这样四个立法理念的贯穿，所制定的社会救助法才会成为新时代条件下维护公民社会救助权益的坚实的制度保障。

第2节　贫困线确立原则与救助对象选择

贫困线制度其实是针对需要参照贫困线进行家计调查的贫困户设计的。这类贫困户一般需要接受较长时期的社会救助，但其贫困状况又不是一目了然，因此需要相应的贫困线制度来进行测量和筛选。而那些贫困状况明显可以直接判断的，如灾害救助对象和急难救助对象，则一般无需贫困线制度判断，但这些救助对象一般只需要接受短期的临时救助即可渡过难关，一旦较长时期不能摆脱贫困状态，则需要转入到长期救助的行列，这时他们就需要定期接受家计调查，参照贫困线标准以确定是否还具备继续接受社会救助的资格。总体上可以认为，贫困线确立与救助对象选择存在密切关联，这两者的确定影响并反映了国家干预这种再分配经济关系程度的大小。

一、贫困线确立原则

贫困线亦称最低生活保障线，是指为度量贫困而制定的针对最起码的生存条件或者相对社会中等生活水平的差距所作的定量化界定。学者研究中又将贫困线区分为生存线、温饱线和脱贫线三种。其中生存线是满足最起码生理需求的最低费用，低于此线则威胁生命，一般用于衡量绝对贫困；温饱线是满足最基本生活需求的最低费用，低于此线则不得温饱，一般用于衡量基本贫困；脱贫线是达到基本上能自给有余的最低费用，高于此线则摆脱贫困，一般用于衡量相对贫困。[①] 贫困线的确立国际上有几种通用的方法，主要包括市

① 参见唐钧：《确定中国城镇贫困线方法的探讨》，载《社会学研究》1997 年第 2 期。另有学者将这三条界线分别命名为特困线（活命线）、温饱线（贫穷线）和发展线（脱贫线）。参见童星、林闵钢：《我国农村贫困标准线研究》，载《中国社会科学》1993 年第 3 期。

场菜篮法(Shopping Basket Method)、恩格尔系数法(Engle's Ratio Method)、生活形态法(Life Style Method)和国际贫困标准法(International Poverty Line Standard)等,一如前文曾述。① 世界银行提出的贫困线标准是人均每天1美元。② 贫困线虽然只是一个量化的数字标准,但其确定却是一个非常系统和科学的工作,因为贫困线的确定直接决定着国家干预这种国民财富再分配程度的大小和力度的强弱。前述的关于我国最低生活保障标准的资料已经显示出我国各地在最低生活保障标准上的确定是有很大差异的。这首先当然是由于各地经济发展水平不同所决定的,但同时也反映出各地在对待贫困居民社会救助权态度上的差异。笔者认为,建章立制的初始意图固然重要,但如果在有些地方贫困线标准过于低下,则无疑有"作秀"的嫌疑,是拿贫困群众的生活大计当儿戏。当然过高的贫困线标准也是脱离我国实际国情的。而目前我国各地的贫困线标准过低是个较为普遍的现象。制度上如何设计一个较具可操作性的贫困线标准,使得全国的规范不致极为参差不齐,需要遵循如下几个基本原则:

(一)较低起点原则

较低起点原则是由我国的基本国情决定的,这也是有目共睹的客观事实。"人性中有令人震惊的一面,人处于极端贫困时,一点点东西就能起很大的作用,就能成为一个翻墙越壁的垫脚石。"③这里的问题是较低到何种程度才比较科学。到底是由资金的多少决定贫困线的高低,还是由贫困群众的最低生活需求决定贫困线的高低,从而再多方努力筹集资金解决所需经费。具体的事实和数据分析在前面的章节中已经作了揭示。其实这里正反映出立法理念

---

① 还可以参见唐钧:《确定中国城镇贫困线方法的探讨》,载《社会学研究》1997年第2期。国际贫困标准法即收入比例法。

② 参见马晓河等:《重划贫困线》,载《社会保障制度》2002年第2期。该文主要论述的是农村贫困标准的划分问题,认为现行的贫困标准是典型的温饱标准,在基本温饱问题解决之后,则需要采用国际标准,或者将最低收入10%的农村人口的收入水平作为贫困线,运用这两种标准测算的数据大约都在年人均收入人民币900元。这一标准不仅考虑了穷人的食物需求,而且也考虑了穷人其他方面的基本生活消费需求。(参见该文第18~19页)

③ [美]夏洛特·托尔著,郗庆华、王慧荣译:《社会救助学》,生活·读书·新知三联书店1992年版,第93页。

选择所发挥的作用。依据目前的社会形势和群众呼声,应该是以群众的冷暖需求为确定贫困线标准的出发点。我国目前还存在绝对贫困群体和相对贫困群体,绝大多数社会成员当然是已经解决了温饱,这是我国改革开放以来所取得的举世瞩目的成就。目前贫困线的确定所存在的问题是:到底是为应付一时的时势所需,还是随着经济社会的发展确实重视了民众的人权,尤其是贫困群众的生存权和适当发展权诉求?是前者的话则无疑是在"作秀";是后者的话则确实是适应了文明社会发展进步的要求,真正回应了民众权利的诉求。答案应该也是不言自明的。据此原则,我国目前有些地方最低生活保障标准畸低的状况应该得到纠正。台湾地区社会救助法中所规定的最低生活费标准,由"中央"、直辖市主管机关参照"中央"主计机关所公布当地区最近一年平均每人消费支出的60%定之;直辖市主管机关并应报"中央"主管机关备查。这样就能够较好地保证各地贫困线标准的相对合理计算,并且也比较科学。美国官方统计中有将贫困线予以适当调整的指标,称为"家庭收入(独居的单身个人称为个人收入)与贫困线的比率",若比率大于或等于125%,才称为"非贫困";若比率在100%与124%之间,则称为"接近贫困"。[①] 因此较低起点并不意味着随意确定,有多少钱办多少事,其程度得有一个科学的最低限度才行,对民众得具有说服力。

(二)区域差别原则

我国地广人密,各地经济发展水平很不相同,大体上分为东部、中部和西部三大经济地带,每一经济地带内部的经济发展状况也并不平均,即使在一省内部各地市,一市内部各区县,其经济发展水平有些地方也存在较大差异。目前,我国城镇居民最低生活保障标准一般是依据各个不同的"城市"和县政府所在的城镇居民维持基本生活所必需的衣、食、住费用,并适当考虑水电煤(燃气)费用以及未成年人的义务教育费用来确定的。有学者对选择这样的区域差别基准作了充分的说明。[②] 笔者赞同多吉才让先生的分析,但这种区域差

① 参见陈恕祥主编:《美国贫困问题研究》,武汉大学出版社2000年版,第108页。

② 参见多吉才让著:《中国最低生活保障制度研究与实践》,人民出版社2001年版,第142～143页。作者在比较了全国、省、市、区、街道或镇的情况后认为,以"市"和县政府所在镇而不是其他行政区划单位作为确定城市居民最低生活保障标准的单位,是较科学、较恰当的。前文也已经作了引用和说明。

别原则也不是无限制地加以扩大，而必须是在一个合理的范围内上下浮动。因为人最基本的生活需求是可以明显判断出来的，假如这种区域差别过大，又会造成新的心理感受不公，反倒有违制度设计的初衷。笔者认为这种区域差别原则应该坚持的一个基本前提是国家应该规定一个可测量的最低贫困线之后，然后各地可以根据本地的经济社会发展情况来决定适当的、具有说服力的差别性贫困线标准。这种区域差别肯定是会在较长一段时期内存在的，在社会救助法中应该明确这样的区域差别基准单位，从而给各地在确定贫困线标准时以强制性的依据范围，以保证贫困线确定的合理基点。

（三）动态调整原则

贫困线的确定不能是一劳永逸的，而应该建立起科学的动态调整机制，动态调整原则应该成为贫困线确立的一个基本原则。同时，根据救助对象的家庭特征或者本人特征，设计可以体现特征区别的有差别的救助金标准系统。例如，区分有劳动能力和没有劳动能力，督促有劳动能力的人尽快找工作上岗；区分一口之家与两口、三口之家的最低生活费标准等。这样有利于发挥社会救助制度公平分配的社会效用。① 我国有些地方已经建立起了这项机制。社会经济的发展应该保证贫困居民可以分享到这种进步的利益。由于利益的赋予具有“刚性”特征，在社会稳定和持续发展的背景下，贫困线标准应该周期性地加以上调，以切实保障贫困居民的生活需求。当然也不排除特殊情况下下调的可能性。贫困居民的社会救助利益也是与社会发展状况密切相关的，利益要分享，损失也要分担。可以考虑赋予民间参与界定贫困线的权利，以对政府的界定权力形成一种制衡，保证贫困线界定和调整的公正性与合理性。② 这种动态调整原则应该在规范中予以明确，并明确调整的周期，如一年，或者半年等，使之成为一项稳定的制度规范。③ 贫困线的动态调整密切关联着国

① 顾俊礼主编：《福利国家论析：以欧洲为背景的比较研究》，经济管理出版社 2002 年版，第 439 页。

② 参见孙嘉奇著：《民生主义意识形态与现行社会救助政策之研究》，正中书局 1992 年版，第 175～176 页。

③ “美国的社会救助制度已经法制化、科学化，其中科学化表现为一年一次‘贫困线’的颁布。”参见顾俊礼主编：《福利国家论析：以欧洲为背景的比较研究》，经济管理出版社 2002 年版，第 31 页。台湾地区《低收入者调查要点》中规定，“低收入者最低生活费用标准，依照各该省、市政府每年三月公告之标准行之”。

家对贫困居民群体生活状况的关注程度和国家干预国民收入再分配的强度。

贫困线确定直接关涉需要经过家计调查后接受生活救助贫困户群体的界定和利益的获取,并间接地影响着那些不需要接受家计调查就可以判断是处于需要社会救助群体的判定和利益的获取。这实质上表现为一种国家干预国民收入再分配强度的杠杆和指示器。

二、救助对象选择

社会救助法需要明确界定救助对象的范围,即解决什么样的对象才能被纳入社会救助的目标之中,救助对象应该具备什么样的条件才具备接受社会救助的资格,由此才能决定具体的社会救助权利义务关系的生成。从总体上区分,社会救助对象包括需要接受长期救助的人和需要接受短期救助的人。一般来说,前者主要指需要经历家计调查核定符合贫困线标准的人接受生活救助,后者主要指可以直接判断处于贫困状况需要接受救助的人,如接受急难救助和灾害救助者。在该相关制度规范设计中,需要注意处理以下三个方面的问题:

(一)主要是穷人的权利

"贫困概念所关注的焦点都必须是穷人的福利。"①从某种意义上说,贫困明显只是穷人的特征而不是富人的特征。所谓穷人,指的是那些自认为是社会中的一部分,但又感到被剥夺了与社会中另一部分同享欢乐权利的人。"穷人是毫无价值的消费者:他们不受市场哄骗的任何诱惑,他们没有信用卡,也丝毫不能依赖于银行透支,他们所需的商品几乎或完全不给商人带来利润,难怪他们被重新划分为'等下阶层'。"②随着教育、通讯的发展以及社会流动的加剧,作为穷人感受被剥夺的那种"参照群体"会不断扩展,从而导致在某种意义上一些人的被剥夺感会逐渐增强,社会中感受到被剥夺的人会逐渐增多。这种情形在广大发展中国家会更为明显。"许多穷人做起事来就像是没有明

---

① [印度]阿马蒂亚·森著,王宇、王文玉译:《贫困与饥荒》,商务印书馆 2001 年版,第 17 页。

② [英]齐格蒙特·鲍曼著,范祥涛译:《个体化社会》,上海三联书店 2002 年版,第 86 页。

天似的，是因为他们最重要的问题是今天如何活下来。”[①]社会救助权主要体现为穷人的权利，社会救助对象主要应该是穷人群体。“穷人生活在没有最基本行动与选择自由的境况中。”[②]穷人的成员并不是一成不变的，其中不是穷人的可能陷入一时的困境，或是转为较长时期的穷困状况而需要接受社会救助；而穷人也可能由于自己的努力或者是抓住了发展的机遇而摆脱了贫困状况，从而不再需要也不再具备接受社会救助的资格。但穷人的整体概念则相对是确定的，他们或者是经历家计调查被确认为穷人而需要接受救助，[③]或者是遭遇急难或者自然灾害而临时呈现为穷人特征需要接受救助。这里边有一个量化的标准衡量，如贫困线和家计调查制度；又有一个定性化的直接判断，如处于急难和灾害之中。当然也应该再次重申，这里的贫困现象主要体现为一个经济命题，精神贫困现象等则是对贫困概念的泛化理解。穷人的直接映射就是遭受贫困的包围。

（二）主要是客观的标准

对于救助对象的圈定应该主要是一个客观的标准，而不应该是一个主观的评价，更不是一种价值判断。应该承认没有一个人愿意身陷贫困的包围而不愿脱离贫困的苦海。也许只有某些宗教信徒才会甘愿忍受甚至寻找贫困，但他们只是拿现实生活中的贫困为代价去换取来生或天堂生活中的富裕和享受，所以即使这些怀有宗教信仰的信徒也是在追求一种幸福的结局，只不过是换一种实现的境地罢了。既然芸芸众生都不愿意遭遇贫困，而且人们追求美好生活的欲望又是永无止境的，那么对于贫困的判断不可避免都会带上自己的主观判断色彩。作为一种社会物质财富再分配的制度媒介，社会救助法律制度再分配的强度和程度应该具有一个公众可以接受的相对确定的客观标准，否则就会影响甚至制约社会财富的创造，削减诚实劳动者的生产积极性。这种客观的标准主要体现为一种量化的标准，因此贫困线的确定和公布都会

① ［美］A·奥肯著，王奔洲译：《平等与效率：重大的抉择》，华夏出版社 1999 年版，第 78 页。

② 世界银行编，翻译组译：《2000/2001 年世界发展报告：与贫困作斗争》，中国财政经济出版社 2001 年版，第 1 页。

③ “家计调查计划是指‘向那些收入没有达到既定收入线（一般都很低）的人提供补助，这些补助通常是针对穷人的’。”［美］威廉姆·H·怀特科、罗纳德·C·费德里科著，解俊杰译：《当今世界的社会福利》，法律出版社 2003 年版，第 33～34 页。

直接或间接地界定人们对于贫困的度量和认同，唯有如此，该项制度才会成为一个稳定可预期的制度，并发挥制度设计的初衷和绩效。这如同直观意义上人治与法治的区别，在纷纭变动的社会变迁中，客观的制度存在更具有公信力和说服力，而寄希望于道德超人的仲裁和评判则缺乏这种制度的便捷和效率效应。人们对于客观事实判断可以直接地加以接受，而对于执行者主观的判断则往往需要首先对执行者的权威作判断，而后才能决定能否信服其结论。这增加了制度执行的社会成本。

(三)建立正常的退出机制

社会救助对象的进入机制依赖于贫困者个人的主动申请就可以启动相应的程序。由于经济人的自利性动机，往往可以很快地促使对象进入机制发挥作用，对申请人的资格加以甄别，确定其能否享受社会救助。而救助对象的退出机制则依赖于相关监管部门的动态调查才能决定。由于社会救助利益作为一种公共物品，并不与监管者的个人利益有直接的利害关系，因此不能激发监管者的主观积极性去注意适时挑出已经不再符合接受社会救助资格的人，从而造成有限社会救助资源的浪费。因此在社会救助法救助对象确定规范设计中，除了力求不应漏掉每一个符合救助条件的人，同时也应设计严格的退出机制规范，保证及时让那些已经解决贫困状态者退出社会救助的行列，将有限的资源送到那些真正需要者手中。这需要一系列具体的制度加以保证，如享受者主动申报制度、举报制度、监管者定期检查制度、张榜公布制度等，从制度上使那些想要投机接受社会救助或超期接受社会救助者及时停止自己的非法行为。退出制度规范的设计可以保证社会救助制度具有一个良性的出口，从而不仅使那些符合救助条件者能够及时地进入，而且还能够使那些已经解决贫困状况者及时地脱离，这样就能够最大限度地发挥社会救助制度本身的绩效，使其瞄准贫困人口机制更具有效率。

贫困线确立原则与救助对象选择是社会救助法设计中需要首先解决的问题。这直接关涉到后面具体制度规范设计的展开。

第 3 节　救助范围确定与救助方式选择

确定社会救助范围主要解决救助类型设计，救助方式选择则主要解决以什么样的手段安排社会救助利益分配。救助范围的确定构成社会救助法的主体框架，形成该法的体系结构，救助方式的选择影响接受社会救助当事人权益的享受与支配。这些都是需要在制度设计中加以明确的。

一、救助范围确定

救助范围的确定取决于对社会救助立法体系的选择和定位。笔者前述论证中已阐述了自己对于我国社会救助立法体系的看法，相应地，笔者认为我国社会救助法的救助范围应该包括生活救助、急难救助和灾害救助三部分内容。

（一）生活救助

生活救助立足于贫困居民的基本生活保障，是世界各国社会救助法律制度中最主要的组成部分，也是内容最丰富的一个部分。目前我国在城镇已经建立并逐步在农村推行的最低生活保障制度所依据的就是生活救助制度设计范式。生活救助所针对的对象需要经家计调查确认其接受救助资格，而后才能领取救助利益，这是它与急难救助及灾害救助最本质的区别所在。后两者所呈现出来的都是短期的、临时的、贫困状态一目了然的情势，因此，这里的“生活救助”是一个在法律规范语境中被特定化的概念，是社会救助法设计中显示为一种救助类型的存在形式。生活救助对象一般呈现出较长时期和较为稳定的贫困状态，而且短期内也无摆脱贫困的出路所在，如农村的五保户对象、城镇下岗工人等。这些对象经过家计调查确认资格之后，就需要较长期地享受社会救助，如半年、一年甚至多年等。这类贫困户在满足基本的吃、喝、穿等最基本的生活需求之后，国家还应该根据实际需要和财政情况，适当地提供住房、教育、医疗等其他特殊项目的救助服务。如我国的廉租房制度，贫困儿童、大学生教育救助制度，大病医疗救助制度，法律援助制度等，共同支撑起这些贫困户生存权和适当发展权的实现。当然，这些特殊救助项目的具体落实需要相关部门的协调和执行，但社会救助法设计中应当列举出这些项目的内容，明确将之纳入生活救助的范围，具体细则性规范则由相关部门再具体设计和制定，从而囊括全面的生活救助的内容，明定生活救助的框架结构。此外，生活救助中还应包括前文曾述及的特殊对象救助，如精简退职职工40％救济、返城知青救助等法定救助，这些对象由于历史原因而较长时期处于贫困境况，因此需要接受生活救助。

(二)急难救助

急难救助所针对的对象是个体性的临时贫困者,如无家可归之游民,流落异乡缺乏返乡车资者,突患重伤病无力救治者,城镇生活无着的流浪乞讨人员,户内人口死亡无力殓葬者,户内人口遭受意外伤害致生活陷于困境者,负家庭主要生计责任者罹患重病、失业、失踪、入营服役、入狱服刑或其他原因而无法工作致生活陷于困境者等等。这类个体性贫困状态是明显可以判断的,其发生范围都较小,而且一般是短期、临时由于种种意外原因遭致贫困困扰的。对这类人员实施临时救助措施之后就可以使之脱离贫困困境。目前我国该类救助规范不系统也不完整,需要在社会救助法中加以明确的界定。由于这类对象大多呈现为一种个体化存在,不能有效地会聚共同的意见和主张,其权利诉求往往容易受到漠视,导致其生存权和发展权更难以得到有效的保障。因此这类群体的社会救助权益更需要得到国家和社会的重视。

(三)灾害救助

灾害救助所针对的对象是群体性的临时贫困者,主要是由于各种自然灾害发生而导致陷于贫困处境的人们。自然灾害的发生往往具有突发性和不可抵抗性以及不可预期性,灾害的到来往往导致群体性临时贫困甚至可以转化为较长时期贫困状况的出现。因此在某种程度上可以说,灾害救助就体现为一种公共应急救助。灾害救助的历史源远流长,古代各国的社会救助主要就表现为救灾救济,我国在 20 世纪 90 年代以前社会救助的主体也是救灾,救灾与救济紧密相连,其他的救助类型出现和渐进制度化都是近十来年的事情。灾害的发生影响十分巨大,扩及面较为广泛,短期内陷入贫困的人数众多,政府往往更容易重视灾害救助制度建设和具体落实。我国灾害救助制度规范相对比较发达,世界各国也是通例。目前的问题是需要将灾害救助正式纳入社会救助法的规范体系之中,明确其为社会救助法体系的一个有机组成部分,而并不是社会救助的全部内容;同时也可以明确即使生活救助也并不是社会救助法的全部内容,从而构建起我国科学完整的社会救助法立法体系。历史上由于灾荒引发社会局势动荡和朝代更迭的事例不胜枚举,因此,灾害救助必须成为社会救助的重要制度化规范的一环,共同构筑起贫困居民权益保障的完整防线,维护贫困居民生存权益和适当发展权益,促进社会稳定发展。

从总体上看,这三类社会救助范围的界定和制度化设计就可以共同构筑起全体国民生存权和发展权保障的最后一道防线，使长期或短期处于贫困状况的民众能够保证生活下去，并且得到尽可能的发展机会，以更好地改变和改善自己的贫困生活状况。这三类社会救助类型的确定也就框定了国家在这方面干预国民财富再分配的广度和深度，涵盖了所有处于贫困或者可能处于贫困困境人们的贫困解决方案。

二、救助方式选择

救助方式选择涉及以什么手段或者措施来安排社会救助利益的具体分配。这一规范的设计事关贫困者如何处理社会救助利益的享受和支配问题。贫困居民社会救助权益的实现就是通过这些救助方式媒介得到的。救助方式的选择总体上可以区分为消极救助和积极救助两种。消极救助方式是一种较为被动的救助，体现为一种较低层次的救助需求满足；积极救助方式则是一种较为主动的救助，体现为一种较高层次的救助需求满足，着眼于救助绩效的提高和长远化。目前世界上救助方式选择的趋势是向积极救助方式变迁，实质上体现为对贫困民众生存权益和发展权益更深层次的关注和彻底的解决方案的探索。

(一)现金救助为主，实物救助为辅

现金和实物救助是世界上较为普遍的一种救助方式，也是最为基本的一种救助方式，同时也是一种相对消极的救助方式。现金救助方式的主体地位是被普遍认可和规定的，因为贫困者个人的需求偏好可以通过其自主支配现金消费而得到满足。“以非限制性的货币形式支付受救济者，这并不是不限制救济的数量，而是说它允许个人在社会上享有一个成年人的权利，允许他们自由计划用钱。”①但由于个人消费偏好的差异存在，导致贫困者可能并不将有限的现金资源用到最低生活保障上来，他可能去购买一些奢侈品或是其他最感兴趣的物品，而其基本生活权益仍不能得到切实的保障和满足。因此实物救助方式的选择在各国也普遍存在，当然是处于辅助地位，而且也应该处于辅助的地位。因为别人的选择最终并不能较大程度地代替接受社会救助者个人偏好的表达。美国的食品券制度、我国一些地方的粮油卡制度，以及如廉租房

① [美]夏洛特·托尔著，郗庆华、王慧荣译：《社会救助学》，生活·读书·新知三联书店 1992 年版，引言第 3～4 页。

制度等,都可以被看作是实物救助的方式选择。社会和国家可以代替贫困者个人进行一些公认的最基本消费品选择,这也是能够得到民众认同和支持的。社会救助利益虽然进入公共领域之后成为公共物品,但广大民众终究是关心安排这些利益到具体的受救助者手中以切实解决他们生存和适当发展问题的制度绩效。因此,以现金救助为主,以实物救助为辅的救助方式选择还应该是不能或缺的一种救助方式设计。尽管这一救助方式实际上仅是一种消极的救助方式,着眼的是眼前贫困的暂时缓解,但正因为其基本,所以仍然有其存在的合理性和科学性。贫困者不能满足最基本的生存需求,一下子就去处理所谓发展机会的把握问题也是不切合实际的,并且是难以得到绩效的。

(二)以工代赈制度

以工代赈制度是一种较为积极的救助方式选择,是我国历史上很早就出现的一种救助方式,"特盛于现代"。[①] 这一救助方式实际上是可以将救助利益外部化,即使一种单纯的消耗国民财富的行为产生一些正的外部性利益,反过来又增加了社会财富的积累。由于其可以产生良好的正外部性,从而使这一救助方式在世界上也有一个较为广泛的接受程度。美国在 20 世纪 30 年代的经济危机中就采取这种方式救助了大批因为失业等原因陷于困境的人们。我国更是采用了这一救助方式建造了许多公共设施工程,收到了良好的制度绩效。因此应该在我国社会救助法中明确将之列为一种积极的救助方式,从而在更大程度上发挥社会救助制度绩效,不仅使接受社会救助者的利益诉求得到满足,社会利益也可以得到一定程度的满足。并且以工代赈制度在民众中还具有十分广泛的认同程度。尤其是广大农村,国家投资的公共设施建设本来就极为缺乏,而农村中贫困原因的主要方面也是由于有很多过剩的劳动力却没有就业机会导致的,包括城镇贫困人口的增多很多也是由于就业岗位提供不足导致的,在这样的背景下多采用以工代赈方式对这些贫困人口施以救助,对于贫困者个人和社会都会产生较好的效益。

(三)小额贷款制度

小额贷款制度实际上也是一种现金救助的方式,不同之处在于现金救助

---

① 邓云特著:《中国救荒史》,商务印书馆 1993 年影印版,第 292 页。

一般都是无偿给予救助户的，并不要求偿还；小额贷款则一般是政府贴息的低息贷款，是有偿借给救助户使用，并要求偿还本息。这是一种有激励效应的资金救助方式，其设计本身就是一种积极的救助取向，制度落实归宿于贫困户自立自强，尽可能通过自己的劳动和贷款项目脱贫致富。这一制度主要用于农村扶贫项目中，后来有学者也主张在城镇贫困居民社会救助中选择这种方式进行。① 由于信贷资金的趋利性，小额信贷制度在实施中也存在一些问题，如金融机构惜贷、管理成本较高、资金回收率较低等，使得这项救助制度的绩效并没有完全地发挥出来。但该项制度本身肯定是可行的，关键在于是否能够进行耐心细致的组织和管理工作。茅于轼先生的该项制度实践就非常成功，正可以折射出该项制度的绩效确实还有待进一步挖掘。小额信贷制度的激励价值正是积极救助方式的特征所在，它为贫困户最终摆脱贫困提供了选择和机会。因此，社会救助法设计中应该明确其作为一种积极救助方式的存在。

（四）就业扶持制度

就业扶持制度是一种更为直接的积极救助方式选择。人们获得收入主要需要通过参加劳动获得工资来取得，对于贫困人口获得收入更是如此。他们一般缺乏更多的生产资料，也没有多余的资金进行投资，因此摆脱贫困的最好依赖就是他们的劳动技能。因此培训他们的劳动素质，给其提供合适的就业机会和岗位，政策上予以各种照顾、优惠和扶持，是帮助其自谋生计的积极救助方式。当然，这主要是对那些有劳动能力者而言的。如台湾地区社会救助法中就规定，低收入户中有工作能力者，直辖市、县（市）主管机关应协助其接受职业训练、就业服务、创业辅导或以工代赈等方式辅助其自立；不愿接受训练或辅导，或接受训练、辅导不愿工作者，不予扶助。同时规定直辖市、县（市）主管机关对低收入户，于前项受训练期间应另酌给予生活辅助费，给付金额由直辖市、县（市）主管机关决定，并报“中央”主管机关

① 中国人民银行、财政部、国家经贸委、劳动和社会保障部 2002 年 12 月 24 日印发了《下岗失业人员小额担保贷款管理办法》，对贷款的对象和条件、程序和用途、额度与期限、利率与贴息、担保基金与担保机构、管理与考核、担保基金的风险管理、贷款服务、监督与审计等进行了规定。2004 年 3 月 24 日中国人民银行、财政部、劳动和社会保障部又下发了《关于进一步推进下岗失业人员小额担保贷款工作的通知》。下岗失业人员属于城镇贫困居民中的一部分。

备查。政府是鼓励并有一定强制性地要求接受救助者参加就业培训，其目的也是欲积极地帮助贫困户自立。首先是对贫困者本身有益，让他们有依靠自己的双手重新找到工作的机会，寻回自强的信心；其次是减轻国家的社会救助负担，以较低的成本投入换取较大的成本节减。我国城镇中存在的再就业市场、再就业培训以及各种管理费和税收减免等，还有近几年出现的外出农民工培训等，都是就业扶持制度的有机组成部分。作为一种积极的社会救助方式，就业扶持制度愈益得到国家的重视。社会救助法规范中应该具体设计就业扶持制度的内容，力求更大程度地发挥出该项具体制度的绩效。

救助方式的选择决定了社会救助利益到达贫困者手中的媒介。在消极救助和积极救助之间、现金救助和实物救助之间，具体社会救助法规范设计应该结合具体的制度约束背景，作出科学的衡量和判断。

第4节　救助资金筹集与救助申领程序制度

救助资金筹集制度安排决定着社会救助利益的来源，救助申领程序制度安排则决定着社会救助利益被分配的开始。筹集到的救助资金不仅仅被直接分配到贫困者手中，而是包括所有的救助开支，如就业培训费用、以工代赈费用以及小额信贷资金等。凡是用于社会救助的资金都应被列入救助资金项目中来。救助申领程序制度是社会救助利益如何被分配的一种程序性过滤制度安排，其设计的科学合理与否影响到有限社会救助资源价值的充分发挥。

一、救助资金筹集

救助资金筹集实际上是社会救助利益筹集的统称。由于该资金不是生产性资金，而是作为社会再分配中形成的消费性资金，其来源不能依赖市场自动生成，而只能在社会再分配过程中得到实现。其数量的多少在很大程度上取决于国家干预的强度大小。其他渠道的资金来源是不确定的，而且数量也较小——但世界通例是大力提倡和鼓励的。在资金筹集制度设计中需要明确下列原则和问题：

(一)国家预算为主原则

社会救助资金筹集主要依赖国家财政预算保证,这是世界各国通例。① 由于作为消费资金的非赢利性特点,市场不会提供这样的资金。国家通过再分配手段提供的方式就是列入政府的财政预算。以这种方式提供的资金占救助资金的绝大部分。台湾地区社会救助法规定救助业务所需经费应由"中央"、直辖市、县(市)主管机关分别编列预算支应之。北京市城市居民最低生活保障制度实施细则中规定实施城市低保制度所需资金,按照市人民政府财政管理体制改革的有关规定,由各区(县)财政负责落实,列入区(县)人民政府财政预算,纳入社会救济专项资金支出科目,专账管理,专款专用。上海市社会救助办法规定各级人民政府应当将社会救助的经费支出列入本级财政的年度预算。广东省社会救济条例规定各级人民政府应当根据社会救济的需要,按照分级负责的办法落实经费和物资,由政府财政负担的社会救济经费列入财政预算,由集体经济组织筹集的社会救济款物由同级政府负责落实。乡、民族乡、镇人民政府应当落实五保供养的统筹经费和物资。国家预算为主原则是由社会救助资金的性质特点和国家义务立法理念决定的。国家作为国民财富再分配主体的地位决定了以国家预算为主筹集社会救助资金的必然性。在某种意义上,这种责任的承担也成为国家宏观调控国民经济的一个手段,同时也成为国家提供国民社会保障义务的有效实现方式。

(二)鼓励社会捐赠原则

社会捐赠救助资金和物资,内在地也包括各种慈善事业,作为一种救助资金筹措的有效补充,在世界上是普遍得到鼓励和支持的。国家的救助资源毕竟有限,能够有效地得到社会资金的支持,就可以更大程度地保障贫困居民救助权益的实现。即使在发达国家,国家具备相对雄厚的资金实力,也仍不能充分地满足接受救助者的各种需要,而且其国内的各种慈善事业、社会捐助反倒

① 如英国的社会救助资金来源为政府拨款,瑞典的也主要由政府负担,德国的全部由国家财政负担,美国的一般也由政府财政拨款。参见顾俊礼主编:《福利国家论析:以欧洲为背景的比较研究》,经济管理出版社 2002 年版,第 30～31 页。俄罗斯社会救济的主要资金来源也是国家预算。参见史探径主编:《社会保障法研究》,法律出版社 2000 年版,第 472 页。

是更为发达有效，其慈善行为不仅施行于国内，还扩展到世界上其他国家。笔者所了解的世界首富比尔·盖茨所设立的慈善基金会基金高达240亿美元，主要用于贫困人口、贫困国家的医疗救助，艾滋病患者救助以及公共福利机构建设等。台湾地区社会救助法规定主管机关每年得定期联合各界举行劝募社会救助金。我国现在相关制度中也积极鼓励社会捐赠以有效筹措社会救助资金和物资。毋庸置疑，该项原则在社会救助法设计中应该继续存在并被更深入贯彻。社会救助之义中也天然地蕴涵有通过社会力量来对贫困者施以救助的合理内核。前面所谓的社会化管理理念也包含了社会化筹集救助资金和物资的合理内核。

（三）提供信贷资金扶持

由于信贷资金的天然趋利性特点，它不会主动地参与到社会救助事业中去。信贷资金市场运作的结果只会使富者更富，而贫困者则与信贷资金无缘，因为没有足够的资产担保，贷款的风险比较大。因此信贷资金扶持社会救助事业必须依赖国家出面适当干预，如采取组建政策性金融机构、贴息补助等措施，才能促使一定的信贷资金投向社会救助事业。信贷资金的使用是有偿的，需要还本付息，即使利息较低，这也会对接受救助者形成一种激励，并能够保证这部分资金的良性循环使用。这部分资金的筹集和使用也是一种积极社会救助方式的探索与尝试，是通过国家适度干预，力求尽量采用市场运作方式来筹集资金和运作资金的尝试。国家的适度干预不能超越市场运作的基本法则。即使政策性金融机构也还是需要有一定利润空间存在的。在市场经济发展模式的基本取向下，如何更多地引进市场方式来筹集和运用救助资金，实在是解决贫困问题更为根本的出路所在。社会救助法具体相关制度设计在这方面有深入挖掘的空间。

（四）提倡设立互助储金

民谚曰："人必自助而后他助。"一定区域范围内的贫困户群体能够有效组织起来，在政府的扶持下成立互助储金会，民主管理资金的使用和运作，发挥对参加者的救助作用，这也是一种有效筹集救助资金的制度安排。储金会的资金只在参加者范围内使用，其管理必须是公开和民主的，其资金可以是无偿使用，但必须及时归还本金，保证储金会资金的充足和完整。储金会作为一种自治的非营利性机构，可以简化贫困户对资金的紧急使用手续，并且由于参加者范围较小,能够有效地评价借款者的信用,可以保证资金的及时归还和周转。储金会存在价值发挥的关键是管理的民主和公开。互助储金会可以集中一些民间的资金,至少可以在相对确定的范围内发挥帮危解困的作用。这部分资金的数量也许微不足道,但对贫困者的帮助却可能是雪中送炭。

(五)资金有偿使用制度

资金有偿使用制度设计也是为了尽可能回收一些能够回收的资金,以补充社会救助资金的筹集。前述的几种资金筹措原则和方式,只提到信贷资金使用是存在激励的,要求还本付息,而其他资金的使用则是无偿消费。笔者认为除了一些最基本的生活需求消费可以是无偿的以外,其他用途的尤其是具有一定产出效益的救助资金投入可以被设计为较低价格的有偿使用,在接受救助者改善或恢复稳定生活之后,可以规定为享受资金的一定百分比返回发放者。建立这样一种激励机制,就可以尽可能地回收部分资金,促进救助基金增值,充实社会救助资金。有偿程度可以有不同的等级设计,这样可以使救助资金的筹集和使用向着良性循环的方向发展。虽然对贫困者施以社会救助是国家的义务,但接受救助者中有一定工作能力者承受激励力所能及地返还部分利益,也是其一种社会责任的体现。

二、救助申领程序

救助申领程序制度可以区分为由接受救助者提起的程序制度安排和由救助提供者发起的程序制度安排。两者的区别表现为接受救助者是主动申请接受救助,还是被动申请接受救助。前者体现为贫困者的一种积极权利诉求,从而启动相关的程序运作;后者体现为救助提供者的一种积极义务供给,从而启动相关程序运作。相关程序启动的背景不同,但都是需要以接受救助者的申请为正式启动程序的开始。救助申领程序制度具体包括以下内容设计:

(一)申请制度

社会救助利益的享受是符合接受救助条件者的一项权利,因此其可以自主地加以处分。其主张权利的表达方式就是通过申请来表示其权利诉求。因此在社会救助程序制度中需要首先设计受救助当事人的申请制度。待受救助者参照接受救助的资格标准和申请文本样式,向负责审查资格的机构提交其申请,表明其接受救助的诉求。通过资格审查后,就可以进入后续的程序阶段。申请制度的设计主要是将是否接受救助的选择交由当事人去决定，从而也是将是否启动救助程序交由当事人去决定。申请制度是救助程序设计中的第一道，在某种意义上，又可以理解为正式程序开始的一个前置程序，因为申请的递交并不意味着必然正式启动相关程序，其处理有两种可能：通过资格审查或者没有通过，没有通过审查的话就不能正式启动之后的程序了。程序设计的作用就是过滤掉不具备资格的申请人，使真正具备相应资格的人进入实质利益分配的范围。

（二）家计调查制度

家计调查制度是依据当地贫困线标准对申请救助者的资产、收入以及家庭人口状况进行调查，以确定其是否真正符合救助条件的制度设计。这一制度是针对生活救助设计的，主要是由于生活救助对象多是因不同原因陷于贫困处境的各种家庭，其分布比较分散，不易直接判断。而急难救助和灾害救助则由于对象或者是单个的个体，或者是群体性的，其需要救助的状况可以直接判断。“家计调查是使社会救助津贴可以真正用于贫困人口的主要机制。”① 希望自己符合社会救助资格的人必须证明他们的收入和财产不足以支付最低水平的衣食住行和通讯支出。② 在发展中国家通常无法对个人或家庭的收入和财产状况作出评估，因此便使用指数化目标，这是一种分类化的家计调查。这样的指数被用来作为收入的代用数码，并以此确认贫困人口。如确定津贴受益人的指数的典型例子是：没有土地的佃农、妇女、残疾人、没有家庭帮助的老年人、家庭中孩子的数量等。确定贫困人口的其他方式还有考察他们的消费方式和查实其居住区域。此外，还有通过对各种指数进行计算机化处理来

---

① 国际劳工局编，中国劳动和社会保障部国际劳工与信息研究所译：《2000 年世界劳动报告——变化世界中的收入保障和社会保护》，中国劳动社会保障出版社 2001 年版，第 117 页。

② “大多数国家在社会救助标准之外都规定一个免审额度，即允许申请人持有少量的资产或收入，视同无资产、无收入，因而不抵扣社会救助金。”参见费梅萍编著：《社会保障概论》，华东理工大学出版社 1999 年版，第 225 页。例如澳大利亚老年救助金领取人在获得 148 澳元/周的救助金同时，可以保留价值 12575 澳元的资产（不含自有房屋的价值）和 50 澳元/周的其他收入。我国《城市居民最低生活保障条例》中的类似规定是：（计算收入时）不包括优抚对象按照国家规定享受的抚恤金、补助金（第 2 条第 2 款）。

实现的，如墨西哥的PROGRESA计划和亚美尼亚的PAROS系统。[①] 家计调查的第三种方式是个人自我选择，主要适用于低收入群体的社会救助，是通过排队得到现金津贴的办法实现的，而高收入的人是不愿意去排队的，还可以采取发放实物津贴的办法，该方式也只有低收入者才能接受。老年人公寓和食堂提供的稀粥就是实物津贴的例子，一般由政府提供资金，而由非政府组织来举办。我国一般是综合采用所谓定性和定量两种方法来进行家计调查。定性的方法类似于分类化的方法，如对五保户受救助对象的认定；定量的方法则是需要对申请者个人或家庭的收入和财产状况作出评估，形成具体的数据，来决定是否达到接受救助的条件。这种方法在城镇最低生活保障制度中得到较为广泛的运用。"家计调查和各种资格认定标准是对管理水平要求很高的复杂过程。"[②]在以收入为基础、以除了收入之外的指数为基础和个人自我选择这三种家计调查方式中，国际劳工局认为由于在发展中国家很难得到准确的收入数字，所以以指数和个人选择为基础的方式更为适宜。[③] 后两种调查方式简单明了，地方政府官员和受益人可以照着去做，可以使滥用权力的可能性降到最低程度，从而也可以减少社会救助制度落实的成本。我国属于发展中国家，国际劳工局的观点有一定的参考和借鉴意义。在很大程度上，制度设计越简单明了，则制度实施绩效损耗越少。家计调查制度是社会救助法里应该重点设计的制度，在很大程度上，社会救助制度就是以家计调查制度为特征的。

---

① PROGRESA计划通过使用若干社会和经济变量汇总起来而形成的计量经济学模型来确定贫困的村庄和家庭。对经济模型做出结构性调整可给予有孩子的家庭以更高的权数并向这些孩子到学校学习提供一种刺激，老年人也可以从中获益。PAROS系统建立在自愿登记的基础上，登记时要求人们提供一些关于家庭成员构成、工资、养老金和资产(个人所有的土地、汽车、家畜、设备)的证明，然后用一个公式来计算出反映其家庭状况的分数，有工作和有汽车的家庭被排除于社会救助计划之外。参见国际劳工局编，中国劳动和社会保障部国际劳工与信息研究所译:《2000年世界劳动报告——变化世界中的收入保障和社会保护》，中国劳动社会保障出版社2001年版，第117～118页。

② 国际劳工局编，中国劳动和社会保障部国际劳工与信息研究所译:《2000年世界劳动报告——变化世界中的收入保障和社会保护》，中国劳动社会保障出版社2001年版，第117页。

③ 参见国际劳工局编，中国劳动和社会保障部国际劳工与信息研究所译:《2000年世界劳动报告——变化世界中的收入保障和社会保护》，中国劳动社会保障出版社2001年版，第121页。

（三）动态监督制度

权利与义务是相对应的。虽然整体上说接受社会救助对象一般不需要付出相应的对价，但其应然权利一旦变为实然权利，也必须履行一些相应的义务，在程序规范上即表现为接受发放救助利益机构监督的义务。动态监督制度设计主要是及时发现接受社会救助者资产和收入的变化，对救助数额或者增加，或者维持，或者减少，或者停止受领人的领取资格，或者发现弄虚作假者不仅取消其资格还要予以惩罚。[①] 由于接受救助者个人和家庭不间断地与社会发生着各种联系，其资产和收入状况也处于不停的变动之中，动态监督程序制度的设计就是为了及时调整救助利益的发放，尽可能地发挥出有限救助利益的最大价值，从根本上维护社会救助制度实施的绩效。

救助资金筹集制度安排救助利益的来源，救助申领程序制度安排救助利益的分配。这两项制度解决的是社会救助法律制度设计面对的最为实际层面上的问题。

第5节　救助机构准入与法律责任制度

救助机构是负责提供救助利益的组织，台湾地区学者也称之为救助设施，主要是以提供贫困者所需要的各种形式的服务作为其救助内容，如更生机构（因身体上或精神上的原因而有必要收容疗养及辅导者之生活扶助为目的的设施）、医疗保健机构（对有必要医疗扶助者，给予医疗给付或治疗为目的的设施）、授产机构（对身体上或精神上的理由以及家庭的原因，而且就业能力又有限者，给予就业或技能训练的机会，助其自力更生为目的的设施）、提供住居机构（对无住居需要扶助之低收入家庭，提供住宅扶助为目的的设施）、助产机构（对需要提供助产的低收入孕妇，给予助产、住院、医药等为目的的设施）等。[②]

---

① 据媒体报道，哈尔滨市城市低保管理机构与低保户个人签订“诚信协议”，要求低保户定期汇报个人、家庭收入变化情况，确保适格主体领取到低保金。在之前的检查中发现，有1500多名不合格主体领取低保金，浪费国家低保金每月十几万元。主要原因就是低保户个人、家庭收入发生了变化却不及时申报以及推荐就业却拒绝就业现象十分突出。

② 参见江亮演著：《社会救助的理论与实务》，桂冠图书公司1990年版，第113～114页。

救助机构不同于救助机关，后者一般是指负责社会救助事务立法、政策、计划等的政府主管部门，如我国的民政部门、台湾地区的内政部门、英国的卫生暨社会安全部门、日本的厚生省等。救助机构的良性运作事关社会公共利益和社会救助法实施的绩效，因此必须对其准入制定相应的规范。法律责任制度是社会救助法律关系当事人不履行相应法律义务应承担的不利后果。这里构成社会救助法律关系的当事人就包括社会救助事务管理方、社会救助利益供给方（即各种救助机构）以及接受社会救助者等三方。法律责任制度设计是为了更好地保障社会救助法律制度的贯彻和实施。

一、救助机构准入

救助机构可以区分为公立社会救助机构和私立社会救助机构两种类型。公立社会救助机构一般由政府投资兴办，如我国现在存在的敬老院、城市中刚换牌的救助站等；私立社会救助机构则是由民间资金投资兴办，一般是作为慈善事业经营，如我国的一些慈善组织成立医疗救助机构对贫困人口实施治疗白内障手术，民间资金设立儿童福利院对孤残儿童进行救助，民间资金成立学校接收艾滋病儿童上学等。私立社会救助机构的发展需要国家的扶持和接受社会捐赠才能够扩大自己的成长空间。根据我国目前的经济和社会发展状况，在社会救助法中应该对救助机构准入制度作如下设计：

（一）公立救助机构为主

我国目前尚处于社会主义发展初期阶段，民间资本还不充裕，信用体系还相当缺失，对贫困居民的社会救助责任还主要是由国家来承担。历史上国家也建设了一大批的公立社会救助机构，如敬老院、儿童福利院等，但由于当时的经济条件限制，符合救助资格的人中只有部分人可以接受这些救助机构提供的救助服务。现在需要做的是从经济发展的增量中拿出相当部分的资金注入到这些公立救助机构中去，赋予它们以发展的动力和活力，真正发挥救助机构设立和存在的价值。公立救助机构为主也是因为存在着这样的路径依赖。同时，国家有责任也有能力建立和维持这样的救助机构为贫困居民提供相应的服务。虽然说公立社会救助机构的效率和服务可能不尽如人意，但在中国这样一个尚未完全经历过市场经济洗礼的国家，民间救助机构的效率和服务也不能好到哪儿去，而且可能更差，还有可能沦为某些投机的人沽名钓誉的工具。媒体曾报道一位武汉女士设立儿童福利院却暗中贪污捐赠款项的事情，引起国民和国际捐款人士的义愤。公立救助机构的监督成本就要小得多,毕竟民众对国家信用还是信赖得多。公立救助机构的经费主要来源于财政拨款,同时也可以接受国内外社会捐赠。相对于私立救助机构而言,在某种程度上,公立救助机构在经费来源方面可能要充足得多,在吸引各种社会捐赠方面也具有较大的比较优势,在经营管理上也要规范得多。

(二)鼓励私立救助机构发展

在目前的中国,相对于公立救助机构而言,私立救助机构虽然存在不少的弊端,但随着民间资本的成长和市民社会的发育与成熟,私立救助机构的发展与扩大也是必然的趋势,其成长可以在一定程度上减轻国家在社会救助方面的压力,培植在社会救助事业中的民间力量,回应社会救助的合理内核。国际上的一些慈善组织和个人也愿意寻找私立救助机构进行合作。因此私立救助机构的设立与运作制度也需要在社会救助法中予以设计和安排。由于私立救助机构资金的有限性,其只能居于救助机构中的次要位置,但发展的方向应该是鼓励其成长,不断壮大其力量,公立救助机构的份额则应逐步减少,甚至时机成熟时可以将部分公立救助机构转为私立经营,政府部门提供政策扶持、资金补助,并严格监管其经营,可能更具有救助的效益。私立救助机构的设立与运作主要应该监督其资金有保障,管理规范,定期接受评估。台湾地区社会救助法规定,设立私立社会救助机构,应申请当地主管机关许可,经许可设立者,应于三个月内办理财团法人登记;其有正当理由者,得申请主管机关核准延期三个月。越是发达国家和地区,私立救助机构也越发达。随着我国经济的发展与社会的进步,私立救助机构发展的机会也会增多。

二、法律责任制度

社会救助法律责任发生于社会救助法律关系当事人违反法定义务时,表现为承担相应的不利后果。法律责任制度设计是我国法律设计中的特色,社会救助法设计中也不应例外。如前所述,社会救助法律关系当事人包括管理方、供给方和接受方三者,其责任区分也以此三者在社会救助法律关系中地位的不同而相异。

(一)管理方责任

管理方是指国家社会救助事务行政管理机关,包括各级政府的民政部门。

当然，具体管理执行部门是民政部门中的具体机构，但承担相应责任的主体是相应的民政部门，如民政部、厅、局等。管理方责任主要体现为其相应具体行政行为错误，不当或者是行政不作为而需要承担相应的行政法责任。其中的具体执行职员违法致犯罪的，还要承担刑事责任。具体违反法定义务的行为如贪污、挪用、克扣社会救助款项的贪污、渎职行为，审查接受救助资格失职行为(如该批准的不予批准，不该享用的却给予批准等)，监管失职行为等。行政相对人对应管理方管理的救济方式有提起行政复议或者行政诉讼，以有效维护自己的社会救助权益；其后果严重导致犯罪的，则由司法机关追究部门和具体个人的刑事责任。管理方责任制度的设计主要是给管理方履行自己义务提供一个激励，促使其恪尽职守，严格依法办事，认真贯彻落实社会救助法的要求。

(二)供给方责任

供给方主要是提供相关社会救助服务的救助设施机构。公立救助机构一般从属于管理方管理，其与受助方的关系是管理与被管理、服务与被服务的关系，因此，其在违反法律义务时需要承担相应的行政法责任和民事责任，行政法责任是相对于管理方时的制度规定，民事责任是相对于受助方时的制度规定。私立救助机构一般仅接受行政主管机关的监督，并不直接隶属于管理方的管理，与受助方的关系也仅是服务与接受服务的关系，因此，其在违反法律义务时一般多是承担相应的民事责任，但其在接受行政监督检查时被发现有违法行为的也需要承担相应的行政法责任，如被罚款、勒令限期整改等。台湾地区社会救助法中第八章“罚则”的规定主要针对的对象主体就是私立社会救助机构，规定的责任承担方式有罚款、勒令限期整改、勒令停办、撤销许可等，主要规范的是主管机关对社会救助机构违反法律义务时的处罚。供给方对受助方造成了伤害的，则应承担相应的民事责任，如补偿损失等。由于供给方安排了部分救助利益的分配，因此对其的责任制度设计也是为了保证其更好地提供相应的社会救助服务，在更大的程度上实现受助者的利益。

(三)受助方责任

受助方责任当然也是由其应该履行相应的法律义务来决定的。受助者作为社会救助法律关系中的一方当事人，一切制度设计的最终目的是要保证社会救助利益能够被最大限度地落实到其身上。受助者的生存权和发展权得到国家和社会的保障，其也应该力所能及地履行一些为其设计的义务负担，如受助者中有能力者有参加社区公益性劳动的义务，有接受就业辅导和培训以尽快就业的义务，有准确翔实地汇报自己收入和财产状况的义务，有接受管理方和供给方提供就业岗位的义务等等。① 这种义务的设计和履行倒不是索取给付社会救助利益的对价，而是确保社会救助利益能够被发放到最需要者手中，并尽可能地挖掘受助者的工作能力，相对就是扩大社会救助的效果。同时，这种义务的履行也是检验和约束受助者反映贫困状况真实性的一个标尺，能够促使受助者尽快地重新投入到工作中去，至少先谋得一份收入，然后再渐进改善自己的生存状况。受助者违反给其设计的这些义务，则需要承担相应的法律责任，如接受处罚、返还已领取利益、降低其领取标准、取消其受救助资格等，情节严重的可能还被追究刑事责任。法律只能以最低的标准来要求人，受救助者也不例外。作为同样的经济人，以较低成本获取较大利益的欲望是任何一个人都潜伏的思想，弄虚作假冒领有限救助利益的事情也经常发生，受助方责任制度的设计就是为受助者的权利设定一个边界，以保证适格的受助者接受救助，并促使能够自力更生的受救助者积极自救，使有限的救助资源能够被分配到最能发挥其价值的地方。某种意义上，责任制度的设计正也体现了国家干预在以社会救助法律制度形式再分配国民财富全过程中的持续发力。

---

① 丹麦社会救助的接受者有寻找工作并接受合理工作的义务；荷兰享受失业救助的人有义务积极寻找工作，并在当地就业介绍所登记。参见[荷兰]M·爱纳汉德等著，陈绵水等译：《欧洲七国失业救济与社会援助制度》，中国财政经济出版社 1999 年版，第 192、291 页。《辽宁省完善城镇社会保障体系试点实施方案》中规定，有劳动能力无正当理由拒不参加社区组织的公益活动和经两次介绍拒不就业的居民，不能享受城市低保待遇。参见 http://www.mca.gov.cn/manual /manual2002031809.html，2003 年 9 月 12 日。而德国“失业救济金领取者经劳动局同意后可以从事公益工作，所得报酬不算入失业救济金，并且保留获得失业救济金的权利”。参见[德]霍尔斯特·杰格尔著，刘翠霄译：《社会保险入门：论及社会保障法的其他领域》，中国法制出版社 2000 年版，第 131 页。这里边蕴涵的意思似乎是从事公益工作并不是德国失业救济金领取者的义务，因为还需要经劳动局的同意，并且还可以获得额外的收入。

结 论

本书主体部分共四章的内容，至此已经正式论述完毕了。在结论部分中，笔者对本书的整体观点进行一下总结和梳理，以便完整地呈现出自己的论证逻辑和全部观点。

笔者建构本书的论证逻辑是：全书除了引言和结论部分外，主体内容共分为四个部分，分别围绕社会救助法律制度的历史考察、社会救助法律制度的理论基础分析、中国社会救助法律制度实证分析以及中国社会救助立法构想四个主题展开论证。历史考察部分主要是以本论文的理论分析视角对中外社会救助法律制度的历史发展脉络作一梳理和比较分析，奠定进一步理论分析的事实基础；理论基础分析是建立在历史考察分析的基础上，从纯理论视角对社会救助法律制度存在的合理性进行剖析；在前两者的分析基础上，对中国社会救助法律制度进行实证分析，并将本书写作的目的最终落脚在中国尚未出台的社会救助法立法构想上来。全书的谋篇布局力求历史与现实、理论与实践、现状与前瞻的有机结合，尝试对社会救助法律制度进行一次较为全面的研究。具体的论证展开为：首先在引言部分中分别阐明本书的选题意义，该选题的国内外研究现状与存在问题，本书的写作结构、研究方法和创新设想，以期给本书的正式写作构建一个基本的展开平台。其次开始展开正式的全书主体部分写作：第一章是社会救助法律制度的历史考察与历史变迁视角比较分析，其中又分为四节，第一节进行了社会救助词源考，首先确立“社会救助”一词的具体含义，以期确定论文正式展开的立论起点，后三节分别进行了外国(地区)社会救助法律制度述评、中国社会救助法律制度变迁考察以及中外社会救助法律制度历史变迁视角的比较分析，从而完成对社会救助法律制度的历史考察分析；第二章是社会救助法律制度的理论基础分析，其中又分为四节，第一节进行了社会救助法律制度部门归属辨，首先解决社会救助法律制度的具体部门归属问题，以期确定本论文研究的专业归属问题，第二节对社会救助法律制度的基本理念进行分析，基本理念的选择和确定是社会救助法律制度变迁与设计的灵魂和核心，第三节对社会救助法律制度的理论支持从多学科视角进行论证，证明社会救助法律制度存在的科学性和合理性，第四节对社会救助法律制度的价值进行分析，价值影响和决定了人们对制度的判断和选择，从而完成对社会救助法律制度的理论基础分析；第三章是对中国社会救助法律制度的实证分析，对社会救助法律制度的历史和理论基础分析完成之后，自然就应该转入对中国具体相关制度安排及其运行绩效的分析，其中也分为四节，第一节是对我国社会救助法律制度安排的总体分析，这是对我国社会救助法律制度安排的一个整体展示，本来也可以放到第一章历史考察部分中展开，但基于第一章主要是一个历史的纵向考察，不能全面详细展开，而本部分则是需要横向铺展开来进行详细论述的，因此笔者认为将之放到本章里进行处理比较合适，第二节是对我国相关法律制度运行绩效的评价，第三节分析我国相关制度存在缺陷的原因，第四节分析我国社会救助法律制度改进的路径依赖，从而完成对我国具体相关制度的评价与分析；第四章是对中国社会救助立法的构想，是建立在前三章分析论证的基础上所作的一个前瞻性研究探讨，以期对我国制定社会救助法有所裨益，其中分为五节，第一节论述我国社会救助立法体系选择和立法理念选择，解决社会救助立法的主体框架内容和内核问题，第二节论述贫困线确立原则和救助对象选择制度，解决救助对象的确定标准问题，第三节论述救助范围确定与救助方式选择制度，解决社会救助的种类设定和救助手段问题，第四节论述救助资金筹集和救助申领程序制度，解决救助款项来源和分配程序设定问题，第五节论述救助机构准入与法律责任制度，解决提供救助服务的设施和社会救助法律关系当事人的激励问题，从而完成我国社会救助立法构想的论述。最后在结论部分中对全书的论证逻辑和全部观点进行总结和梳理，以期完整地展现论文的构思和所持观点。笔者对于本书的整体论证逻辑就是如此设计并循序展开的。

通过对本书全部内容的系统展开，笔者关于社会救助法律制度研究的全部观点兹综述列举如下：

1. 认为社会救助是一个现代概念，是在救荒、救灾、救济基础上发展出来的一个富有内涵的现代词汇，是国家和社会对长期或者临时陷入贫困的公民，通过动员社会财富的再分配，给予其最低生活保障并适当考虑其发展的一种对策和行动。社会救助整体上反映了一种社会财富的分配关系，而且主要是在财富再分配的层次上完成的，其目的是为了克服贫困，其实施区分为普通救助和紧急救助（或长期救助和临时救助），其义务主体是国家和社会，其权利主体是全体公民，其权利义务的内容主要是一定物质利益的给付与享有，其客体是代表一定利益的物质，其范围随着社会文明的进步日益扩大，其水平主要受经济发展水平的制约。在现代社会中社会救助接受相应法律制度的规制。

2. 认为社会救助法律制度安排了社会救助行为的实施，规制了由社会救助行为所反映出来的需要国家适度干预的经济分配关系，反映并决定了这种经济分配关系的牵连和分布，同时反映和决定了在国家适度干预下相关社会救助利益的分配和流向。其出现安排了国家和贫困者之间因为贫困现象而生成的法律关系。这一法律制度归属于经济法部门中的社会分配调控法律制度的子部门，明显地体现着经济法的本质属性——国家对需要干预的经济关系的适度干预。

3. 通过对中外社会救助法律制度历史变迁视角的比较分析，认为两者的相近之处表现为社会救助法律制度的供给都体现出规制国家适度干预相关再分配经济关系的需求，此项制度都体现为对社会财富再分配经济关系的一种法律调整，在各国受到普遍的重视，其救助对象都区分为一般对象和特殊对象，民众接受社会救助普遍经历了由恩惠到权利的变迁，社会救助方式普遍经历了由消极被动到积极主动模式的发展，社会救助由完全无偿向一定义务负担转变，民间力量在社会救助中的作用普遍得到重视；其差异之处表现为城乡分制模式选择不同，社会救助的内容侧重点有所不同，社会救助的法治化程度不同，社会救助法律制度设计的目的存在区别，社会救助法律制度设计的指导思想不同。这些共性和个性特征的存在表明社会救助法律制度反映出了对人类共同需求提供满足的一种社会表达方式，体现出立法者在社会救助法律制度设计和实施方面的持续尝试和努力，同时也表明社会救助法律制度的设计和实施都存在对相关背景制度的路径依赖，附着了该国政治、经济、文化等方面制度的深刻影响和限制。认为中国现代意义上的社会救助法律制度出现得较晚，其构建和完善将受制于西方范式。

4. 认为社会救助法律制度的基本理念应该从公民权利张扬和保护的视角加以理解，依赖于公民权利弘扬和保护的制度需求，国家对这部分再分配经济关系的规制才有了自己的合法性和合理性的存在基础，社会救助法律制度也主要是为了维护和回应公民的这种权利才应运而生并逐渐现代化的。其产生并随着社会发展而变迁的历史演进轨迹中所信守的基本理念主要包括两层内容：一是生存权理念的基本支撑，二是发展权理念的渐进扩张。穷人的生存联系着富人的义务，国家成为生存权的保障人。同时发展权成为生存权的必然要求，在没有上限的生存欲求中发展个人并使之与社会进步相一致，因为适应了社会要求而成为一种必然。生存权中只确定生存的最低标准，本身就蕴涵了对贫困者发展权的肯定。公民生存权和适度发展权保障应该是社会救助法律制度的基本理念诉求。

5. 认为法哲学的正义理论、经济学的边际效用理论、社会学的社会控制理论以及市民社会和政治国家理论能够为社会救助法律制度存在与建构的合理性和科学性提供理论支持。关注弱势群体的利益保障已经成为文明社会发展中的正义内涵。满足那些弱势群体最低需要的物品，其边际效用当然就要比这些最低需要已经得到满足甚至是大大满足的人们大得多。社会救助法律制度承担着对由于各种原因陷入贫困的人进行有效社会控制的主要责任。市民社会与政治国家理论构成了一国具体法律制度生成的背景性路径依赖，社会救助法律制度明晰了市民社会和政治国家在市民生存权遇到障碍时各自的权利与义务。

6. 认为社会救助法律制度的价值主要体现在其公平价值和安全价值方面。“公平就是一个能够被普遍接受的平等和效率的组合。”平等和效率之间的冲突是无法避免的，在平等中注入一些合理性，在效率中注入一些人道，也许是对平等和效率关系的较优选择，也是一种较为可取的公平价值观。社会救助法律制度对贫困公民生存权利的维护，正回应了公平价值的呼唤。同时社会救助法律制度有效整合着贫困者的力量，化解着他们的无奈和反抗，为安全价值的维护发挥着自己的作用，在最低层次上维系了个人、社会的安全和国家的稳定，自身的安全价值从而得以凸显。

7. 认为我国社会救助法律制度安排坚持的是城乡二元分制格局，尤其是以城镇相关制度安排为重点。这些相关法律制度安排反映了我国社会救助方面国家对社会财富再分配进行干预的广度和强度，反映出民众生存权和发展权得到维护和保证的程度和深度。并认为现在从社会救助法律制度安排视角检视的法律援助、教育援助、住房援助、医疗救助、社会互济等相关制度安排还仅处于实验、探索和所谓“配套”阶段，尚未构成我国目前社会救助法律制度安排稳定的一部分——而只是需要以后在制度建设中予以重视和加强的内容。

8. 认为我国现行社会救助法律制度安排整体上反映出在现有各方面条件的制约下，对贫困居民实施救助所能达到的一个基本水平。其设计基本反映出了在国家适度干预下社会财富再分配的一种程度和模式，发挥出了应有的绩效，也存在着一些相应的问题，如制度构成主要体现为最低生活救助模式、制度设计目的主要体现为社会稳定价值追求、制度规范呈现城乡二元分制基本格局、制度覆盖范围量力而行、贫困线标准还较低、缺乏稳定的筹资机制、制度激励机制不充分以及制度不利用等问题。认为现行社会救助法律制度所反映出的国家对国民收入再分配的干预力度还是比较有限的，其制度设计和运行状态还有诸多可以改善和创新的空间。

9. 认为我国现行社会救助法律制度存在缺陷的原因在于身份社会传统、立法理念落后、经济发展不足、轻视市场力量以及缺乏有效监督。身份社会传统所蕴涵的是利益分配的偏差和倾斜；落后立法理念坚持认为法律制度设计只是为了更好地实施管理的工具，不能意识到制度的具体设计派生出国家相应的履行社会救助义务和彰显贫困居民接受社会救助的权利，制约了制度最佳功能的发挥；经济发展不足仍是制约问题解决的关键；对市场经济导致增加对社会救助法律制度需求和利用市场竞争和效率为完善社会救助法律制度提供可借助的媒介等市场力量认识不足；监督机制的不完善和缺失导致制度制定和实施大打折扣。

10. 认为我国社会救助法律制度改进在路径依赖方面存在政治文明背景依赖、经济体制背景依赖、文化传统背景依赖以及国际化背景依赖。正是一国具体的社会底蕴以及当时该国所处的国际环境氛围能够从最根本上影响和制约一项具体制度的设计和之后功能的正常发挥。其中在政治文明背景依赖方面，由统治者怜悯、恩赐到自己权利的享有和诉求，本身就体现出无产阶级为建立社会救助法律制度所付出的努力和奋斗，因此社会救助法律制度完全具有自己存在、发展和壮大的政治体制空间；在经济体制背景依赖方面，经济基础决定上层建筑的朴实真理具体而实在地发挥着自己的演进逻辑，市场经济条件下贫富差距会继续扩大，贫困居民对社会救助法律制度的依赖也将会进一步加强，贫困居民的社会救助权诉求也将会变得日益强烈；在文化传统背景依赖方面，大同社会、均贫富理想、鳏寡孤独废疾者皆有所养等中国源远流长的救济思想都已经沉淀为一种浓厚的文化传统，儒家思想主张实施仁政，倡导养民、恤民，民本思想在中国文化中占据着根深蒂固的地位，社会救助法律制度的安排回应了中国传统文化脉络的延续；在国际化背景依赖方面，观念的同化和主流价值观的传播使文明的互融速度加快，社会救助法律制度需要主动借鉴发达国家以及相关立法具有较好绩效的国家的经验，积极回应全球已达成共识的社会救助立法理念和方法。

11. 认为我国应该设计和制定统一城乡的社会救助法，其立法体系选择可以建立在对贫困人口区分的基础上，同时又面向全体国民的前提下来设计，生活救助是最基本的内容之一，其中可以包括目前我国城镇居民最低生活保障制度，农村“五保”供养制度，农村居民最低生活保障制度，农村扶贫制度，对贫困人口的医疗救助、教育救助、住房救助、法律援助制度以及如对 20 世纪 60 年代初精简退职职工 40％救济等的法定特殊救济；其次是急难救助，可以包括目前我国城市生活无着的流浪乞讨人员救助制度、类似于台湾地区社会救助法里急难救助适用的情形以及其医疗补助中适用情形之二；再次是灾害救助，应该包括目前我国灾害救助的相关制度规范。

12. 关于社会救助法设计中关涉到的具体制度方面，认为其立法理念选择应该坚持生存权保障理念、适当考虑发展权理念、国家义务理念和社会化管理理念；贫困线确立制度应该坚持较低起点原则、区域差别原则和动态调整原则；救助对象确立制度应该坚持主要是穷人的权利、主要是客观的标准和建立正常的退出机制；救助范围应该包括生活救助、急难救助和灾害救助；救助方式选择应该坚持现金救助为主、实物救助为辅，以工代赈，小额贷款和就业扶持等方式；救助资金筹集制度应该坚持国家预算为主原则、鼓励社会捐赠原则、提供信贷资金扶持、设立互助储金制度和资金有偿使用；救助申领程序制度应该设计申请制度、家计调查制度和动态监督制度；救助机构准入制度应该坚持公立救助机构为主、鼓励私立救助机构发展；法律责任制度应该分别设计管理方、供给方和受助方的行政责任、民事责任和刑事责任。

综合上述笔者阐述和论证的全部观点，笔者创新性研究的努力主要体现在尝试运用经济法的理念对社会救助法律制度进行一次全面、系统、深入的理论研究，以社会分配法视角对社会救助法律制度的历史变迁、理论支撑、我国现行相关制度的运行绩效以及我国未来社会救助立法框架构想进行梳理和论证，以期丰富经济法理论研究成果和对我国的社会救助立法有所裨益。类似的系统、深入的研究学界尚未出现，笔者希望自己的初步尝试是抛砖引玉，能够推动学界来进一步丰富和繁荣对社会救助法律制度的理论研究。

参考文献

一、中文部分

1. 李昌麒著:《经济法:国家干预经济的基本法律形式》,成都:四川人民出版社 1999 年版。

2. 李昌麒主编:《经济法学》,北京:中国政法大学出版社 1999 年版。

3. 杨紫煊主编:《经济法》,北京:北京大学出版社、高等教育出版社 1999 年版。

4. 种明钊主编:《社会保障法律制度研究》,北京:法律出版社 2000 年版。

5. 赖达清主编:《社会保障法:保障公民生存权利的法律形式》,成都:四川人民出版社 2003 年版。

6. 覃有土、樊启荣编著:《社会保障法》,北京:法律出版社 1997 年版。

7. 史探径主编:《社会保障法研究》,北京:法律出版社 2000 年版。

8. 王益英主编:《社会保障法》,北京:中国人民大学出版社 2000 年版。

9. 林嘉著:《社会保障法的理念、实践与创新》,北京:中国人民大学出版社 2002 年版。

10. 蒋月著:《社会保障法概论》,北京:法律出版社 1999 年版。

11. 张艳著:《社会保障法导论》,重庆:重庆出版社 2002 年版。

12. 方乐华编著:《社会保障法论》,上海:上海世界图书出版公司 1999 年版。

13. 董保华等著:《社会法原论》,北京:中国政法大学出版社 2001 年版。

14. 罗豪才主编:《行政法学》,北京:北京大学出版社 1996 年版。

15. 郑功成著:《社会保障学:理念、制度、实践与思辨》,北京:商务印书馆 2000 年版。

16. 多吉才让著:《中国最低生活保障制度研究与实践》,北京:人民出版社 2001 年版。

17. 时正新主编:《中国社会救助体系研究》,北京:中国社会科学出版社 2002 年版。

18. 唐钧等著:《中国城市贫困与反贫困报告》,北京:华夏出版社 2003 年版。

19. 唐钧著:《市场经济与社会保障》,哈尔滨:黑龙江人民出版社 1995 年版。

20. 郑秉文、和春雷主编:《社会保障分析导论》,北京:法律出版社 2001 年版。

21. 刘燕生著:《社会保障的起源、发展和道路选择》,北京:法律出版社 2001 年版。

22. 王东进主编:《中国社会保障制度的改革与发展》,北京:法律出版社 2001 年版。

23. 杨冠琼主编:《当代美国社会保障制度》,北京:法律出版社 2001 年版。

24. 和春雷等著:《当代德国社会保障制度》,北京:法律出版社 2001 年版。

25. 郑秉文等主编:《当代东亚国家地区社会保障制度》,北京:法律出版社 2002 年版。

26. 杨光、温伯友主编:《当代西亚非洲国家社会保障制度》,北京:法律出版社 2001 年版。

27. 和春雷主编:《社会保障制度的国际比较》,北京:法律出版社 2001 年版。

28. 孙炳耀主编:《当代英国瑞典社会保障制度》,北京:法律出版社 2000 年版。

29. 张东江、聂和兴主编:《当代军人社会保障制度》,北京:法律出版社 2001 年版。

30. 侯文若著:《现代社会保障制度》,北京:中国经济出版社 1994 年版。

31. 穆怀中主编:《社会保障国际比较》,北京:中国劳动社会保障出版社 2002 年版。

32. 顾俊礼主编:《福利国家论析:以欧洲为背景的比较研究》,北京:经济管理出版社 2002 年版。

33. 黄安年著:《当代美国的社会保障政策(1945—1996)》,北京:中国社会科学出版社 1998 年版。

34. 陈恕祥主编:《美国贫困问题研究》,武汉:武汉大学出版社 2000 年版。

35. 宋晓梧主笔:《中国社会保障体制改革与发展报告》,北京:中国人民大学出版社 2001 年版。

36. 宋晓梧主笔:《中国社会保障制度改革》,北京:清华大学出版社 2001 年版。

37. 沈道权著:《土家族地区农村社会保障研究》,北京:民族出版社 2001 年版。

38. 邓云特著:《中国救荒史》,北京:商务印书馆 1993 年影印版。

39. 陈凌云著:《现代各国社会救济》,上海:商务印书馆 1937 年版。

40. 柯象峰编著:《中国贫穷问题》,上海:正中书局 1947 年版。

41. 江亮演著:《社会救助的理论与实务》,台北:桂冠图书公司 1990 年版。

42. 孙嘉奇著:《民生主义意识形态与现行社会救助政策之研究》,台北:正中书局 1992 年版。

43. 陈国钧著:《社会政策与社会立法》,台北:三民书局股份有限公司 1980 年版。

44. 金高德著,覃怡辉译:《比较社会政策与社会安全》,台北:黎明文化事业股份有限公司 1979 年版。

45. 蔡勤禹著:《国家、社会与弱势群体:民国时期的社会救济(1927—1949)》,天津:天津人民出版社 2003 年版。

46. 张文著:《宋朝社会救济研究》,重庆:西南师范大学出版社 2001 年版。

47. 施德容著:《社会救助系统建立与实施的研究》,上海:同济大学经济管理学院博士学位论文,1996 年。

48. 李迎生著:《社会保障与社会结构转型:二元社会保障体系研究》,北京:中国人民大学出版社 2001 年版。

49. 葛寿昌主编:《社会保障经济学》,上海:上海财经大学出版社 1999 年版。

50. 费梅萍编著:《社会保障概论》,上海:华东理工大学出版社 1999 年版。

51. 全根先主编:《中国民政工作全书》,北京:中国广播电视出版社 1999 年版。

52. 李本公、姜力主编:《救灾救济》,北京:中国社会出版社 1996 年版。

53. 康士勇主编:《社会保障管理实务》,北京:中国劳动社会保障出版社 1999 年版。

54. 陈佳贵主编:《中国社会保障发展报告(1997—2001)》,北京:社会科学文献出版社 2001 年版。

55. 时正新主编:《中国社会福利与社会进步报告(2001)》,北京:社会科学文献出版社 2001 年版。

56. 费孝通著:《乡土中国　生育制度》,北京:北京大学出版社 1998 年版。

57. 赵泽洪、周绍宾主编:《现代社会学》,重庆:重庆大学出版社 2003 年版。

58. 邓正来著:《市民社会理论的研究》,北京:中国政法大学出版社 2002 年版。

59. 马长山著:《国家、市民社会与法治》,北京:商务印书馆 2002 年版。

60. 何清涟著:《现代化的陷阱:当代中国的经济社会问题》,北京:今日中国出版社 1998 年版。

61. 吴思著:《潜规则:中国历史中的真实游戏》,昆明:云南人民出版社 2000 年版。

62. 朱绍文、俞品根主编:《现代西方微观经济分析》,北京:商务印书馆 1996 年版。

63. 赖德胜编著:《先富!共富?——中国转型期的收入分配》,武汉:湖北人民出版社 1999 年版。

64. 蔡继明主笔:《中国三大阶层的收入分配》,北京:中国青年出版社 1999 年版。

65. 韩德培主编:《人权的理论与实践》,武汉:武汉大学出版社 1995 年版。

66. 冯林主编:《中国公民人权读本》,北京:经济日报出版社 1998 年版。

67.《经济、社会及文化权利国际公约》(1966 年)。

68.《社会进步与发展宣言》(1969 年)。

69. 肖杨总主编:《中华人民共和国法库》,北京:人民法院出版社 2002 年版。

70.《中华人民共和国法库·社会法卷》。

71.《中华人民共和国法库·宪法卷》。

72. 中国社会科学院语言研究所词典编辑室编:《现代汉语词典》(修订本),北京:商务印书馆 1996 年版。

73. 北京外国语大学英语系词典组编:《汉英词典》(修订版缩印本),北京:外语教学与研究出版社 1997 年版。

74.《牛津现代高级英汉双解词典》(简化汉字本),北京:商务印书馆 & 香港:牛津大学出版社 1988 年版。

75. 国际劳工局编,中国劳动和社会保障部国际劳工与信息研究所译:《2000 年世界劳动报告——变化世界中的收入保障和社会保护》,北京:中国劳动社会保障出版社 2001 年版。

76. 世界银行编，翻译组译：《2000/2001年世界发展报告：与贫困作斗争》，北京：中国财政经济出版社2001年版。

77. [法]让一雅克·迪贝卢、爱克扎维尔·普列多著，蒋将元译：《社会保障法》，北京：法律出版社2002年版。

78. [法]卡特琳·米尔丝著，郑秉文译：《社会保障经济学》，北京：法律出版社2003年版。

79. [德]霍尔斯特·杰格尔著，刘翠霄译：《社会保险入门：论及社会保障法的其他领域》，北京：中国法制出版社2000年版。

80. [美]夏洛特·托尔著，郗庆华、王慧荣译：《社会救助学》，北京：生活·读书·新知三联书店1992年版。

81. [美]威廉姆·H·怀特科、罗纳德·C·费德里科著，解俊杰译：《当今世界的社会福利》，北京：法律出版社2003年版。

82. [加拿大]R·米什拉著，郑秉文译：《资本主义社会的福利国家》，北京：法律出版社2003年版。

83. [荷兰]M·爱纳汉德等著，陈绵水等译：《欧洲七国失业救济与社会援助制度》，北京：中国财政经济出版社1999年版。

84. [日]大须贺明著，林浩译：《生存权论》，北京：法律出版社2001年版。

85. [美]E·博登海默著，邓正来译：《法理学：法律哲学与法律方法》，北京：中国政法大学出版社1999年版。

86. [美]约翰·罗尔斯著，何怀宏等译：《正义论》，北京：中国社会科学出版社1988年版。

87. [美]诺齐克著，何怀宏等译：《无政府、国家与乌托邦》，北京：中国社会科学出版社1991年版。

88. [美]罗纳德·德沃金著，信春鹰、吴玉章译：《认真对待权利》，北京：中国大百科全书出版社1998年版。

89. [法]孟德斯鸠著，张雁深译：《论法的精神》(上)，北京：商务印书馆1961年版。

90. [法]孟德斯鸠著，婉玲玲译：《罗马盛衰原因论》，北京：商务印书馆1962年版。

91. [英]亨利·梅因著，沈景一译：《古代法》，北京：商务印书馆1959年版。

92. [法]泰·德萨米著，黄建华等译：《公有法典》，北京：商务印书馆1982年版。

93. [英]洛克著，叶启芳、瞿菊农译：《政府论》(下篇)，北京：商务印书馆1964年版。

94. [法]卢梭著，李常山译：《论人类不平等的起源和基础》，北京：商务印书馆1962年版。

95. [法]卢梭著，何兆武译：《社会契约论》，北京：商务印书馆1980年版。

96. [英]霍布斯著，黎思夏、黎廷弼译：《利维坦》，北京：商务印书馆1985年版。

97. [荷兰]斯宾诺莎著，温锡增译：《神学政治论》，北京：商务印书馆1963年版。

98.[意]阿奎那著,马清槐译:《阿奎那政治著作选》,北京:商务印书馆 1963 年版。

99.[英]威廉·葛德文著,何慕李译:《政治正义论》第 2、3 卷,北京:商务印书馆 1980 年版。

100.[法]罗伯斯庇尔著,赵涵舆译:《革命法制和审判》,北京:商务印书馆 1965 年版。

101.[英]麦基编著,周穗明、翁寒松译:《思想家——当代哲学的创造者们》,北京:三联书店 1987 年版。

102.[奥]弗·冯·维塞尔著,陈国庆译:《自然价值》,北京:商务印书馆 1982 年版。

103.[美]道戈拉斯·C·诺思著,陈郁等译:《经济史中的结构与变迁》,上海:上海三联书店、上海人民出版社 1994 年版。

104.[美]A·奥肯著,王奔洲译:《平等与效率:重大的抉择》,北京:华夏出版社 1999 年版。

105.[英]尼古拉斯·巴尔、大卫·怀恩斯主编,贺晓波、王艺译:《福利经济学的前沿问题》,北京:中国税务出版社、北京腾图电子出版社 2000 年版。

106.[英]W·H·B·考特著,方廷钰等译:《简明英国经济史(1750 年至 1939 年)》,北京:商务印书馆 1992 年版。

107.[印度]阿马蒂亚·森著,王宇、王文玉译:《贫困与饥荒》,北京:商务印书馆 2001 年版。

108.[美]文森特·帕里罗等著,周兵等译:《当代社会问题》(第 4 版),北京:华夏出版社 2002 年版。

109.[英]齐格蒙特·鲍曼著,范祥涛译:《个体化社会》,上海:上海三联书店 2002 年版。

110. 李昌麒、应飞虎:《论需要干预的分配关系——基于公平最佳保障的考虑》,《法商研究》2002 年第 3 期。

111. 李昌麒等:《经济法与社会法关系考辨:兼与董保华先生商榷》,《现代法学》2003 年第 5 期。

112. 贾俊玲:《社会保障法律制度初探》,杨紫煊主编:《经济法研究》(第 1 卷),北京:北京大学出版社 2000 年版。

113. 王全兴、樊启荣:《社会保障法的若干基本问题探讨》,杨紫烜主编:《经济法研究》,北京:北京大学出版社 2000 年版。

114. 王全兴、管斌:《经济法与社会法关系初探》,《现代法学》2003 年第 2 期。

115. 郑尚元:《社会法的定位和未来》,《中国法学》2003 年第 5 期。

116. 张守文:《社会法略论》,《中外法学》1996 年第 6 期。

117. 林嘉:《论社会保障法的社会法本质——兼论劳动法与社会保障法的关系》,《法学家》2002 年第 1 期。

118. 韩伟、谭喜祥:《经济法的社会法归位:刺破经济法的普洛透斯之面》,《经济法学、劳动法学》2003 年第 9 期。

119. 唐钧:《确定中国城镇贫困线方法的探讨》,《社会学研究》1997 年第 2 期。

120. 童星、林闵钢:《我国农村贫困标准线研究》,《中国社会科学》1993 年第 3 期。

121. 张士云、许多:《对农村税费制度改革的思考》,《农业经济问题》2001 年第 8 期。

122. 刘纪新:《智利的社会救助制度》,《社会保障制度》2002 年第 2 期。

123. 周沛:《一个不容忽视的事实:城市绝对贫困现象研究》,《社会保障制度》2001 年第 4 期。

124. 马晓河等:《重划贫困线》,《社会保障制度》2002 年第 2 期。

125. 马长山:《市民社会与政治国家:法治的基础和界限》,《法学研究》2001 年第 3 期。

126. 李迎生:《全面建设小康社会与社会救助制度的全面转型》,《社会科学研究》2003 年第 6 期。

127.《中华人民共和国社会救济法》起草者赴美国、加拿大考察团:《美国、加拿大社会救助考察报告》,《社会工作研究》1995 年第 5 期。

128. 中国社会保障体系研究课题组:《中国社会保障制度改革:反思与重构》,《社会保障制度》2001 年第 2 期。

129. 林毅夫:《关于制度变迁的经济学理论:诱致性变迁与强制性变迁》,[美]R·科斯等著,刘守英等译:《财产权利与制度变迁:产权学派与新制度学派译文集》,上海:上海三联书店、上海人民出版社 1994 年版。

130. 国务院新闻办公室:《中国的农村扶贫开发》,《社会保障制度》2002 年第 1 期。

131.《温家宝总理答中外记者问——在第十届全国人民代表大会第一次会议举行的记者招待会上》,《国务院公报》2003 年第 11 期。

132. 民政部相关年度的民政事业统计公报,http://www. mca. gov. cn/news/以及 http://www. mca. gov. cn/statistics/,2003 年 8 月 26 日。

133.《民政部通知要求:将收容遣送站更名为救助管理站》, http://www. mca. gov. cn/news/news2003072404. html,2003 年 8 月 26 日。

134.《社会救助史上的里程碑:祝贺我国城市居民最低生活保障实现应保尽保》,http://www. mca. gov. cn/news/dibao/ xinwen2002072201. html,2003 年 8 月 26 日。

135.《民政部通报 2003 年上半年全国城市低保月人均发放救助金情况》,http://www. mca. gov. cn/news/news2003072403. html,2003 年 8 月 26 日。

136.《民政部有关负责人谈〈城市生活无着的流浪乞讨人员救助管理办法〉》,http://www. mca. gov. cn/news/news2003062501. html,2003 年 8 月 26 日。

137.《回良玉谈救助法:不能让新法在执行中扭曲变形》,http://news. vnet. cn/guonei/2003/07/28/1200215. shtml,2003 年 8 月 29 日。

138.《民政部急电:收容遣送站要摘牌拆栏杆》, http://www. mca. gov. cn/news/

news2003062501. html,2003 年 8 月 26 日。

139. 中国社会报:《文明在他们手中传递——收容遣送工作 8 年综述》,http://www. mca. gov. cn/news/11mzh/shup19. html,2003 年 8 月 29 日。

140.《中国 NGO 反贫困北京宣言》(NGO Beijing Declaration against Poverty),http://www. china. com. cn/Chinese/pinkun/73277. htm,2003 年 10 月 31 日。

141. 唐钧:《中国社会救助制度的变迁与评估》,http://www. social－policy. info/1009. htm,2003 年 9 月 12 日。

142. 唐钧:《2001—2002:中国贫困与反贫困形势分析》,http://www. social－policy. info/991. htm,2002 年 8 月 28 日。

143. http://www. mca. gov. cn/news/news2003072401. html,2003 年 8 月 26 日。

144. http://www. mca. gov. cn/news/news2003090301. html,2003 年 9 月 12 日。

145. http://www. mca. gov. cn/about /function. html,2003 年 8 月 29 日。

146. http://www. mca. gov. cn/laws /fagui. html,2003 年 9 月 12 日。

147. http://www. mca. gov. cn/about /yewu3. html,2003 年 8 月 29 日。

148. http://www. mca. gov. cn/about /yewu6. html,2003 年 8 月 29 日。

149. http://www. mca. gov. cn/news/news2003022101. html,2003 年 8 月 26 日。

150. http://www. mca. gov. cn/news/news2002121302. html,2003 年 8 月 26 日。

151. http://www. mca. gov. cn/news/16da/xinwen28. html,2003 年 8 月 26 日。

152. http://www. mca. gov. cn/difang/news2002072201html. html, 2002 年 8 月 28 日。

153. http://www. mca. gov. cn/manual/manual2002031809. html,2003 年 9 月 12 日。

154. 左四方:《比尔·盖茨的遗嘱》,《南方周末》2003 年 11 月 20 日。

155. 朱也旷:《茅于轼帮农民脱贫》,《南方周末》2002 年 12 月 26 日。

156. 甲蕤:《三门峡:收容遣送站终结 45 年历史》,《大河报》2003 年 8 月 2 日。

157.《光明日报》2003 年 9 月 27 日。

158.《经济日报》2003 年 11 月 3 日。

159.《中国青年报》2002 年 10 月 28 日。

160.《参考消息》2004 年 6 月 29 日。

161.《南方周末》2002 年 3 月 28 日。

162.《要闻快递》,《重庆商报》2003 年 10 月 7 日。

163.《重庆商报》2003 年 10 月 10 日。

164.《重庆晚报》2003 年 12 月 27 日。

165.《重庆晨报》2004 年 6 月 4 日。

二、英文部分

166. Carol Walker, *Managing Poverty: The Limits of Social Assistance*, London

&New York: Routledge, 1993.

167. OECD, *The Battle against Exclusion: Social Assistance in Australia, Finland, Sweden, and the United Kingdom*, Paris: OECD, 1998.

168. John Ditch, et al, *Comparative Social Assistance: Localisation and Discretion*, Aldershot, Brookfield USA, Singapore, Sydney: Ashgate, 1997.

169. Gerard William, Boychuk, *Patchworks of Purpose: The Development of Provincial Social Assistance Regimes in Canada*, Montreal & Kingston: McGill—Queen's University Press, 1998.

170. Lutz Leisering and Stephan Leibfried, *Time and Poverty in Western Welfare States: United Germany in Perspective*, Cambridge: Cambridge University Press, 1999.

171. Lexis 数据库中有关英文资料。

后 记

匆忙间，三年的博士生求学生涯已经结束，踏上新的工作岗位也已经半载。人生中的求学阶段终于告一段落，而真正的人生旅程似乎也刚开始展开。自己内心深处的体会不知是喜，还是忧。颇为忐忑不安地审视着这份即将出版的文稿，惶恐自己是否已经尽了最大的努力。

我是于1994年年初，还是在本科三年级的下学期伊始，冒着“初生牛犊不怕虎”的精神和勇气，蹒跚开始自学经济法专业的。期间与全国的几个有经济法专业硕士点的科研院所及其导师进行了联系，印象最为深刻的是收到过王保树教授的一封亲笔签名的打印信件，欢迎我报考他的研究生，并十分耐心地推荐了参考书目，其中有一本是他自己著的四川人民出版社出版的《经济法教程》。当时王保树教授在社科院法学研究所工作。这给了我学好经济法专业知识以很大的信心和鼓舞。时值中国人民大学有一位朋友可以帮忙购买人大的考研资料和搜集相关信息，我还是报考了人大刘文华教授的研究生。在次年全国研究生入学统一考试中，我考了329分，过人大建档线4分。与刘文华教授联系后，他告诉我说争取一下也许可以上自费。后来因为考上了另外一个双学位学校，再后来又由于单位确定得早等原因，当年攻读经济法专业法学硕士学位的愿望终是没有实现。工作后没有停止对经济法专业知识学习的兴趣和努力，终于于1998年考取了郑州大学法学院经济法专业硕士研究生，才算开始自己正规的专业知识学习。期间师从姜建初教授研习金融法方向，毕业论文写的是《商业银行市场退出的法律制度研究》。2001年毕业后考入法学教育著名学府西南政法大学攻读经济法学专业博士学位，继续经济法专业知识的学习。期间先是师从许明月教授一年，后转入李昌麒教授门下，在他们的指导下，我确定了自己的研究方向和学位论文选题。

蓦然回首，自己学习经济法已经十余年了，岁月荏苒，我也即将步入而立之年。家已成而业刚始，这双重的压力往往使我焦灼不安。我能够坚持求学到博士毕业，实在是离不开这些给我指导、帮助和支持的老师、同学、朋友和家人们的关心与理解。我应该感谢李昌麒教授、许明月教授、种明钊教授、杨树明教授、赵学清教授，他们以渊博的学识和高尚的人格给我以许多的教诲和启迪；我应该感谢盛杰民教授、张玉敏教授、邓瑞平教授、赵万一教授、吴越教授，他们作为我论文答辩组的成员，给我的论文提出了许多宝贵的意见；我应该感谢肖乾刚教授，他是我硕士阶段的导师组负责人，一直关心着我的成长；我应该感谢张新民师兄，他给我提供了许多机会和直接的帮助；我应该感谢我的好班长黄茂钦学友，在西政的三年里他提供了诸多的照顾；我应该感谢同专业的其他师兄师姐，他们在日常的生活和学习中给我很多照顾；我应该感谢我的好朋友张璐，他总是在我最困难的时候给我以关心和鼓励；我还更应该感谢我的家人：年迈的父母一直省吃俭用地供我上学，岳父母力尽所能地帮着把小孩带大，更苦了我的妻子和孩子——刚结婚我就开始外出求学，我毕业时孩子已经5岁多了，全是妻子一个人在辛苦地支撑着这个小家。

在此还要特别感谢西南政法大学国家级重点学科经济法学科点和厦门大学出版社能够给我以论文出版的机会。李昌麒教授在百忙之余，一直督促我尽快完成论文的修改工作。在外漂泊了这么多年，我深深体会到一个人的成长凝聚了许多的关心和付出，值本书付梓之际，真诚地向关心和帮助我的人们致以衷心的谢意！

本书的出版标志着未来学习和研究新的开始，我将始终不懈努力！

曹明睿

2004年12月于郑州大学

图书在版编目(CIP)数据

社会救助法律制度研究/曹明睿著. —厦门:厦门大学出版社,2005
(西南政法大学法学系列/李昌麒主编)
ISBN 7-5615-2413-7

Ⅰ.社… Ⅱ.曹… Ⅲ.社会救济-行政管理-行政法-研究-中国 Ⅳ.D922.182.4

中国版本图书馆 CIP 数据核字(2005)第 060468 号

厦门大学出版社出版发行
(地址:厦门大学 邮编:361005)
http://www.xmupress.com
xmup @ public.xm.fj.cn
三明地质印刷厂印刷
2005 年 8 月第 1 版 2005 年 8 月第 1 次印刷
开本:787×960 1/16 印张:17 插页:2
字数:296 千字 印数:1～3000 册
定价:24.00 元